Happiness is not a station one comes to,
but rather a manner of travel.
- origin unknown.

Lykken er ikke en stasjon man ankommer til,
men en måte å reise på.
- av ukjent opprinnelse.

Das Glück ist nicht ein Ort, zu dem man kommt,
sondern eine Art zu reisen.
- Herkunft unbekannt.

The Norway
Bed & Breakfast Book

7th edition

Editor & illustrator:
Anne Marit Bjørgen

PELICAN PUBLISHING COMPANY
GRETNA **2008**

Copyright ©2008
By Anne Marit Bjørgen
All rights reserved

The word "Pelican" and the depiction of a pelican are trademarks of Pelican Publishing Company, Inc., and are registered in the U.S. Patent and Trademark Office.

Maps: Source STATENS KARTVERK 12247NE-525174

No part of this book may be reproduced or transmitted in any form or by any means, electronic or mechanical, including photocopying, recording, or by any information storage and retrieval system, without permission in writing from the publisher.

Det må ikke kopieres fra denne bok utover det som er tillatt etter bestemmelsene i "Lov om opphavsrett til åndsverk", "Lov om rett til fotografi" og "Avtale mellom staten og rettighetshavernes organisasjoner om kopiering av opphavsrettslig beskyttet verk i undervisningsvirksomhet", uten skriftlig tillatelse fra utgiveren. Brudd på disse bestemmelser vil bli anmeldt.

Dieses Buch ist mit allen seinen Teilen urheberrechtlich geschützt. Jede Verwertung ausserhalb der engen Grenzen des Urheberrechtsgesetzes ist ohne Zustimmung des Verlages unzulässig und strafbar. Das gilt insbesondere für Vervielfältigungen, Übersetzungen, Mikroverfilmungen und die Einspeicherung und Verarbeitung in elektronischen Systemen.

Editor & illustrator: Anne Marit Bjørgen
Co-editor: Melanie Arends

If you want to be listed in future editions of this guide, please write to:
Hvis du ønsker å bli presentert i neste utgave av denne boken, vennligst skriv til:
Bed & Breakfast Norway, Anne Marit Bjørgen, Dalsegg, 6653 Øvre Surnadal, Norway.
Phone: (+47) 99 23 77 99   Fax: (+47) 94 76 38 33   Web: www.bbnorway.com

 "Registered U.S. Patent and Trademark Office"

ISBN 9781589805255

Printed in the United States of America
Published by Pelican Publishing Company, Inc.
1000 Burmaster Street, Gretna, Louisiana 70053

Preface

Welcome to the 7th edition of "The Norway Bed & Breakfast Book". Our aim is to make it easy for you to locate friendly and hospitable hosts in cities and in the countryside. Our host families look forward to having you, your family and friends visit them in Norway.

Here you will find a diverse selection to choose from. Breakfast is included with most overnight accommodations. However, we also feature rental units with "self-catering" since Norway does not have as long a B&B tradition as some other countries. Breakfast is not served at such places, but guests may prepare meals in well-equipped kitchens.
You choose the type of atmosphere you prefer: houses, cabins, manor homes or old-fashioned storage huts (stabbur), etc.
Prices tend to vary. If you and your family are economizing, you will find some excellent offerings in the Self-catering category and among some of the B&B's. If you are less concerned about price and perhaps more interested in experiences to be enjoyed, you will also find accommodations that are more traditional, cozier, exotic and unique.
Accommodations are sorted geographically by county (fylke). On page 13 there is a

Forord

Velkommen til den 7te utgaven av "The Norway Bed & Breakfast Book". Her finner du vennlige og gjestfrie menneskene i by og på land. Våre vertsfamilier ser fram til å ta imot deg og ditt følge på din neste ferie i Norge.
Tilbudet er variert. Ved de fleste overnattingsstedene er frokost inkludert i prisen. Men siden vi ikke har den samme lange rom-og-frokost-tradisjon som i enkelte andre land, har vi også inkludert utleie-enheter med 'selvhushold'. Her serveres ikke frokost, men gjestene kan stelle sine egne måltider på et dertil egnet og utstyrt kjøkken.
Ut fra boken vil du kunne velge mellom ulike typer hus, hytter, stabbur, villaer etc. Prisene varierer også. Hvis du er ute etter de rimeligste alternativene kan du i selvhusholdskategorien og enkelte B&B finne gode løsninger. Bryr du deg mindre om pris, men mer om opplevelse, kan du finne atmosfære blandt de mest tradisjonsrike, koselige, eksotiske og orginale overnattingstilbudene som er samlet her.
Tilbudene er sortert geografisk, fylkesvis. På side 13 ser du en oversikt over fylkene og i hvilken rekkefølge de kommer.
Redaksjonen har stolt på utleiernes ærlighet og redelighet. Opplysningene i boken er basert på informasjon som de har

Vorwort

Willkommen zur 7. Ausgabe von "The Norway Bed & Breakfast Book". Hier finden Sie nette und gastfreundliche Menschen in Stadt und Land. Unsere Gastgeberfamilien freuen sich, Sie und Ihre Lieben bei Ihrem nächsten Norwegenurlaub zu empfangen.

Dieses Buch hält ein vielseitiges Angebot für Sie bereit. Bei den meisten Gastgebern ist Frühstück im Preis enthalten. Da wir jedoch in Norwegen keine so lange "Bed & Breakfast"-Tradition wie in einigen anderen Ländern haben, sind auch Angebote für Selbstversorger aufgeführt. Diese bieten kein Frühstück, dafür aber eine gut ausgestattete Küche für Zubereitung von Mahlzeiten. Sie können unter verschiedenen Häusertypen, "Stabbur" (trad. Speicher), Villen usw. wählen.
Auch die Preise sind unterschiedlich. Preisgünstige Alternativen findet man bei Häusern für "Selbsthaushalt". Ist der Preis nicht so wichtig, sondern das Erlebnis, so finden Sie in diesem Buch viele traditionsreiche, gemütliche, exotische und originelle Übernachtungsmöglichkeiten. Die Angebote sind geografisch und nach Provinzen geordnet. Übersicht der Provinzen und deren Reihenfolge auf Seite 13. Die Redaktion hat sich auf

handy overview of the counties in the same order of presentation as in the book.
The editors have relied upon the honesty and integrity of the hosts, who have provided the information presented.

Great effort has been made to ensure accuracy, but the editors and publisher take no responsibility for errors. Likewise, if quality or standard does not fulfill your expectations the editors have no responsibility regarding any agreements or reservations between guests and hosts based on information from this book.

This book undergoes continual change, and we rely on you to help us improve it. We hope you will turn to page 224 and write down and share with us your impressions and experiences as a B&B-guest and as a user of this book.
We wish you happy travels and bid you welcome on behalf of our B&B hosts – all across Norway – the land of majestic mountains and fjords.

sendt inn til oss.
Hvis standardnivå eller øvrig kvalitet ikke står i forhold til forventningene kan ikke redaksjonen ta ansvar for det, heller ikke ved eventuelle feil. Ethvert leieforhold som baseres på denne boken er en avtale mellom vert og gjest. Vi har kun en informasjonsoppgave.

Denne boken ønsker vi å videreutvikle, og bare du kan fortelle oss hvordan den kan bli bedre. Vi ønsker derfor å høre fra deg. På side 224 kan du skrive noen ord om dine inntrykk og erfaringer. Send det så til vår redaksjon.

Vi håper at du vil få en rik ferieopplevelse ved å treffe nordmenn i sine hjemlige omgivelser. God ferietur og velkommen til våre B&B-verter i det vakre fjell- og fjordlandet Norge.

Ehrlichkeit und Redlichkeit der Vermieter verlassen. Alle Angaben in diesem Buch basieren auf Information, die uns zugesendet wurde.

Sollten Standard oder übrige Qualität nicht den Erwartungen entsprechen, kann unsere Redaktion dafür keine Verantwortung übernehmen. Jedes Mietverhältnis aufgrund dieses Buches ist eine Vereinbarung zwischen Gastgebern und Gästen. Wir erbringen nur die Information.

Wir möchten dieses Buch gerne weiterentwickeln und nur Sie können uns berichten, wie wir es verbessern können. Auf Seite 224 können Sie Ihre Erfahrungen als B&B-Gast und Benützer dieses Buches aufschreiben und an uns schicken. Wir wünschen Ihnen wertvolle Urlaubserlebnisse bei der Begegnung mit Norwegern in deren heimatlicher Umgebung. Willkommen zu unseren "Bed & Breakfast"-Gastgebern in Norwegen, dem herrlichen Land der Fjorde und Berge!

Contents   Innhold   Inhaltsverzeichnis

Preface / Forord / Vorwort: page 5
Maps / Kart / Karten: page 13

How to use this book / Hvordan bruke boken /
    Gebrauch des Buches: page 32
B&B or Self-catering / B&B eller Selvhushold /
    B&B oder Selbsthaushalt: page 35
Standard and quality / Standard og kvalitet /
    Standard und Qualität: page 36
Standards for all Bed and Breakfasts: page 37
Standardinndeling for Rom og Frokost: page 38
Standardeinteilung für Zimmer und Frühstück: page 39
Olav's Rose and NBG: page 40

Østfold:
    Bøe gjestegård   Halden   page 41
    Østre Tveter Gård   Våler   page 42
    Lund Gård   Ørje   page 44

Oslo & Akershus:
    Ambiose Bed & Breakfast   Oslo   page 45
    Den Blå Dør   Oslo   page 46
    Enerhaugen   Oslo   page 47
    Bygdøy Allé Bed & Breakfast   Oslo   page 48
    Frogner Guestroom   Oslo   page 49
    Frogner Plass 1   Oslo   page 50
    Residence Kristinelund   Oslo   page 51
    Vinderen Bed & Breakfast   Oslo   page 52
    Solveig's Bed & Breakfast   Oslo   page 53
    Bed & Breakfast Poppe   Oslo   page 54
    Janesplace Bed & Breakfast   Oslo   page 55
    Anna's Place   Jar   page 56
    The Blue Room   Nesbru   page 57

Høland Bed & Breakfast	Løken	page 58
Smestad Gård	Gjerdrum	page 60
Trugstadloftet	Holter	page 62
Gardermoen Hotel B&B	Nannestad	page 63
Goodheart's Guesthouse	Hurdal	page 64
Bjerknes Gård	Minnesund	page 65

Hedmark:

Ullershov gård	Vormsund	page 66
Strandsjø Kursgård & Potetkafé	Arneberg	page 67
Heggelund's rom og frokost	Flisa	page 68
Honkaniemi Smettes turisttun	Åsnes, Finnskog	page 69
Solvår's Bed & Breakfast	Elverum	page 70
Solbakken Gjestegård	Brumunddal	page 71

Oppland:

Holthe Gård	Kolbu	page 72
Kronviksætra B&B	Landåsbygda	page 73
Hindklev Gård	Lillehammer	page 74
Lillehammer Vandrerhjem	Lillehammer	page 75
Nordseter aktivitets- og skisenter	Lillehammer	page 76
Skåden Gard	Øyer	page 77
Skarsmoen Gård	Tretten	page 78
Glomstad Gård	Tretten	page 79
Sygard Romsås	Fåvang	page 80
Valbjør Gard	Vågå	page 81
Strind gard	Lom	page 82
Storhaugen	Bøverdalen	page 83
Sørre Hemsing	Vang i Valdres	page 84
Herangtunet	Heggenes i Valdres	page 85
Furulund Pensjonat	Røn i Valdres	page 86
Grønebakke Gard	Skrautvål i Valdres	page 87

Buskerud:

Laa Gjestestugu	Ål	page 88
Hagaled Gjestegård	Nesbyen	page 89
Sevletunet	Rødberg	page 90
Søre Traaen	Rollag	page 91
Frøhaug Gård	Røyse	page 92
Hamremoen Gård	Efteløt/Skollenborg	page 93

Vestfold:
Svelvik Romutleie	Svelvik	page 94
Kjøpmannskjær Bed & Breakfast	Kjøpmannskjær	page 95
elleVilla	Larvik	page 96

Telemark:
Hulfjell Gård og Hytteutleie	Drangedal	page 97
Drangedal Gjestehus	Drangedal	page 98
Ettestad Gård	Drangedal	page 99
Solheim Overnatting	Bø i Telemark	page 100
Huldrehaugen	Flatdal	page 102
Nordigard Bjørge	Seljord	page 103
Fossum Kurs- og Feriesenter	Fyresdal	page 104
Fyresdal Vertshus	Fyresdal	page 106
Naper Gård	Vråliosen	page 107
Dalen Bed & Breakfast	Dalen	page 108
Mjonøy	Vinje	page 109

Aust-Agder:
Templen B&B	Arendal	page 110
Bjorvatn resort	Mjåvatn	page 111

Vest-Agder:
Liane Gård	Søgne	page 112
Heddan Gard	Tingvatn	page 113

Rogaland:
Magne Handeland	Hovsherad	page 114
Skjerpe Gård	Heskestad, Ualand	page 115
Huset ved Havet	Varhaug	page 116
Bjørg's Bed & Breakfast	Orre	page 117
Bed, Books & Breakfast	Stavanger	page 118
The Thompsons' B&B	Stavanger	page 119
Stavanger Bed & Breakfast	Stavanger	page 120
Tone's Bed & Breakfast	Stavanger	page 121
Byhaugen	Stavanger	page 122
Åmøy Fjordferie	Vestre Åmøy	page 123
Høiland Gard	Årdal i Ryfylke	page 124
Hotel Nøkling	Hjelmeland	page 125
Fossane	Vormedalen	page 126
Kleivå Gardscamping	Bokn	page 128
Dugneberg Bed & Breakfast	Åkrehamn	page 129

Anne Grete's husrom	Røyksund	page 130
Eide Gard	Ølen	page 131

Hordaland:

Guddalstunet	Rosendal	page 132
Nestunet	Omastrand	page 133
Heradstveit Herberge	Tørvikbygd	page 134
Lyseklostervegen B&B	Lysekloster	page 135
Ekergarden	Straume	page 136
Lerkebo	Rådal	page 137
Kjellersmauet Gjestehus	Bergen	page 138
Klosteret 5 Gjestehus	Bergen	page 139
Skiven Gjestehus	Bergen	page 140
Skuteviken gjestehus	Bergen	page 141
Bøketun overnatting	Ask	page 142
Fjordside Lodge	Hordvik	page 143
Skjerping Gård	Lonevåg	page 144
Vikinghuset	Dalekvam	page 145
Bergagarden	Bolstadøyri	page 146
Skjelde Gård	Bulken, Voss	page 147
Haugo Utleige	Voss	page 148
Sollia	Ulvik	page 149
Brandseth Fjellstove	Hagsvik, Vossestrand	page 150

Sogn & Fjordane:

Fretheim Fjordhytter	Flåm	page 151
Eri Gardshus	Lærdal	page 152
Sognefjord Gjestehus	Vangsnes	page 153
Flesje Gard	Balestrand	page 154
Urnes Gard	Ornes	page 155
Nes Gard	Høyheimsvik	page 156
Nesøyane Gjestegard	Veitastrond	page 158
Osberg Osen Bru	Førde	page 159
Von Bed & Breakfast	Florø	page 160
Skinlo Farm B&B	Breim	page 161
Trollbu	Oldedalen	page 162
Loen Pensjonat	Loen	page 163
Skipenes Gard	Nordfjordeid	page 164

Møre & Romsdal:

Hellesylt Ferie-Hytter	Hellesylt	page 166
Knutegarden Norangdal	Norangsfjorden	page 167

Rønneberg Gard	Eidsdal	page 168
Trollstigen Gjestegård	Åndalsnes	page 170
Malmestranda Romutleie	Malmefjorden	page 172
Øyastuo	Ålvundeid	page 173
Brattset Gard	Mjosundet	page 174

Sør-Trøndelag:

Flanderborg overnatting	Røros	page 175
Meslo Herberge	Rennebu	page 176
Aunemo Overnatting	Fannrem	page 178
Kårøyan Fjellgard	Vinjeøra	page 179
Fjellvær Kyst og Bondegårdsferie	Knarrlagsund	page 180
Kleivan	Buvika	page 181
Sommerbo	Trondheim	page 182
Heidi Hansen	Trondheim	page 183
Rom Trondheim, Møllenberg	Trondheim	page 184
Åse's Romutleie	Trondheim	page 185
Lade Bed & Breakfast	Trondheim	page 186
Sørtun	Revsnes	page 188

Nord-Trøndelag:

Klostergården	Frosta	page 189
Karmhus / Trøabakken	Verdal	page 190
Skartnes Gård og Seterturisme	Snåsa	page 191

Nordland:

Norumgården B&B	Narvik	page 192
Fargeklatten Veita Gjestehus	Andenes	page 193
Holmvik brygge	Nyksund	page 194
Marja-Liisas overnatting	Laupstad	page 195
Anne's Bed & Breakfast	Svolvær	page 196
Nordbua	Stamsund	page 197
Fiskeværet Skipnes	Skipnes, Barkestad	page 198
Justnes	Ramberg	page 199

Troms:

Bakkemo Gård	Gratangen	page 200
Det røde huset	Krokelvdalen	page 201
ANSI Turistservice	Burfjord	page 202

Finnmark:

Engholm Husky design tun	Karasjok	page 204

Northcape Guesthouse   Honningsvåg   page 205

Road directions / Veibeskrivelser / Zufahrtsbeschreibungen: page 206
Evaluation / Evaluering / Beurteilung: page 223
Informasjon til deg som ønsker å starte romutleie: page 223

Interior from Guddalstunet, Rosendal in Hordaland, page 132

Interior from Engholm Husky design tun, Karasjok in Finnmark, page 204

MAPS • KART • KARTEN

Symbol reference

 Bed & Breakfast
open year round

 Bed & Breakfast
open in summer

 Selfcatering
open year round

(148) Selfcatering
open in summer

The number refers
to page number.

Symbolforklaring

Bed & Breakfast
åpent hele året

Bed & Breakfast
åpent om sommeren

Selvhushold
åpent hele året

Selvhushold
åpent om sommeren

Tallet refererer til
sidetallet i boken.

Symbolerklärung

Bed & Breakfast
ganzjahrig geöffnet

Bed & Breakfast
im Sommer geöffnet

Selbsthaushalt
ganzjahrig geöffnet

Selbsthaushalt
im Sommer geöffnet

Die Zahl bezieht sich auf
die Seitenzahl des Buches.

The departments / Fylkene / Die Provinzen

1. Østfold   page 14
2. Oslo & Akershus page 15
3. Hedmark   page 16
4. Oppland   page 17
5. Buskerud   page 18
6. Vestfold   page 19
7. Telemark   page 20
8. Aust-Agder   page 21
9. Vest-Agder   page 22 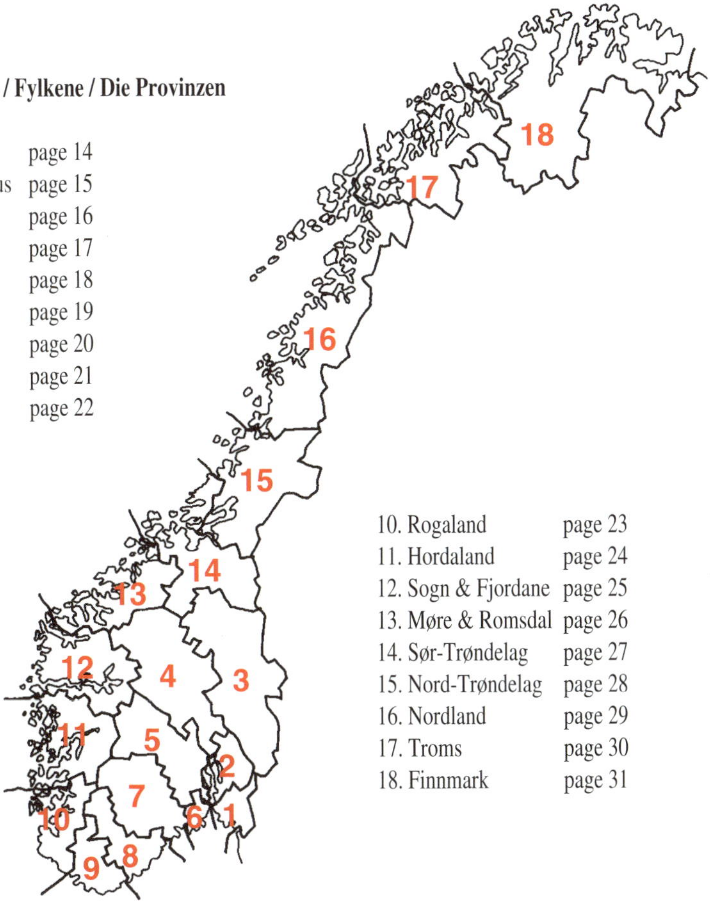
10. Rogaland   page 23
11. Hordaland   page 24
12. Sogn & Fjordane page 25
13. Møre & Romsdal page 26
14. Sør-Trøndelag   page 27
15. Nord-Trøndelag page 28
16. Nordland   page 29
17. Troms   page 30
18. Finnmark   page 31

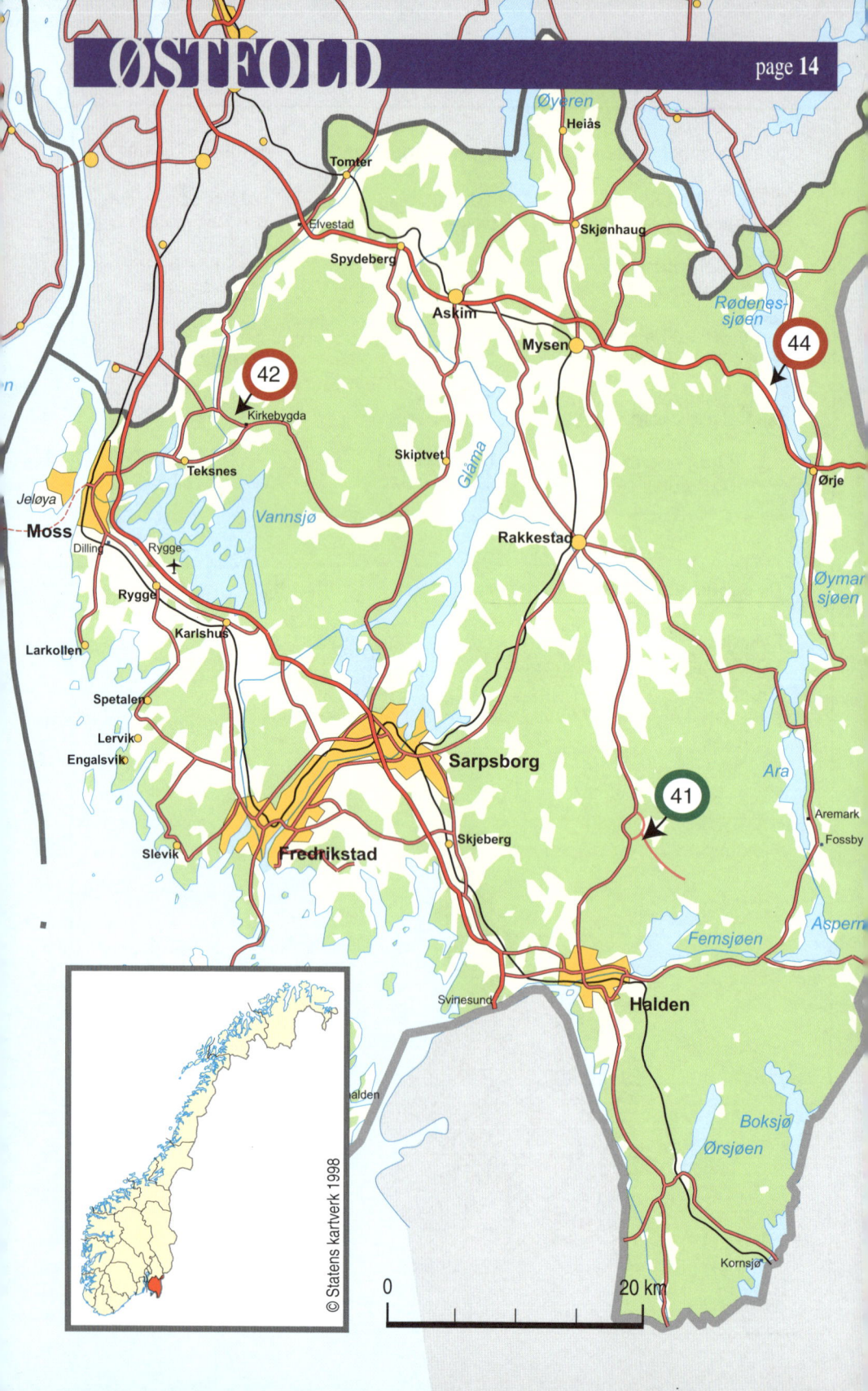

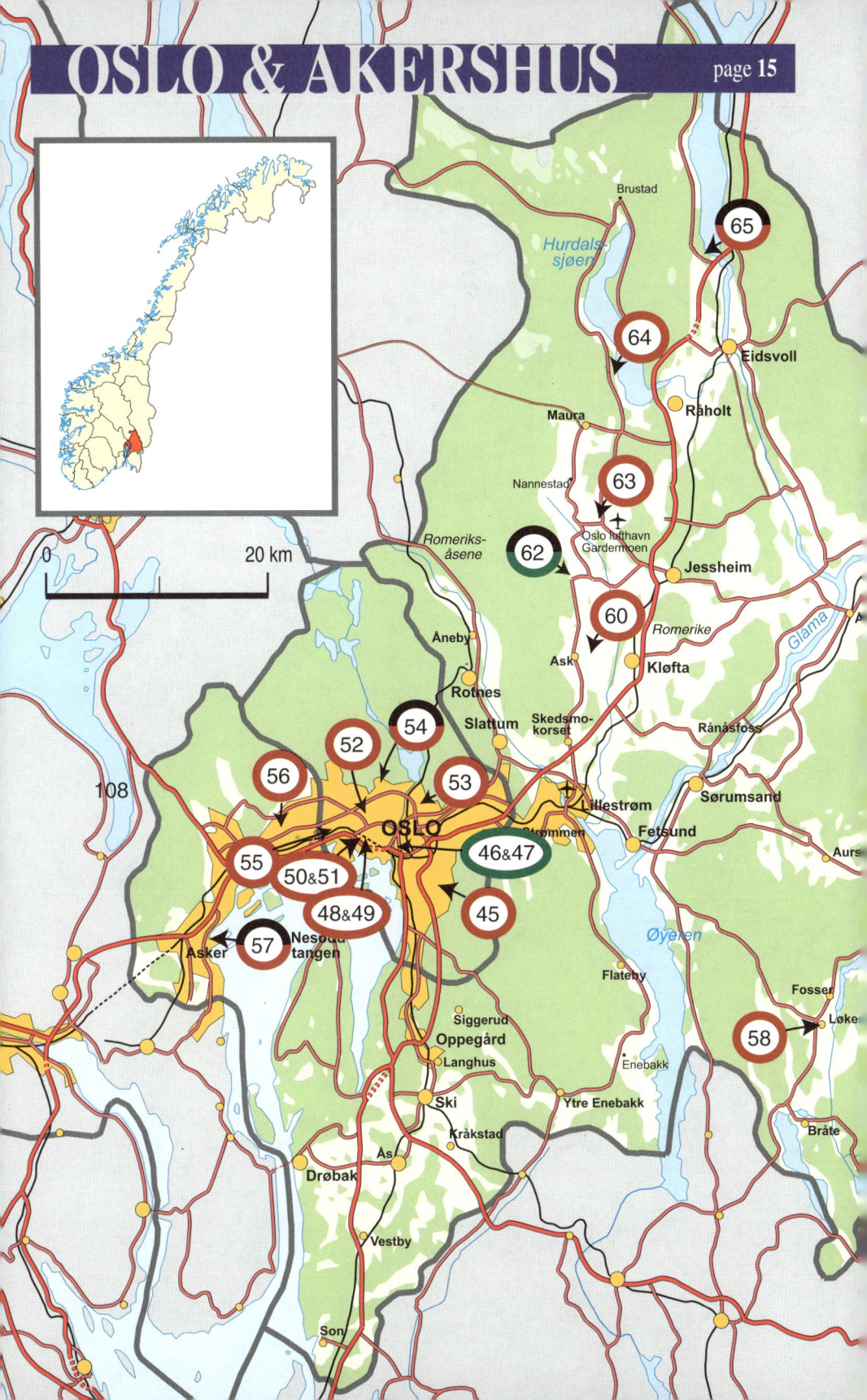

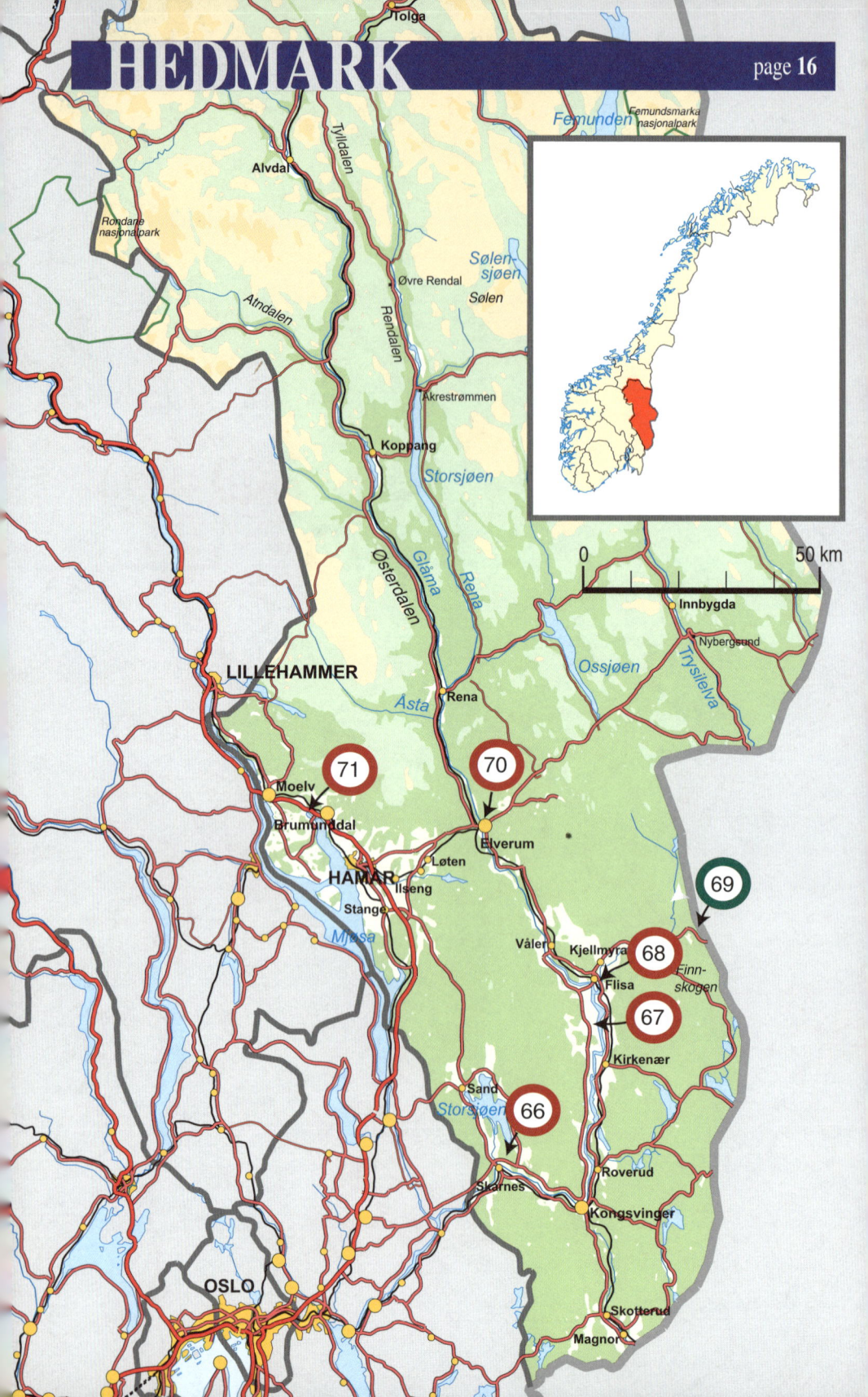

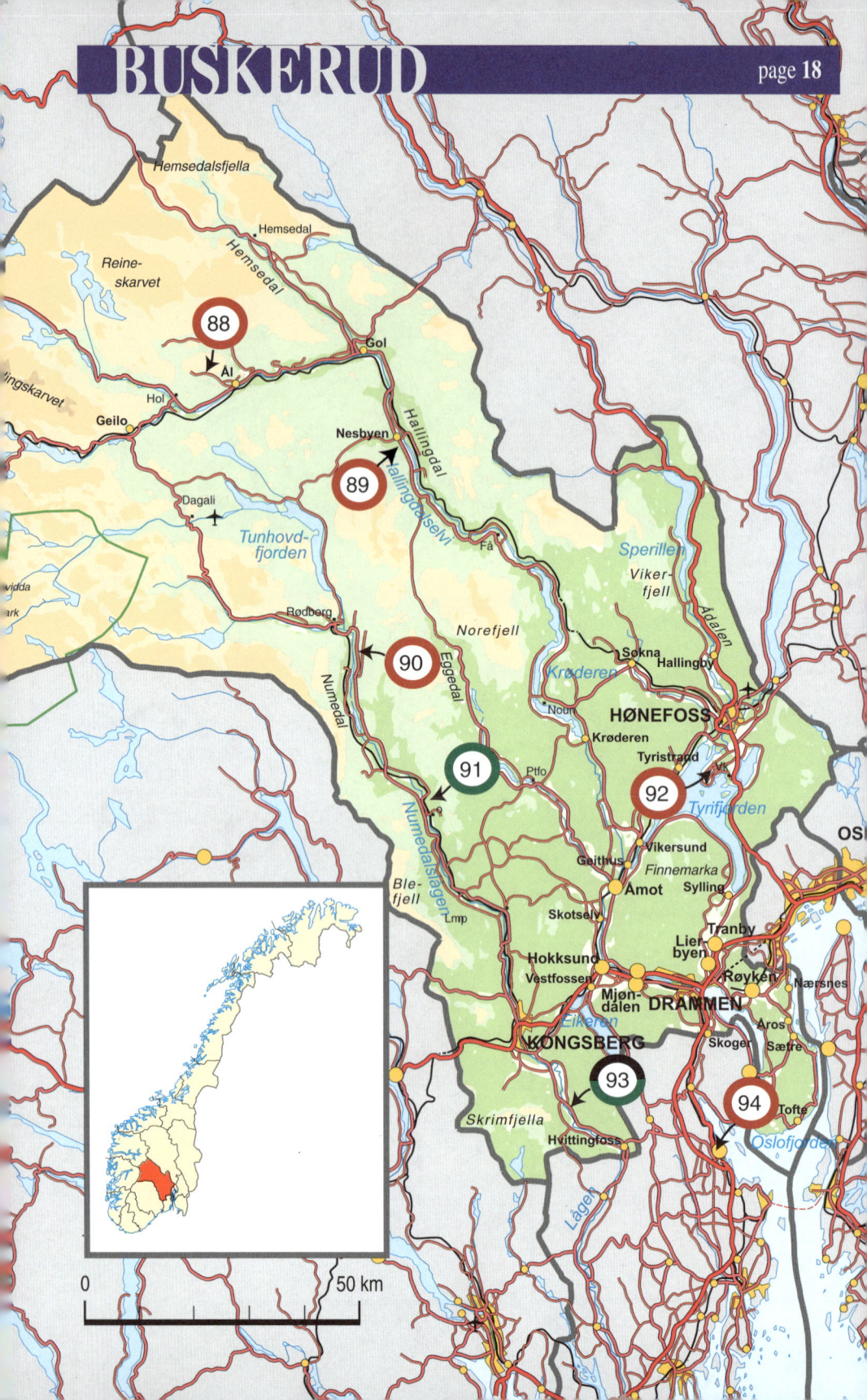

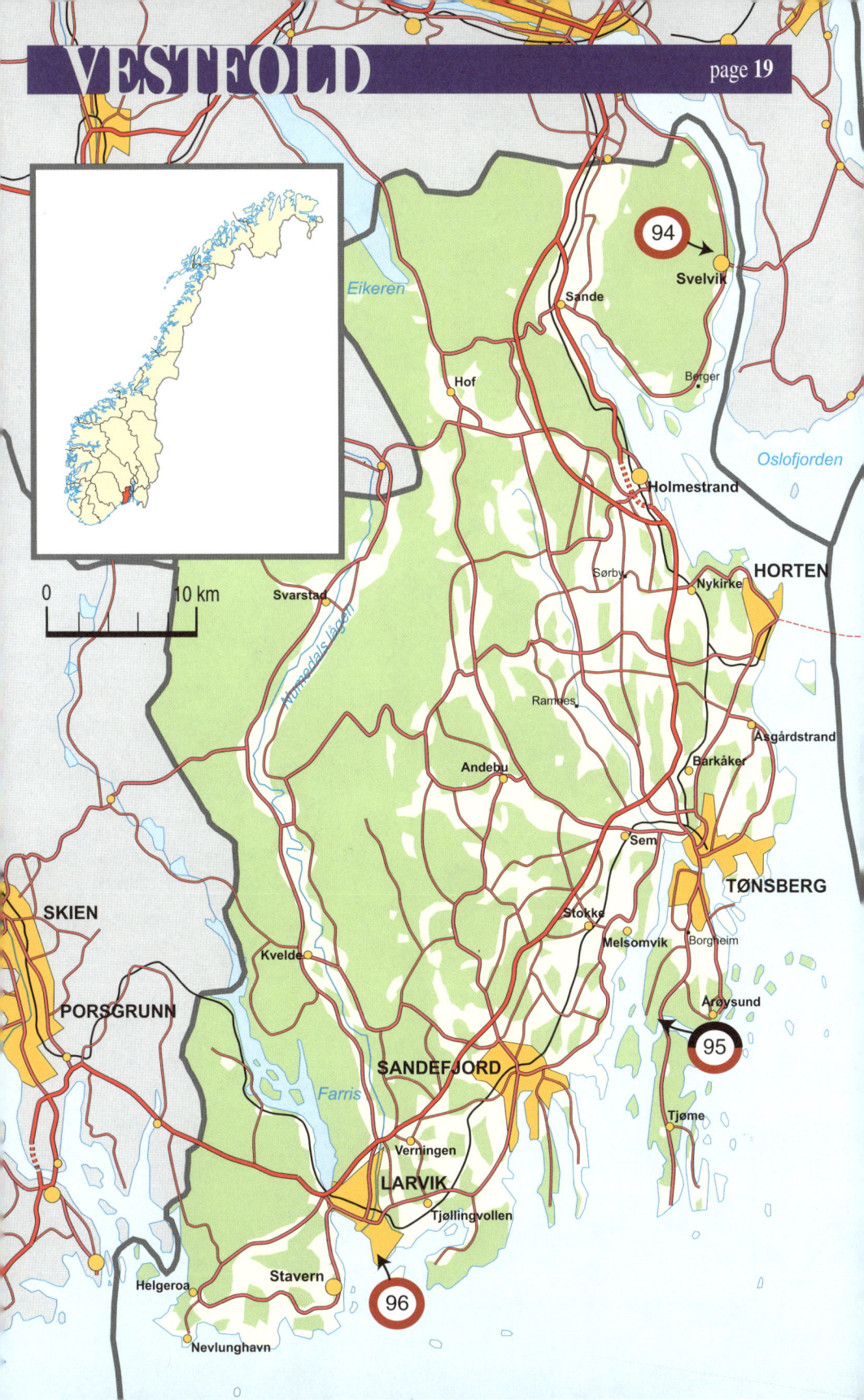

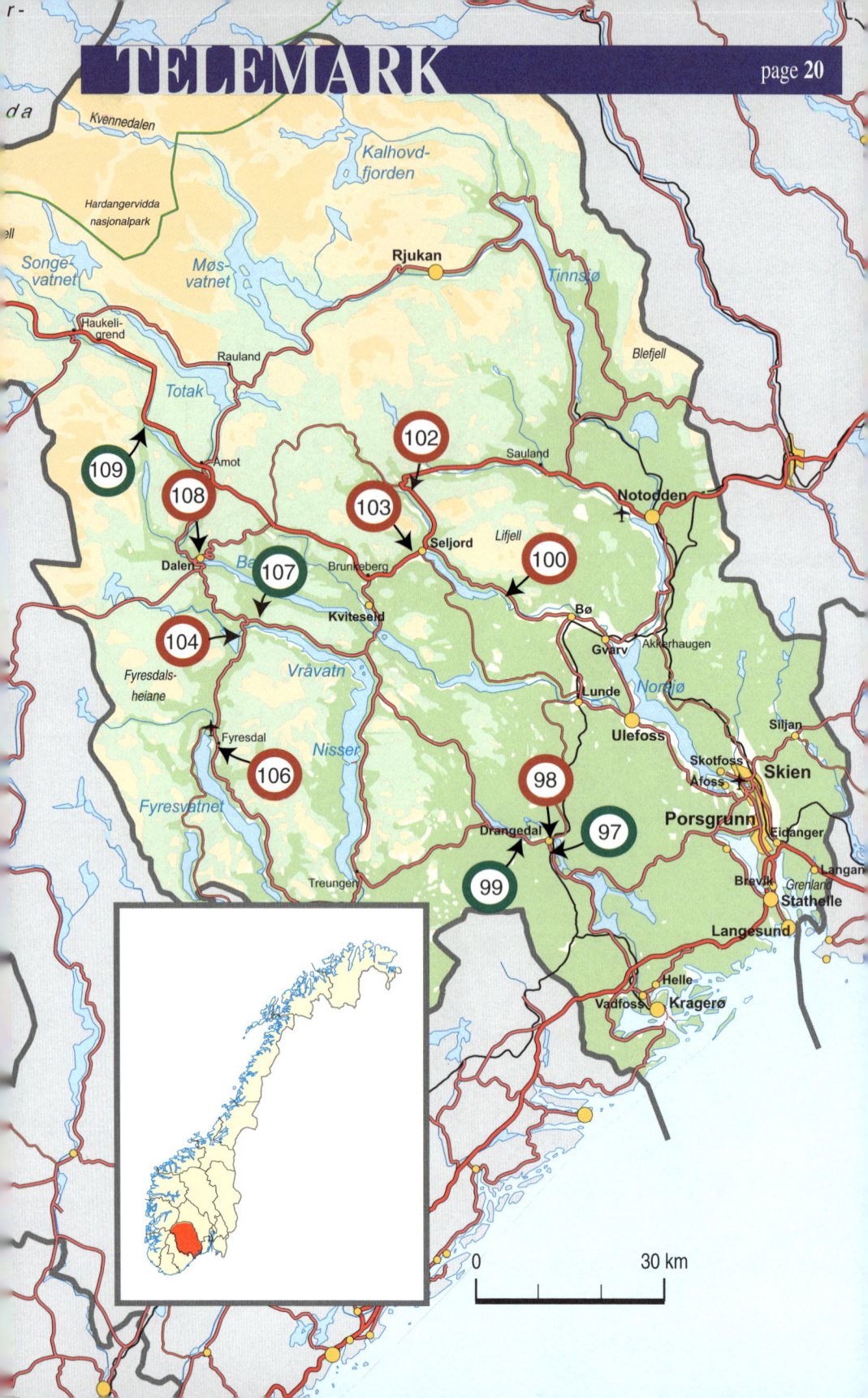

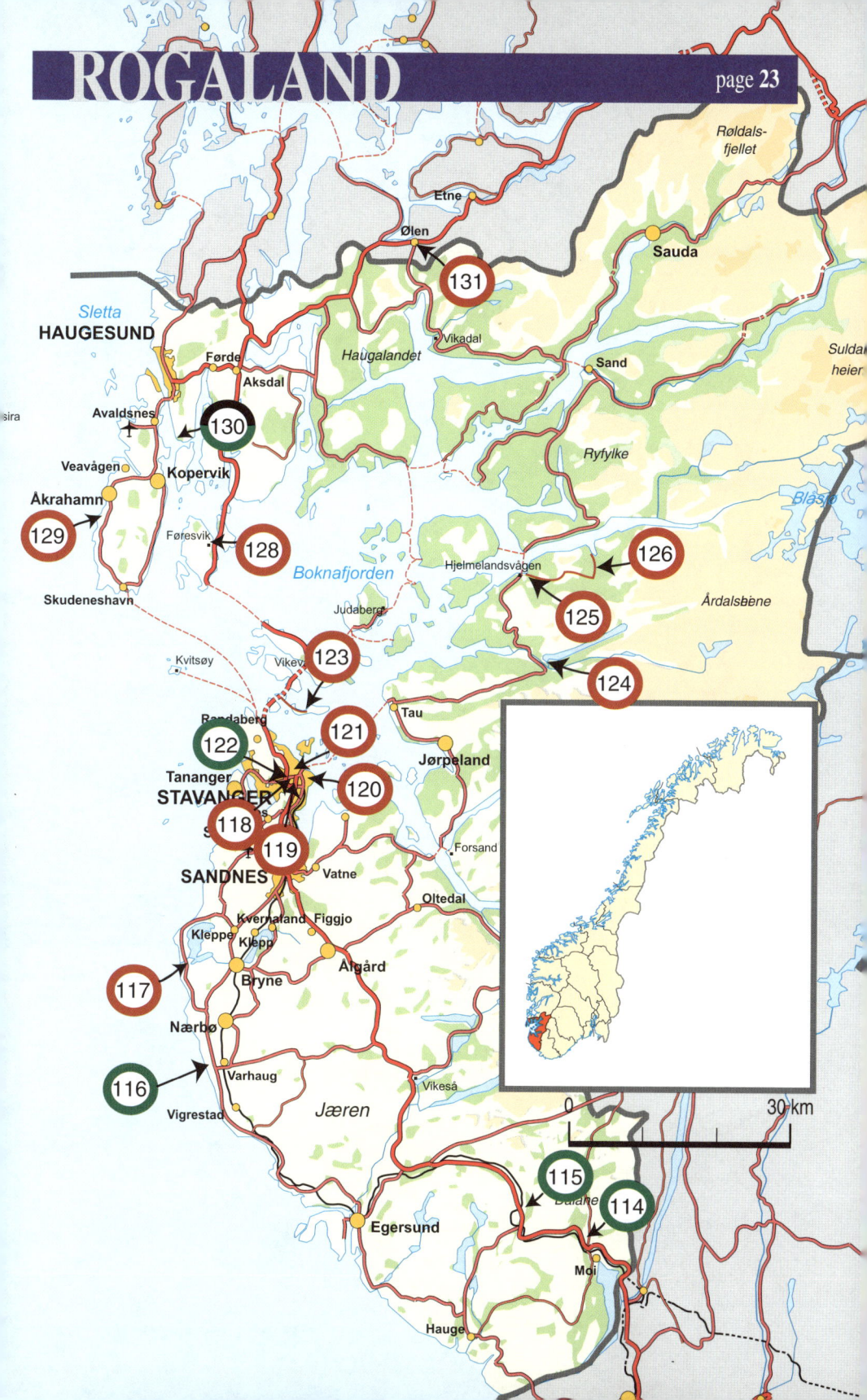

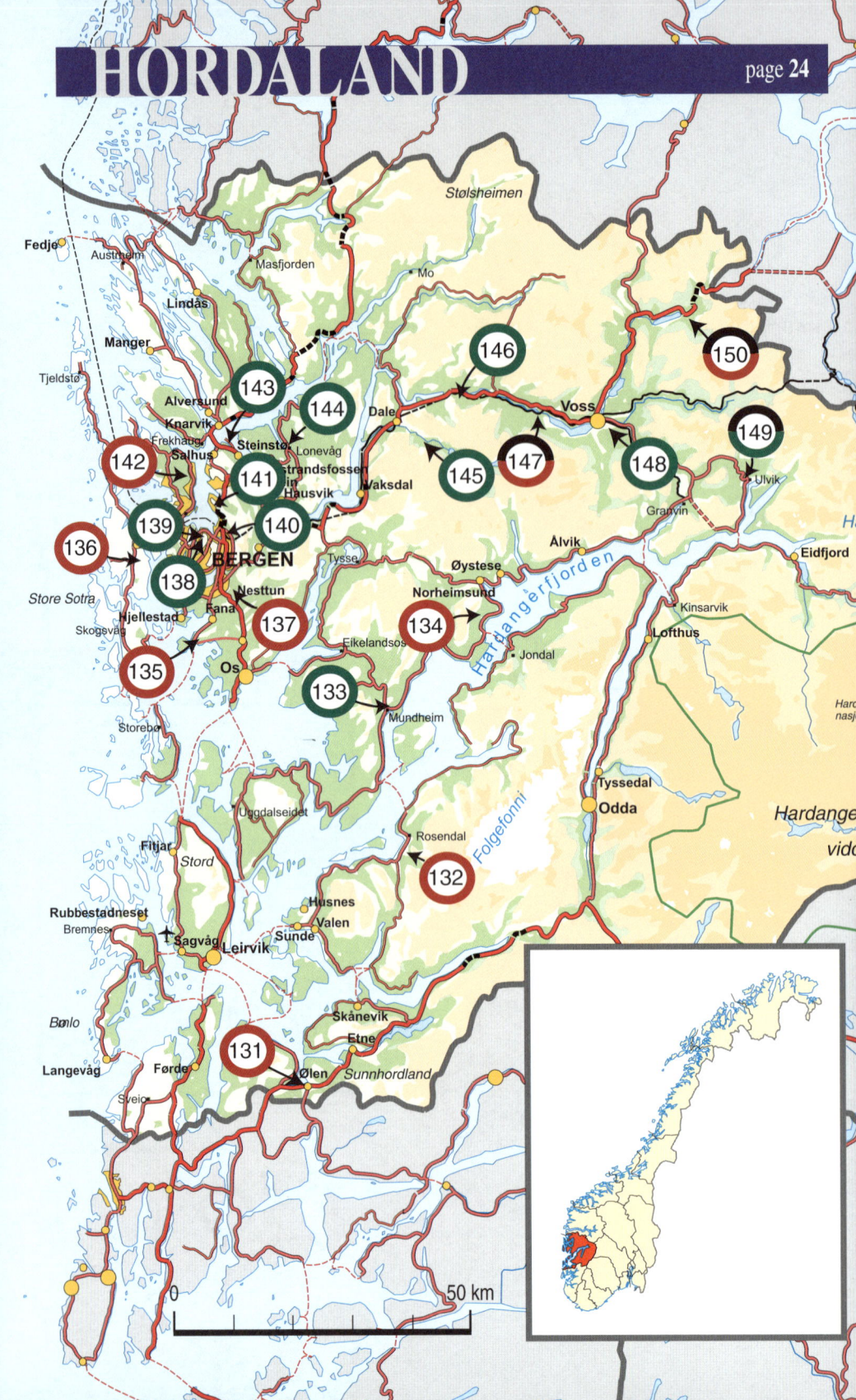

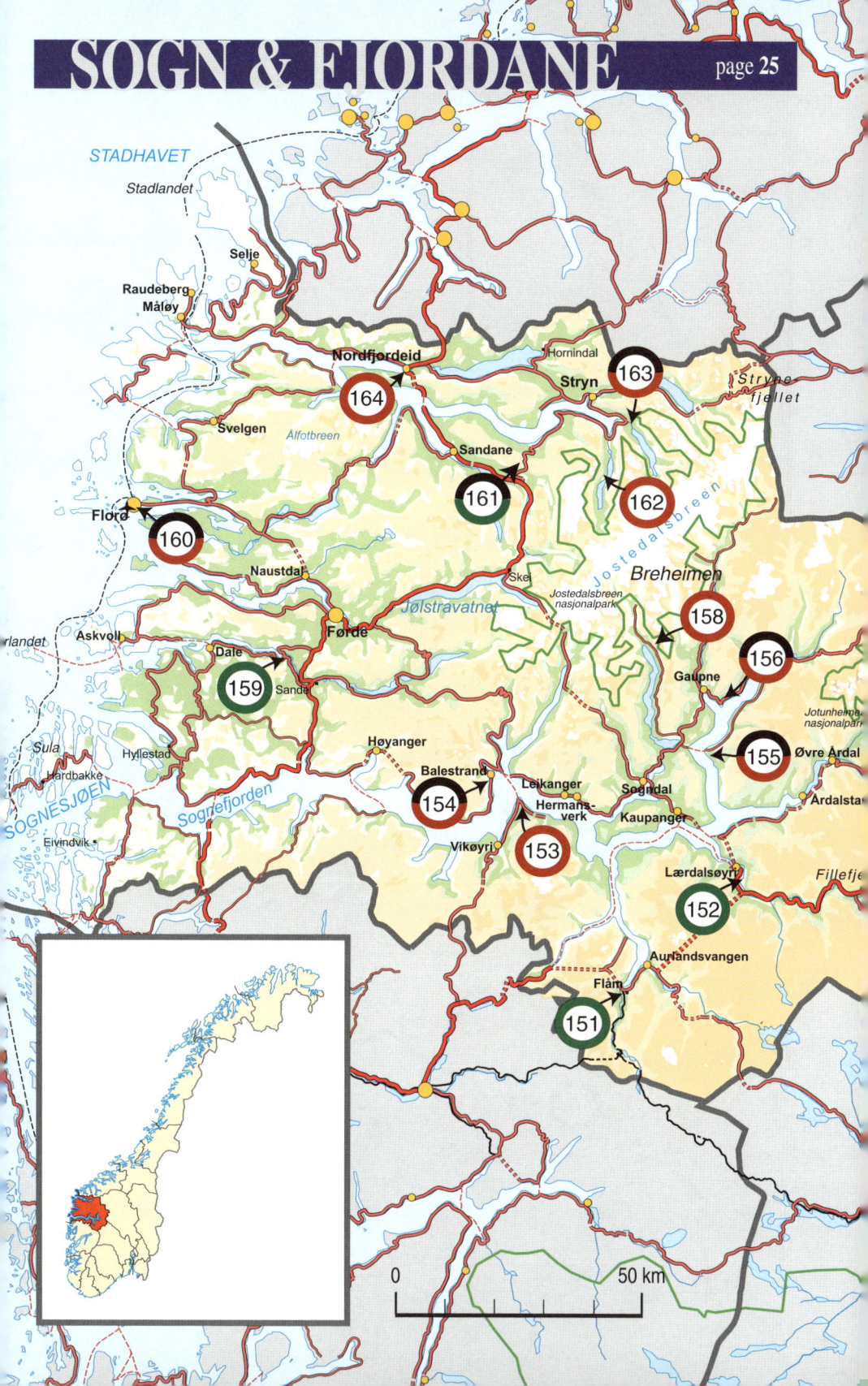

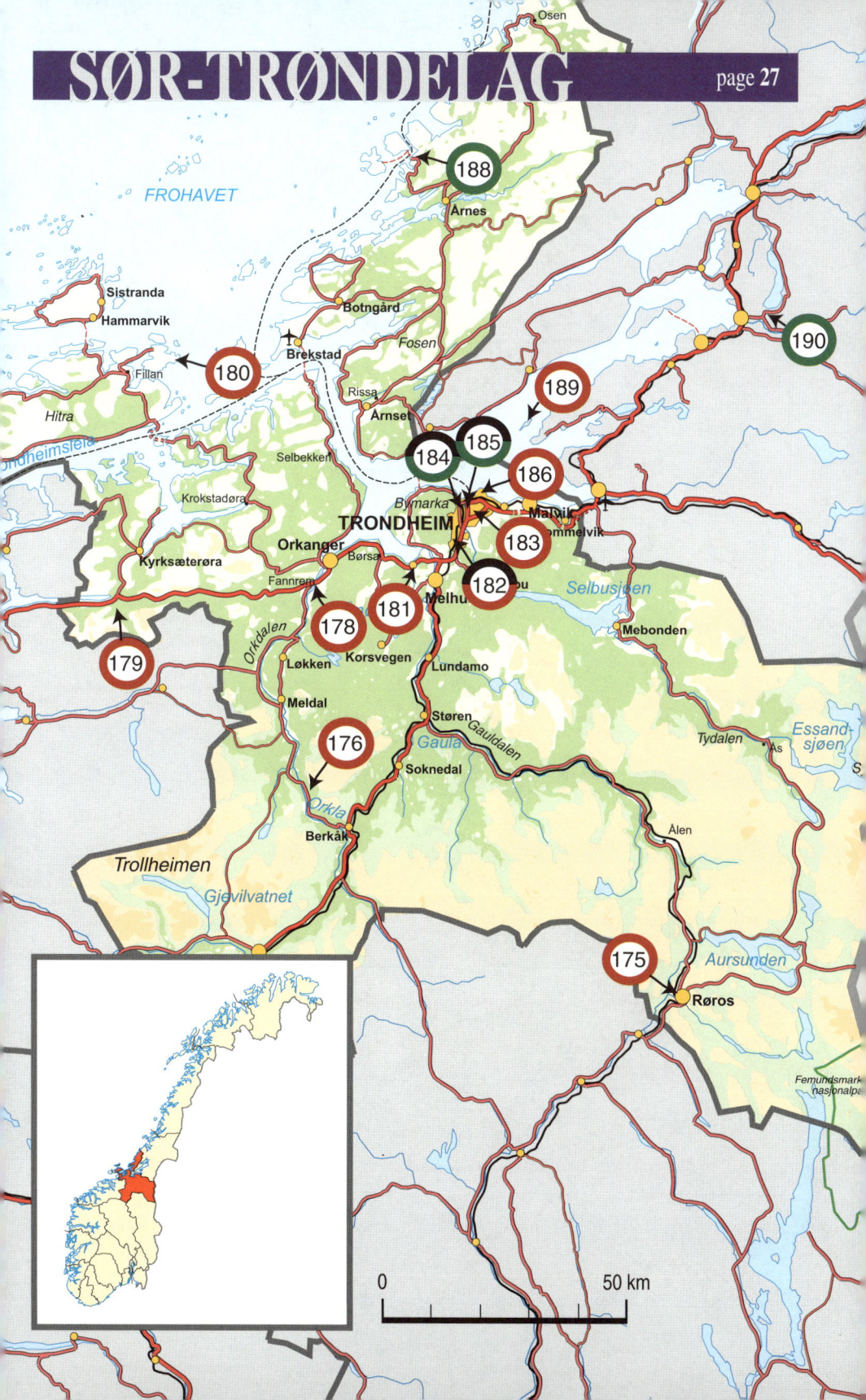

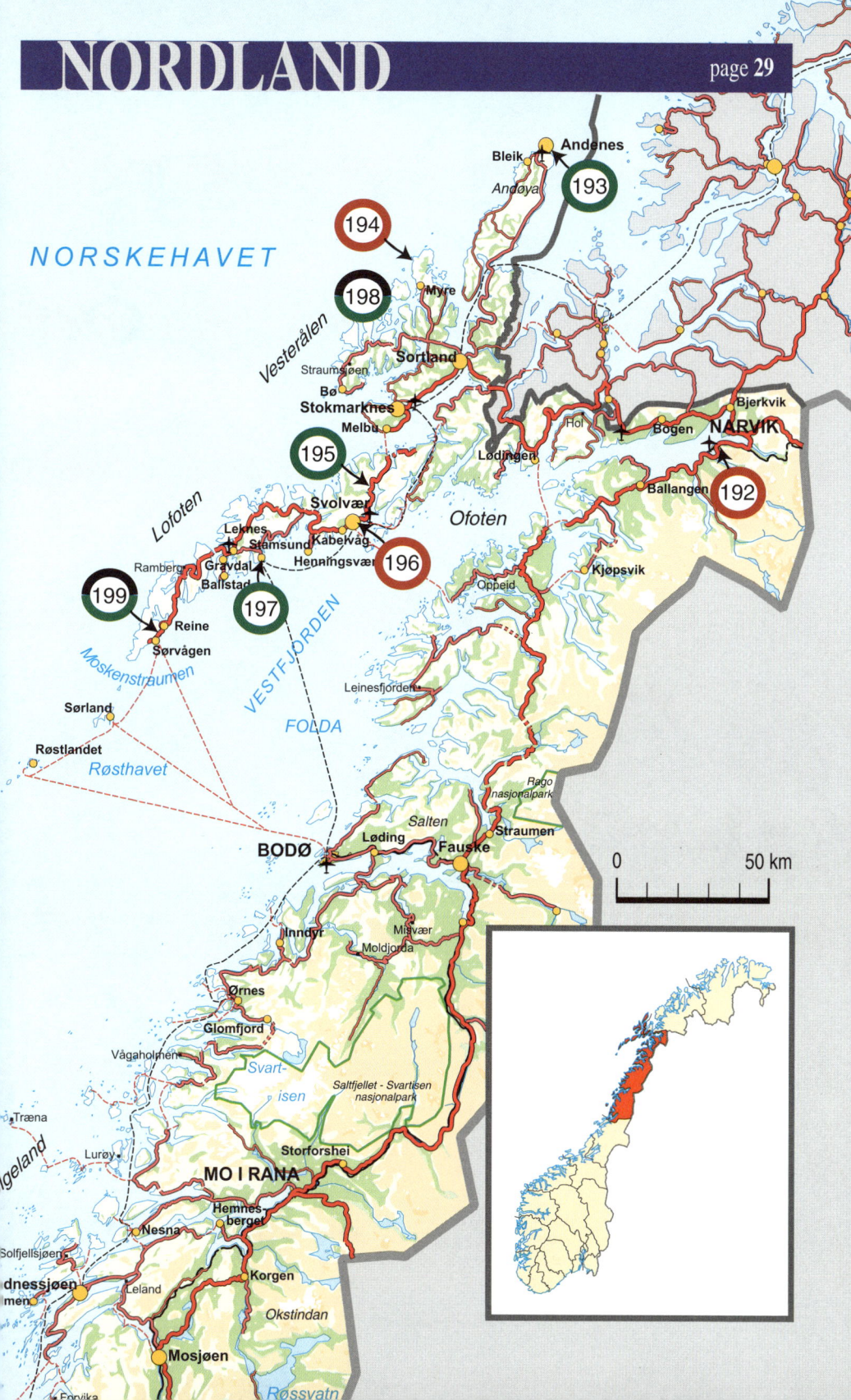

How to use this book

All hosts are presented in this book by name, address and telephone/fax number and e-mail address for those having such. You are welcome to contact them directly. Most hosts prefer reservations in advance; they are then prepared to welcome you, and you are assured of lodging.
Not all hosts are available by telephone at all times. The "time to call" is given for each host. When you reserve a room, remember to give your expected time of arrival. B&B hosts do not have a 24-hr reception service: they are private individuals who are occasionally very busy.

"Calling Norway"
Remember that when phoning abroad you must use the prefix to access international phones, then the prefix for Norway (47) before dialing the accommodation's phone number.
From Europe: 00 47 + tel. no.
From USA: 011 47 + tel. no. (also from Canada). All of Norway is within a single phone area with no area code.

Reserving a room
When you send your reservation via mail, fax, or e-mail,

Hvordan bruke boken

Alle vertsfolk som er presentert i boken står oppført med navn, adresse, telefon-/faxnummer og e-post adresse for dem som har. Du er velkommen til å ta direkte kontakt med den enkelte tilbyder. De fleste foretrekker å motta forhåndsbestillinger. Vertsfolket liker å være forberedt på din ankomst og rom står klar til deg.
Ikke alle tilbydere er tilgjengelig på telefon til enhver tid. "Best tid å ringe" er indikert for hver tilbyder. Når du bestiller rom, husk alltid å nevne hvilken tid på dagen du forventer å ankomme. B&B-verter har ingen 24-timers resepsjonsbetjening, de er privatpersoner som til tider kan ha mye å gjøre.

Når du ringer
Ringer du fra et annet land må du bruke prefix ut av ditt eget land og inn i Norge (+47) foran telefonnummeret, f.eks.:
Fra Europa: 00 47 + tlf.nr.
Fra USA: 011 47 + tlf.nr.
Hele Norge er bare ett telefondistrikt, her er ingen lokale retningsnummer.

Bestilling av rom
Når du sender din bestilling pr.

Gebrauch des Buches

Alle Gastgeber in diesem Buch sind mit Name, Straße, PLZ o. Ort, Telefon-/Faxnummer und E-Mail-Adresse (soweit vorhanden) aufgeführt. Sie können somit direkt mit dem einzelnen Vermieter Kontakt aufnehmen. Die meisten bevorzugen Voranmeldungen, damit sie sich auf den Empfang der Gäste vorbereiten können. Und für Sie ist dann die Unterkunft gesichert. Nicht alle Vermieter sind zu jeder Zeit telefonisch erreichbar.
"Zeit für Anrufe" ist für jeden Vermieter angeführt. Geben Sie, bitte, bei einer Bestellung immer Ihre voraussichtliche Ankunftszeit an. Die B&B-Gastgeber haben keinen 24-Stunden-Empfangsdienst, sondern sind Privatpersonen, die oft viel zu tun haben.

Wie Sie anrufen
Rufen Sie aus dem Ausland an, wählen Sie bitte zuerst die Vorwahl für Norwegen (+47). Dann folgt die Tlf.-Nr., z.B.:
Aus Europa: 00 47 + Tlf.-Nr.
Aus USA: 011 47 + Tlf.-Nr.
Es gibt keine lokalen Vorwahlnummern.

Zimmerbuchung
Bitte, geben Sie bei Bestellung

please provide the following information:
*Name of guest along with the address, fax-/phone number and e-mail address *Arrival date and time of day *Date of departure *Number in party *Number of rooms/beds needed *Smoker or non smoker *Age of children *Special requirements.

Prices

All prices are given in Norwegian currency, on a per day basis. The value of the Norwegian 'kroner' (NOK) can vary:
1 EUR = 7.0 - 8.5 NOK
1 USD = 5.5 - 7.5 NOK

Smoking forbidden

We have a general smoking restriction in Norway at all public accommodations: hotels, cafes, restaurants, bars, etc. It is not allowed to smoke inside at any of the B&Bs or rental places, unless specified as a smoking room.

Bed & Breakfast

For the B&B category, the price includes beds made with linen and breakfast for the number of people the room is designed for.
It is often possible to have an extra bed put in the room for an additional fee. Some B&B's also offer family rooms or rooms with several beds. Ask

brev, fax eller e-post, oppgi følgende opplysninger:
*Navn og adresse samt telfon-/faxnummer og e-post adresse *Ankomstdato og tidspunkt for ankomst *Avreisedato *Antall personer i reisefølget *Antall rom/senger *Røker eller ikke-røker *Barns alder *Spesielle behov.

Priser

Alle priser er oppgitt pr. døgn, i norske kroner (NOK).
Verdien av norske kroner kan variere:
1 EUR = 7,0 - 8,5 NOK
1 USD = 5,5 - 7,5 NOK

Røyking forbudt

Vi har et generelt røykeforbud i Norge på alle offentlige steder: hoteller, caféer, restauranter, barer etc. Det er heller ikke tillatt å røyke innendørs ved noen av våre B&B/utleiesteder, med mindre det er spesifisert at de har eget røykerom.

Bed & Breakfast

For B&B-kategorien inkluderer prisen oppredde senger og frokost for det antall personer som rommet er beregnet for. Det er i mange tilfeller mulig å få inn en ekstraseng på rommet for et tillegg i prisen. Noen B&B tilbyr også familierom eller flersengsrom. Spør vertskapet om pris.

per Brief, Fax oder E-Mail folgendes an:
*Name, Adresse, Telefon-/Faxnummer und E-Mail-adresse *Datum und Uhrzeit Ihrer Ankunft *Abreisedatum *Anzahl Zimmer/Betten *Raucher/Nichtraucher *Alter der Kinder *Besondere Anforderungen.

Preise

Alle Preise sind pro Tag in norwegischen Kronen angegeben.
Der Wert der norwegischen Krone kann variieren:
1 EUR = 7,0 - 8,5 NOK
1 USD = 5,5 - 7,5 NOK

Rauchen verboten

In Norwegen gilt ein generelles Rauchverbot in allen öffentlichen Gebäuden: Hotels, Cafés, Restaurants, Bars, etc. Es ist auch grundsätzlich nicht erlaubt innerhalb unserer B&B-Wohnstätten zu rauchen, es sei denn, ein eigenes Raucherzimmer ist besonders ausgewiesen.

Bed & Breakfast

Für die B&B-Kategorie schliesst der Preis bezogene Betten und Frühstück für die Zahl der Personen, für die das Zimmer berechnet ist, ein. Gegen Preiszuschlag kann oft ein Extrabett erstellt werden. Bei einigen B&B gibt es auch Familienzimmer oder Mehrbettzimmer. Fragen Sie die Ver-

the host about prices.

Self catering
For the self-catering category, prices are given either for the whole unit or per person. Wherever a charge for bed linen is specified as an additional cost item, the charge pertains to each complete set per person for the first night's stay. You may subsequently use your own bed linen. When breakfast prices are listed, they represent a per person charge.

The book's organization
The included establishments are organized by county. Individual homes are marked on the maps by a number that refers to the page number where you will find their presentation. More detailed directions is given in the back of the book.

Selvhushold
For utleie-enheter med selvhushold er prisene gitt enten for hele enheten eller pr. person. Der hvor sengetøy er spesifisert som tilleggspris, gjelder prisen pr. oppredning, altså pr. person, den første natten. Man kan eventuelt benytte medbrakt sengetøy.
Der hvor frokost er spesifisert gjelder prisen pr. person.

Bokens organisering
Tilbudene er sortert fylkesvis. På kartsidene finner du tall som refererer til de sidetallene hvor tilbyderne er presentert.
Helt bakerst i boken finnes en liste med veibeskrivelser for de av tilbyderne hvor det ikke ble plass nok på presentasjonssiden.

mieter nach dem Preis.

Selbsthaushalt
Für Objekte mit Selbsthaushalt gelten die Preise für die ganze Einheit oder pro Person.
Wenn für Bettwäsche ein zusätzlicher Preis angegeben ist, gilt der Preis pro Person und Bettwäsche-Set. Eventuell kann mitgebrachte Bettwäsche benutzt werden.
Wenn Frühstück aufgeführt ist, gilt der Preis pro Person.

Aufbau des Buches
Die Angebote sind nach Provinzen geordnet. Auf den Karten sind sie mit einer Zahl angegeben, die sich auf die Seitenzahl der jeweiligen Beschreibung bezieht. Liste mit Zufahrtbeschreibungen ganz hinten im Buch.

Brattset Gard, Mjosundet i Møre & Romsdal, page 174

B&B or Self-catering

There are two main categories of lodgings:

1) Bed & Breakfast

2) Self-contained rental units consisting of either rooms, apartments, cabins or houses, all with kitchen access where guests can prepare their own meals. Breakfast is generally not served, but may be available upon request.

For both categories, the hosts live on the premises.

Uppermost on each page is a symbol indicating what is offered:

 Bed & Breakfast

 Self-catering

B&B eller Selvhushold

Det er to hovedkategorier blandt overnattingstilbudene:

1) Rom & Frokost (Bed & Breakfast)

2) Boenheter med selvhushold; det kan være rom, leiligheter, hytter eller hus, alle med kjøkken tilgjengelig hvor gjestene kan stelle sine egne måltider. Her serveres det normalt ikke frokost, men likevel vil du finne at noen kan tilby morgenmat.

Felles for alle tilbudene er at vertsfolket bor på stedet.

Symboler øverst på hver side indikerer hva som tilbys:

 Rom og Frokost

 Selvhushold

B&B oder Selbsthaushalt

Das Angebot ist in zwei Hauptkategorien aufgeteilt:

1) Zimmer und Frühstück (Bed & Breakfast)

2) Wohneinheiten für Selbsthaushalt, d.h. Zimmer, Ferienwohnungen, Hütten oder Ferienhäuser, alle mit Kochmöglichkeit, damit sich die Gäste eigene Mahlzeiten zubereiten können. Von wenigen Ausnahmen abgesehen, wird hier von den Gastgebern kein Frühstück zubereitet.

Bei beiden Kategorien wohnen die Gastgeber an der selben Stelle.

Symbole zuoberst auf jeder Seite geben die Art des Angebotes an:

 Zimmer und Frühstück

 Selbsthaushalt

Standard and quality

In order to provide the readers of our book with a more accurate idea of what each rental location has to offer, we have implemented a grading system for the B&B category. The criteria we use pertain only to the physical facilities being offered such as which items are in the room, how many share a bathroom, etc. The grading system gives no indication as to *quality*, such as the amount of service, cleanliness, decorations, quality of the furniture and equipment, etc. The most important indicator in the grading system for standards is that for *bathroom facilities*. The levels are as follows:

♣ Shared bathroom, where more than 4 people share.

♣ ♣ Shared bathroom with a max. of 4 people, or there is a sink in each of the rooms.

♣ ♣ ♣ Private bath comes with each room.

On the next pages you will find the full designation of requirements for each level of standard.

Standard og kvalitet

For at du som bruker av boken lettere skal få et riktig bilde av hva hvert enkelt utleiested har å tilby har vi innført et graderingssystem for B&B-kategorien. Inndelingen gjelder kun de fysiske faciliteter som tilbys; hva som finnes på rommet, hvor mange som deler bad etc. Graderingssystemet sier ingenting om *kvaliteten* av tilbudet, slik som servicegrad, renhold, dekorering, kvaliteten på møbler og utstyr etc.

Den viktigste indikatoren i graderingssystemet for standard er *baderomsfacilitetene*. Her er en tommelfingerregel for inndelingen:

♣ Delt bad hvor mer enn 4 personer deler bad når det er fullt belegg.

♣ ♣ Delt bad hvor max. 4 personer deler bad, eller det er vaskeservant på hvert av rommene.

♣ ♣ ♣ Hvert rom har eget bad.

På de neste sidene finner du den fulle fortegnelsen av hva som inngår i hvert av standardnivåene.

Standard und Qualität

Um allen Benutzern des Buches einen besseren Überblick über die Qualität des jeweiligen Übernachtungsbetriebs zu verschaffen, haben wir eine Klassifizierung der Angebote vorgenommen. Diese Einstufung bezieht sich allerdings nur auf die Ausstattung der Zimmer; wie z.B. was es im Zimmer gibt, wieviele das Bad teilen usw. Das System berücksichtigt nicht *Qualitäten* wie Dienstbereitschaft, Sauberkeit, Dekoration oder Qualität von Möbeln, Ausstattung usw. Das wichtigste Kennzeichen im Einstufungssystem für Standard sind die *Badverhältnisse*. Hier gilt als Grundregel:

♣ Gemeinsames Bad, das bei voller Belegung von mehr als 4 Personen geteilt wird.

♣ ♣ Gemeins. Bad, von höchstens 4 Pers. geteilt, oder Handwaschbecken in jedem der Räume.

♣ ♣ ♣ Jedes Zimmer hat ein eigenes Bad.

Auf der nächsten Seite finden Sie ein vollständiges Verzeichnis darüber, was jede der Standardstufen erfordert.

Standards for all Bed and Breakfasts

♣

General:
*All guest rooms are clean and tidy. *Local tourist information and transport schedules available. *Regulation fire extinguishing equipment. *Key to the front door and/or room.

In the room:
*Good beds with proper mattresses. *Beds made with clean bed linen. *Extra pillow available. *Good lighting in the room - a night lamp by each bed. *Waste paper basket. *All electrical outlets must be secure and functioning. *Water glass available. *Curtains with functioning / drawing mechanism. *Chest of drawers / cupboards. *Chair(s). *Books and/or periodicals available. *Writing pad and pencil available.

In the bathroom:
*Toilet, hand basin and bath/shower, hot and cold water. *Mirror. *Soap and two hand towels per guest. *Waste paper basket. *Toilet paper. *Bathroom doors that can be locked. *Electrical outlets for shaver and hairdryer.

The Breakfast:
*Tea/coffee, milk and juice. *Bread with 4-6 different sandwich fillings. *Breakfast cereal. *Boiled egg upon request.

♣ ♣

In addition to the above:
*Hand basin in the bedroom or max. 4 persons share a bathroom. *Mirror in the room. *Alarm clock in the room. *Iron and ironing board available. *Access to telephone.

♣ ♣ ♣

In addition to the above:
*Ensuite bathroom. *Shampoo and hair conditioner available. *Coffee and tea making facilities. *Radio in the room. *Minimum one room with a writing desk.

♣ ♣ ♣ ♣

In addition to the above:
*TV in the room. *Own guests' lounge. *Access to laundry. *Accept major credit cards.

Standardinndeling for Rom og Frokost

♣

Generelt:
*Rent og ryddig i alle rom som gjestene benytter. *Lokal turistinformasjon og /eller rutetabeller.
*Forskriftsmessig brannvern. *Nøkkel til ytterdør og/eller rom.

Rommet:
*Gode senger med gode madrasser. *Oppredde senger med rent sengetøy. *Ekstra pute med putetrekk tilgjengelig. *Godt lys på rommet - nattbordslampe til hver seng. *Avfallskurv. *Alle stikkontakter er i orden og fungerer. *Vannglass tilgjengelig (på rommet eller på badet). *Gardiner med fortrekks-mekanisme som fungerer. *Skuffer og/eller skap som er tomme og rene. *Stol(er). *Bøker og/eller tidsskrift tilgjengelig. *Skriveblokk og blyant tilgjengelig.

Bad og toalett:
*Toalett, håndvask og badekar eller dusj, varmt og kaldt vann. *Speil. *Såpe og håndklær - to til hver gjest. *Avfallskurv. *Toalettpapir og ekstrarull, boks el. rull m/tørkepapir. *Låsbar dør til baderom og toalett. *Stikkontakt til barbermaskin el. hårtørrer.

Frokosten:
*Te/kaffe, melk og juice. *Brødmat med 4-6 påleggstyper. *Cornflakes eller kornblandinger el.l.
*Kokt egg ved ønske.

♣ ♣

I tillegg til ovenstående oppfylles følgende:
*Håndvask på soverom el. maks 4 pers. deler bad. *Speil på rommet. *Vekkerklokke på rommet.
*Strykemuligheter. *Mulighet for bruk av telefon.

♣ ♣ ♣

I tillegg til ovenstående oppfylles følgende:
*Eget bad til hvert rom. *Tilgang på shampo og hårbalsam. *Kaffe og te-selvbetjening. *Radio på rommet. *Minst ett rom med skrivebord.

♣ ♣ ♣ ♣

I tillegg til ovenstående oppfylles følgende:
*TV på rommet. *Egen stue/oppholdsrom til gjestene. *Mulighet for klesvask. *Kan ta kreditt-kort.

Standardeinteilung für Zimmer und Frühstück

♣

Allgemein:
*Sauber und aufgeräumt in allen Räumen. *Örtliche Touristeninformation und Fahrpläne. *Vorschriftsmässiger Brandschutz. *Schlüssel für Haus- oder Zimmertür.

Das Zimmer:
*Gute Betten mit guten Matratzen. *Bezogene Better mit sauberer Bettwäsche. *Zusätzliches Kopfkissen mit Bezug zugänglich. *Ausreichendes Licht im Zimmer, Bettlampe über jedem Bett. *Abfalleimer. *Alle Steckdosen müssen in Ordnung sein. *Wasserglas zugänglich. *Gardinen, die sich vorziehen lassen. *Schublade und/oder Schrank müssen leer und sauber sein. *Stuhl/Stühle. *Bücher und/oder anderes Lesematerial zugänglich. *Schreibmaterial zugänglich.

Toilette und Bad:
*Toilette, Handwaschbecken und Badewanne oder Dusche, W & K Wasser. *Spiegel. *Seife und Handtuch - 2 Handtücher für jeden Gast. *Abfalleimer. *Toilettenpapier und Extrarolle, Behälter oder Rolle mit Papierhandtüchern. *Abschliessbare Tür zu Bad und Toilette. *Stecker für Rasierapparat und Haarfön.

Das Frühstück:
*Tee/Kaffee, Milch und Saft. *Brot mit 4-6 verschiedenen Belägen. *Cornflakes, Müsli usw. *Gekochtes Ei oder Spiegelei nach Wunsch.

♣ ♣

Zusätzlich wird folgendes geboten:
*Handwaschbecken aut dem Zimmer, oder max. 4 Personen teilen ein Bad. *Spiegel im Zimmer. *Wecker im Zimmer. *Möglichkeit zum Bügeln. *Telefonbenutzung.

♣ ♣ ♣

Zusätzlich wird folgendes geboten:
*Eigenes Bad auf dem Zimmer. *Shampoo und Haarbalsam zugänglich. *Kaffee und Tee - Selbstbedienung. *Radio auf dem Zimmer. *Mindestens ein Zimmer mit Schreibtisch.

♣ ♣ ♣ ♣

Zusätzlich wird folgendes geboten:
*Fernsehapparat auf dem Zimmer. *Aufenthaltsraum für die Gäste. *Möglichkeit zur Kleiderwäsche. *Kreditkarten werden angenommen.

Seal of approval
Olav's Rose

Norwegian Heritage's seal of approval, the Olav's Rose, points the way to special products whose roots are planted in Norwegian heritage. It is only awarded to sites and products that have undergone the strictest of quality controls. Olav's Rose holders are committed to being good ambassadors for a thriving cultural heritage and to provide the guest with the history of the site.

Kvalitetsmerket
Olavsrosa

Norsk Kulturarvs kvalitetsmerke Olavsrosa viser vei til unike opplevelser med røtter i vår kulturarv. Før kvalitetsmerket blir tildelt, blir stedet og den opplevelsen du som gjest blir tilbudt, underlagt en streng kvalitetskontroll. Innehaverne av Olavsrosa har forpliktet seg til å være gode ambassadører for en levende kulturarv og til å formidle stedets historie til deg som gjest.

Das Qualitätszeichen
Die Olavsrose

Die Olavsrose der Stiftung Norwegisches Kulturerbe weist auf Wurzeln in unserem Kulturerbe. Die Olavsrose wird erst nach einer strengen Qualitätskontrolle des Angebots verliehen. Die Träger der Olavsrose verpflichten sich, gute Botschafter eines lebendigen Kulturerbes zu sein und Ihnen als Gästen die besondere Geschichte der jeweiligen Stätte zu vermitteln.

NBG
Norsk Bygdeturisme og Gardsmat

NBG (Norwegian Rural Tourism and Farm Food Products) was established on the 1st April 2004 which is an independent branch- and marketing organization for those offering rural tourism and producers of farm food products. All members are indicated with:

NBG
Norsk Bygdeturisme og Gardsmat

NBG ble etablert 1. april 2004 som en uavhengig bransje- og markedsorganisasjon for dem som tilbyr bygdeturisme og produserer gardsmatprodukter. Alle medlemmer er merket med:

NBG, P.O.Box 9354 Grønland
N - 0135 Oslo
Phone: (+47) 22 05 46 40
E-mail: post@nbg-nett.no
Web: www.nbg-nett.no

NBG
Norsk Bygdeturisme og Gardsmat

NBG (Norwegische Ferien auf dem Lande und Bauernhof-Lebensmittel) wurde am 1. April 2004 als unabhängige Organisation anerkannt. Alle Mitglieder des Zusammenschlusses sind durch "Norsk Bygdeturisme og Gardsmat" erkennbar:

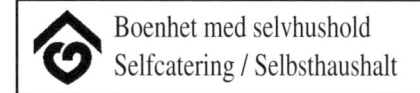

Boenhet med selvhushold	**Østfold**
Selfcatering / Selbsthaushalt	

Bøe gjestegård

Your host:
Sylvia & Olav Ring

Address:
**Torpedal
N - 1764 Halden**
Phone: 69 19 38 50
Mobil: 92 82 52 21
Fax: 69 18 01 37
E-mail: osring@online.no

Best time to call:
08.00 - 18.00

A: Apartment for 2-4 persons
1 bedroom, bath, kitchen, LR
Price for whole unit: **700,-**

B: Apartment for 2-4 persons
1 bedroom, bath, kitchen, LR
Price for whole unit: **700,-**

Applies to both rental units:
Bed linen fee: **75,-**
Prices valid for 2008
TV/Internet available
Terrace/patio/yard
Boat and bike for rent
VISA accepted
Open year round
English & some French spoken

A: Leilighet for 2-4 personer
1 soverom, bad, kjk., stue, sp.stue
Pris for hele enheten: **700,-**

B: Leilighet for 2-6 personer
3 soverom, bad, kjk., stue, sp.stue
Pris for hele enheten: **700,-**

For begge enheter gjelder:
Tillegg for sengetøy: **75,-**
Priser gyldig for 2008
TV/Internett tilgjengelig
Terrasse/uteplass/hage
Båt- og sykkelutleie
Vi tar VISA
Åpent hele året

A: Wohnung für 2-4 Personen
1 Schlafzi., Bad, Küche, Stube
Ganze Einheit: **700,-**

B: Wohnung für 2-6 Personen
3 Schlafzi., Bad, Küche, Stube
Ganze Einheit: **700,-**

Für beide Einheiten gilt:
Mieten von Bettwäsche: **75,-**
Preise gültig für 2008
Zugang zu TV/Internet
Terrasse/Aussenplatz/Garten
Boot u. Fahrrad zu mieten
Wir akzeptieren VISA
Ganzjährig geöffnet
Sprechen Deutsch

Bøe Gård is situated in naturally beautiful surroundings in a calm and peaceful area with a river quietly flowing by just 40 m. from the houses. The farm primarily produces lambs but there are also hens, ducks, turkeys, two horses plus a foal.
There are good opportunities for hiking in the area and fishing and swimming in the river. Large terrace with beautiful view toward Femsjøen lake.

Bøe Gard ligger i naturskjønne omgivelser i et fredelig og rolig område med en elv som renner stille forbi bare 40 m fra husene. På gården driver de lammeproduksjon. Der er også høns, ender, kalkun og to hester, pluss et føll.
Det er gode turmuligheter i området og fiske- og bademuligheter i elven. Stor terrasse med flott utsikt mot Femsjøen.

Umgeben von schöner Natur finden Sie Bøe Gard, nur 40 m von einem ruhigen Fluss entfernt, der leise am Haus vorbeirauscht. Auf dem Hof wird Lammzucht betrieben. Ausserdem gibt es Hühner, Enten, Truthähne, zwei Pferde und ein Fohlen. Von hier aus kann man Ausflüge in die Umgebung unternehmen sowie im Fluss baden und Angeln gehen. Geniessen Sie auf der grossen Terrassee die Aussicht auf den Fem-See.

B&B
Level of standard: ♣ ♣

page **42**
Østfold

Østre Tveter Gård

Your host:
Liv Scott Anstensrud

Address:
N - 1592 Våler
Phone: 69 28 98 23
Mobil: 99 44 44 66 / 95 20 42 42
E-mail: liv@anstensrud.no
Web: www.anstensrud.no

Best time to call:
11.00 - 13.00 / 20.00 - 23.00

Double room:	**640,-**
1 pers. in double room:	**400,-**

No. of rooms: 3
Laid breakfast table
Prices valid for 2008
Terrace/deck/yard
Open year round
English spoken

Dobbeltrom:	**640,-**
En pers. i dobbeltrom:	**400,-**

Antall rom: 3
Dekket frokostbord
Priser gyldig for 2008
Terrasse/uteplass/hage
Åpent hele året

Doppelzimmer:	**640,-**
1 Pers. im Doppelzi.:	**400,-**

Anzahl Zimmer: 3
Gedeckter Frühstückstisch
Preise gültig für 2008
Terrasse/Aussenplatz/Garten
Ganzjährig geöffnet
Sprechen etwas Deutsch

Beautiful rural countryside and forest are the setting for this cosy farm in full operation with sheep, horses, Shetland ponies, hens, cats and dog. Additionally, there is a sawmill, sign shop and gallery. You may enjoy the nice hiking trails in the forest.
Horseback-riding. A golf course is the nearest neighbour. A protected waterway is 7 km away, at Vansjø.

Omkranset av vakkert kulturlandskap og skog finner du denne trivelige bondegården som er i full drift med sau, hest, shetlandsponnier, høner, katter og hund. I tillegg er her et sagbruk, skiltverksted og galleri.
Her kan du benytte deg av det flotte turterrenget i skogen. Muligheter for ridning. En golfbane er nærmeste nabo. 7 km til Vansjø som er et vernet vassdrag.

Einladender Bauernhof, umgeben von reizvoller Kulturlandschaft und Wäldern. Landwirtschaftlicher Betrieb mit Schafen, Pferden, Shetlandponys, Hühnern, Katzen und Hunden. Sägewerk, Schilderwerkstatt, Galerie. Wer möchte, kann das Wandergebiet ringsum erkunden. Reiten, Golfplatz in der Nähe, 7 km zum See Vansjø, einem unter Schutz stehenden Gewässer.

Whatever you are, it must be out and out,
not tepid, divided or in doubt.
Det du er, vær fult og helt, og ikke stykkevis og delt.
~ Brand, Act I, Henrik Ibsen, 1866 ~

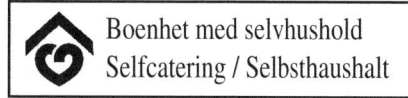

Boenhet med selvhushold	page **43**
Selfcatering / Selbsthaushalt	**Østfold**

'Store-house' for 2-4 persons	Stabbur for 2-4 personer	'Vorratshaus' für 2-4 Personen
No. of bedrooms: 1	Antall soverom: 1	Anzahl Schlafzimmer: 1
Own bath and kitchen	Eget bad og kjøkken	Eig. Bad und Küche
Price per pers.: **250,-**	Pris pr. pers.: **250,-**	Preis pro Pers.: **250,-**
Bed linen included	Sengetøy er inkludert	Inkl. Bettwäsche
Breakfast service available: **70,-**	Frokost kan serveres: **70,-**	Frühstück auf Bestellung: **70,-**
Prices valid for 2008	Priser gyldig for 2008	Preise gültig für 2008
Yard/terrace/dekk access	Hage/terrasse/uteplass	Garten/Terrasse/Aussenplatz
Open year round	Åpent hele året	Ganzjährig geöffnet
English spoken		Sprechen etwas Deutsch

Directions:
From Moss: Follow RV 120 towards Våler. Get on RV 115 at the Rødsund Bru and continue straight ahead, while RV 120 veers in another direction. Keep driving until you see a sign for Våler kirke, and turn left towards the church. Note: Just before the church, turn right towards Mørk and drive 6.5 km until you see a sign for Østre Tveter Gård.

Veibeskrivelse:
Fra Moss ta RV 120 mot Våler. Ved Rødsund Bru, hvor RV 120 svinger av, skal du fortsette rett fram på RV 115. Kjør til du ser skilt med Våler kirke, ta til venstre mot kirken, men like før kirken tar du til høyre, mot Mørk, og kjører 6,5 km til du ser skilt til Østre Tveter Gård.

Wegbeschreibung:
Von Moss: Folgen Sie RV 120 in Richtung Våler. Bei der Rødsund Brücke an einer Kreuzung fahren Sie gerade aus auf RV 115, bis Sie ein Schild 'Våler Kirke' sehen. Fahren links zur Kirche, aber kurz vor der Kirche nach rechts Richtung 'Mørk'. Nach 6,5 km sehen Sie das Schild Østre Tveter Gård.

B&B
Level of standard: ♣

page **44**
Østfold

Lund Gård

Your host:
Beate Nicolaissen

Address:
Lund Gård
N - 1870 Ørje
Phone: 69 81 44 50
Mobil: 90 83 33 84
E-mail: beanico@online.no
Web: www.lund-gaard.no

Best time to call:
09.00 - 22.00

Double room:	**800,-**	Dobbeltrom:	**800,-**	Doppelzimmer:	**800,-**
Single room:	**500,-**	Enkeltrom:	**500,-**	Einzelzimmer:	**500,-**

No. of rooms: 4
Discount for children
Breakfast buffet
Selfcatering possible
Other meals available
Fully licensed
Prices valid for 2008
TV available
Terrace/deck/yard
Canoe and boat for rent
Open year round
English spoken

Antall rom: 4
Rabatt for barn
Frokostbufféт
Selvhushold er mulig
Andre måltider
Skjenkebevilling
Priser gyldig for 2008
TV tilgjengelig
Terrasse/uteplass/hage
Kano- og båtutleie
Åpent hele året

Anzahl Zimmer: 4
Ermässigung für Kinder
Frühstücksbüfett
Selbsthaushalt möglich
Andere Mahlzeiten
Schankerlaubnis
Preise gültig für 2008
Zugang zu TV
Terrasse/Aussenplatz/Garten
Kanu u. Boot zu mieten
Ganzjährig geöffnet
Sprechen Deutsch

Lund Gård was the farm of the bailiff in the 1600's. It is protected as a historical landmark, and is idyllically situated near a lake. Excellent terrain for walking tours in both the forest and along the lakeshore. Swimming areas and canoe/boat rentals. Possibilities for a fishing trip in the surrounding area with fishing guide or steamboat trip through the system of locks along the beautiful Halden waterway. The farm is home to cows, ponnies, goats, sheep, dogs, cats and rabbits. Horseback-riding facilities for children. In summers: art exhibition in the store house, outdoor café.

Lund Gård er en gammel lensmannsgård fra 1600-tallet. Den er fredet og ligger idyllisk til ved et vann. Fine turmuligheter i skog og ved sjø, badeplasser og utleie av kano og båt gir varierte aktiviteter. Du kan dra på fisketur med fiskeguide, eller reise med dampbåt gjennom slusene i vakre Haldenvassdraget.
På gården er det kyr, ponnier, geiter, sauer, hunder, katter og kaniner. Ridning mulig for barn. Kunstutstilling på stabburet om sommeren med uteservering.

Lund Gård ist ein alter Landpolizeihof aus dem 17. Jh. Er ist denkmalgeschützt und liegt idyllisch an einem See. Schöne Wandermöglichkeiten im Wald und am Wasser (Badestellen, Kanuvermietung, u.v.m.). In der näheren Umgebung werden geführte Angeltouren angeboten, außerdem kann man per Dampfschiff durch die Schleusen des Haldenvassdraget schippern. Auf dem Hof findet man Kühe, Ponys, Ziegen, Schafe, Hunde, Katzen und Kaninchen. Reitmöglichkeiten für Kinder. Im Sommer Kunstausstellung im Lebensmittelspeicher mit Bedienung draussen.

B&B
Level of standard: ♣

page **45**
Oslo

Ambiose B&B

Your host:
Anne Marit Bjørgen

Address:
**Østbyfaret 9D
N - 0690 Oslo**
Phone: **22 27 85 09**
Mobil: **99 23 77 99**
Fax: **94 76 38 33**
E-mail: rominorg@online.no
Web: www.ambiose.no/bb.html

Best time to call:
09.00 - 22.00

Double-/twin room: **570,-**	Dobbelt-/tosengsrom: **570,-**	Doppel-/Zweibettzi.: **570,-**
Single room: **370,-**	Enkeltrom: **370,-**	Einzelzimmer: **370,-**
No. of rooms: 2	Antall rom: 2	Anzahl Zimmer: 2
Laid breakfast table	Dekket frokostbord	Gedeckter Frühstückstisch
Prices valid for 2008 & 2009	Priser gyldig for 2008 & 2009	Preise gültig für 2008 & 2009
TV/Internet available	TV/Internett tilgjengelig	Zugang zu TV/Internet
Terrace/patio/yard	Terrasse/uteplass/hage	Terrasse/Aussenplatz/Garten
VISA, MC accepted	Vi tar VISA, MC	Wir akzeptieren VISA, MC
Reservations required	Forhåndsbestilling nødvendig	Vorbestellung nötig
Open in various periods, see: www.ambiose.no/bb.html	Åpent i varierende perioder, se: www.ambiose.no/bb.html	Öffnungszeiten unterschiedl.: siehe: www.ambiose.no/bb.html
English & some Spanish spoken		Sprechen etwas Deutsch

Ambiose Bed & Breakfast is located in the southeast corner of Oslo, bordering the Østmarka forest. A 20 minute metro ride from city centre.
The small and cozy house is all Norwegian timber and situated in a pleasant, leavy neighbourhood. It was designed and built by the hostess who is an architect.
A ten minute walk takes you to two shopping malls. A short walk to Østensjø Lake with a rich assortment of wild birds. Tusenfryd Amusement Park is 15 minutes away by car.
Safe parking in private yard.

Ambiose Bed & Breakfast ligger i sør-østlige del av Oslo, på grensen til Østmarka. Det er 20 min. med T-bane linje nr. 3 fra sentrum til Ulsrud stasjon.
Huset er en koselig liten enebolig i et hyggelig og veletablert villastrøk. Huset er tegnet og bygd av vertinnen selv som er utdannet arkitekt.
10 min. gangavstand til to butikksentre og Østensjøvannet med sitt rike fugleliv. 15 min. kjøring til fornøyelsesparken Tusenfryd.
Trygg parkering i privat gårdsrom.

Ambiose Bed & Breakfast im Südosten von Oslo ist ein guter Ausgangspunkt, um die Stadt zu erleben. Mit der T-Bahn Nr. 3 ist das Zentrum in 20 Min. erreichbar.
Das gemütliche kleine Haus liegt zwischen älteren Villen. Die Besitzerin ist Architektin und hat das Haus selbst gezeichnet und gebaut.
Am Waldgebiet Østmarka gelegen, erreichen Sie in 10 Min. zu Fuss zwei Geschäftszentren und den vogelreichen See Østensjøvannet. Zum Vergnügungspark Tusenfryd sind es 15 Automin..
Sichere Parkmöglichkeit im Privathof vorhanden.

Boenhet med selvhushold
Selfcatering / Selbsthaushalt

page **46**
Oslo

Den Blå Dør

Your host:
Anne Gutu

Address:
Skedsmogata 7
N - 0655 Oslo
Phone: **22 19 99 44**

Best time to call:
09.00 - 21.00

Room for 2 pers.: **550,-**	Rom for 2 pers.: **550,-**	Zimmer für 2 Pers.: **550,-**
Room for 1 pers.: **400,-**	Rom for 1 pers.: **400,-**	Zimmer für 1 Pers.: **400,-**
One night stay only; add: **50,-**	Ettdøgnstillegg: **50,-**	Zuschlag für 1 Tag: **50,-**
Shared bath and kitchen	Delt bad og kjøkken	Gemeins. Bad und Küche
No. of rooms: 3	Antall rom: 3	Anzahl Zimmer: 3
Bed linen included	Sengetøy er inkludert	Inkl. Bettwäsche
Breakfast available: **75,-**	Frokost kan serveres: **75,-**	Frühstück: **75,-**
Prices valid for 2008 & 2009	Priser gyldig for 2008 & 2009	Preise gültig für 2008 & 2009
Terrace/patio/yard	Terrasse/uteplass/hage	Terrasse/Aussenplatz/Garten
Open year round	Åpent hele året	Ganzjährig geöffnet
English spoken		Sprechen etwas Deutsch

Den Blå Dør (The Blue Door) is a pleasant place to stay at Kampen, one of the most attractive parts of Oslo. You will find closely built, old timber houses in a popular neighborhood where the owners have taken pride in restoring their homes over the decades.
The Blue Door is 10 minutes by bus from Oslo Central Station, close to Tøyen and the Munch Museum. Take bus No. 60, get off at Kampen Church. Skedsmogata is two blocks from the bus stop, along Bøgata.

Den Blå Dør er et sjarmerende overnattingssted på Kampen, en av de triveligste bydelene i Oslo. Her står gamle trehus tett i tett, et populært område hvor omsorgsfulle huseiere har pusset opp og restaurert i årtier.
Stedet ligger 10 min. med buss fra Oslo Sentralstasjon, nær Tøyen og Munchmuseet. Ta buss nr. 60 til Kampen kirke. Skedsmogata ligger to kvartaler fra kirken, langs Bøgata.

Den Blå Dør (Die Blaue Tür) ist eine gemütliche Übernachtungsmöglichkeit in Kampen, einem der nettesten Stadtteile Oslos. Dort findet man alte Holzhäuser dicht aneinander in einem beliebten Gebiet, wo umsichtige Besitzer seit Jahrzehnten ihre Häuser liebevoll restaurieren. Das Haus liegt in der Nähe vom Munch-Museum und den Tøyen-Museen und ist nach 10 Min. Busfahrt vom Osloer Zentrum aus zu erreichen. Bus Nr. 60 bis Kampen Kirche. Die Skedsmo-Strasse erreicht man nach zwei Häuserblocks der Bøgata.

Talent is not a privilege, it is a duty. ~ Henrik Ibsen ~

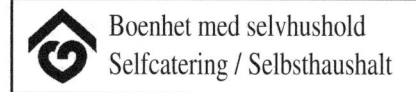

Boenhet med selvhushold
Selfcatering / Selbsthaushalt

page **47**
Oslo

Enerhaugen

Your host:
Terje Hansen

Address:
Enerhauggata 3
N - 0651 Oslo
Phone: 22 19 02 15
Mobil: 90 09 06 82
E-mail: tehahan@online.no
Web: http://oslo.steinarweb.com

Best time to call:
08.00 - 23.00

Room for 1 pers.: **250,-**	Rom for 1 pers.: **250,-**	Zimmer für 1 Pers.: **250,-**
Extra person, (mattress): **50,-**	Ekstra person (madrass): **50,-**	Extra Pers. (Matratze): **50,-**
Bed linen included	Sengetøy er inkludert	Inkl. Bettwäsche
Shared bath and kitchen	Delt bad og kjøkken	Gemeins. Bad u. Küche
Prices valid for 2008	Priser gyldig for 2008	Preise gültig für 2008
TV available	TV tilgjengelig	Zugang zu TV
Open year round	Åpent hele året	Ganzjährig geöffnet
English spoken		Sprechen etwas Deutsch

If you want to live in the center of Oslo for a reasonable price, this is the place. Enerhaugen is on a knoll jutting out over the rest of the city center. The apartment boasts a panoramic view of the city. Here it's peaceful and quiet while the hustle and bustle of the city is within walking distance, as are the Oslo Bus Terminal, Central Station and the main street, Karl Johans gate. Just on the other side of Enerhaugen are the Munch Museum and Botanical Garden.

Hvis du ønsker å bo sentralt og rimelig, så er dette stedet. Enerhaugen er en knause i sentrum og rager over den øvrige sentrumsbebyggelsen. Leiligheten har panoramautsikt over byen. På Enerhaugen er det rolig og stille, med yrende liv i bystrøkene nedenfor. Det er gangavstand til Oslo Bussterminal, Oslo Sentralstrasjon og hovedgaten Karl Johans gate. På andre siden av Enerhaugen ligger Botanisk hage og Munchmuseet.

Wenn Sie gerne zentral und preiswert wohnen möchten, dann sind Sie hier genau richtig. Enerhaugen liegt im Zentrum auf einer Anhöhe und ragt über die anderen städtischen Bebauungen hinaus. Wohnung mit Panoramaaussicht auf die Stadt. Enerhaugen ist ruhig und still gelegen, jedoch nah an der belebten Stadt.
Kurzer Fussmarsch zum Osloer Busterminal, dem Hauptbahnhof und der Hauptstrasse Karl Johans gate. Auf der anderen Seite von Enerhaugen liegen der botanische Garten und das Munch Museum.

"Reach high, for stars lie hidden in your soul.
Dream deep, for every dream precedes the goal."
~ Pamela Vaull Starr ~

B&B
Level of standard: ♣ ♣

Oslo

Bygdøy Allé
Bed & Breakfast

Your host:
Arne & Elisabeth Ruud-Olsen

Address:
Bygdøy Allé 13
N - 0257 Oslo
Phone: 22 55 52 24
Mobil: 90 58 81 30

E-mail:
ba13bb@hotmail.com

Best time to call:
10.00 - 20.00

Double room: 700,-	Dobbeltrom: 700,-	Doppelzimmer: 700,-
No. of rooms: 2	Antall rom: 2	Anzahl Zimmer: 2
Continental breakfast	Kontinental frokost	Mitteleuropäisches Frühstück
Prices valid for 2008	Priser gyldig for 2008	Preise gültig für 2008
Open year round	Åpent hele året	Ganzjährig geöffnet
English spoken		Sprechen etwas Deutsch

The apartment is located in Frogner, one of Oslo's better areas. The building is totally renovated and in classic style. The apartment is on the 3rd floor and has a lift. The surrounding area have several stores and restaurants. It is also located close to several tourist attractions such as the Vigeland park, the museums at Bygdøy and downtown Oslo. Public transportation is also right around the corner.

Directions:
From the Central Station you take bus no 30 'Bygdøy' to stop Skovveien. Keep walking about 50m in the same direction until Bygdøy Allé no 13 (green door).

Her på Frogner, Oslos beste vestkant, er det at ekteparet Ruud-Olsen tar imot gjester. Bygningen er en totalrenovert og stilriktig klassisk bygård fra århundreskiftet. Leiligheten ligger i 4de etasje. Det er heis.
Området er preget av småbutikker og spisesteder. Kort vei til de fleste attraktive turistmål som Frognerparken, museene på Bygdøy og alt av interesse i Oslo sentrum og Aker Brygge. Solli Plass som ligger like ved, er et kommunikasjonsknutepunkt for buss og trikk.

Veibeskrivelse:
Fra Sentralstasjonen tar du buss nr. 30 'Bygdøy' til Skovveien. Fortsett å gå ca. 50m i kjøreretningen til Bygdøy Alle nr. 13 (grønn dør).

Die Wohnung liegt in Frogner, einer der besseren Gegenden Oslos. Das im klassischen Stil gebaute Gebäude wurde neu renoviert. Die Wohnung liegt im 3. Stock und hat einen Lift. In der Umgebung befinden sich mehrere Läden und Restaurants. Nicht weit sind die Sehenswürdigkeiten Vigeland Park, die Museen in Bygdøy und das Stadtzentrum. Bus und Strassenbahn sind gleich in der Nähe.

Wegbeschreibung:
Ab dem Hauptbahnhof nehmen Sie Bus Nr. 30 Richtung 'Bygdøy' bis zur Haltestelle Skovveien. Gehen Sie in Fahrtrichtung ca. 50m weiter bis zu Nr. 13 (grüne Tür).

| B&B Level of standard: ♣ | page 49 Oslo |

Frogner Guestroom

Your host:
Ingvild Holm

Address:
Baldersgate 11A
N - 0263 Oslo
Phone: 22 55 21 30
Mobil: 90 92 99 44
E-mail: i-holm@online.no
Web: www.baktruppen.org/frogner_guestroom.html
Best time to call: 09.00 - 21.00

Room for 1 pers.:	**500,-**	Rom for 1 pers.:	**500,-**	Zi. für 1 Pers.:	**500,-**
Room for 2 pers.:	**700,-**	Rom for 2 pers.:	**700,-**	Zi. für 2 Pers.:	**700,-**
Room for 3 pers.:	**900,-**	Rom for 3 pers.:	**900,-**	Zi. für 3 Pers.:	**900,-**
Room for 4 pers.:	**1100,-**	Rom for 4 pers.:	**1100,-**	Zi. für 4 Pers.:	**1100,-**
No. of rooms: 1		Antall rom: 1		Anzahl Zimmer: 1	
Discount for children		Rabatt for barn		Ermässigung für Kinder	
Breakfast; self-service		Frokost; selvbetjening		Frühstück; Selbstbedienung	
Kitchen nook		Kjøkkenkrok		Küchenecke	
Selfcatering possible		Selvhushold er mulig		Selbsthaushalt möglich	
Prices valid for 2008		Priser gyldig for 2008		Preise gültig für 2008	
Minimum 2 nights		Minimum 2 netter		Mindestens 2 Nächte	
TV/Internet available		TV/Internett tilgjengelig		Zugang zu TV/Internet	
Open all year		Åpent hele året		Ganzjährig geöffnet	
English spoken				Sprechen Deutsch	

Welcome to a bright room in classical style in a 1901 building located in a quiet street at Frogner. The house is centrally located with walking distance to all central attractions, museums, cinemas, theatres and shops. A few minutes by tram, bus or subway will take you to beaches and museums at Bygdøy, to Holmenkollen and the forests, or to the boats and the Oslofjord Islands.

Velkommen til et lyst og hyggelig rom i klassisk stil i en stille gate på Frogner. Bygården fra 1901 ligger i gangavstand til alle sentrale turistmål, butikker, caféer, restauranter, teatre og kinoer. Få minutter med buss, trikk eller T-bane tar deg til strender og muséer på Bygdøy, til Holmenkollen og Nordmarka, eller til båtene og øyene i Oslofjorden.

Willkommen in unseren hellen und freundlichen Räumen in einem klassizistischen Haus von 1901. Das Haus liegt in einer zentralen aber ruhigen Strasse in Frogner. Nur wenige Gehminuten zu den Museen, Kinos u. Theatern im Zentrum. Mit den öffentlichen Verkehrsmitteln ist man schnell am Strand und bei den Museen auf Bygdøy, dem Holmenkollen und den umliegenden Wäldern oder bei den Booten und den Inseln am Oslofjord.

Boenhet med selvhushold
Selfcatering / Selbsthaushalt

Oslo

Frogner Plass 1

Your host:
Pascal & Annette Nyborg

Address:
Frogner Plass 1
N - 0266 Oslo
Phone: 22 55 43 53
Mobil: 93 42 22 10 / 95 07 47 87
Mobil: 93 88 40 20
E-mail: okonomi@nyborg.no
Web: www.nyborg.no/5.html

Best time to call:
08.00 - 22.00

Apartment for 2 pers.:	**650,-**
Extra bed:	**150,-**

No. of apts: 2
Bed linen included
Own bath and kitchenette
Prices valid for 2008
TV and DVD available
Wireless Internet
Discount for longer stay
Open year round
English & French spoken

Leilighet for 2 pers.:	**650,-**
Ekstraseng:	**150,-**

Antall leiligheter: 2
Sengetøy er inkludert
Eget bad og minikjøkken
Priser gyldig for 2008
TV og DVD tilgjengelig
Trådløs Internett
Rabatt ved lengre opphold
Åpent hele året

Wohnung für 2 Pers.:	**650,-**
Extra Bett:	**150,-**

Anzahl Wohnungen: 2
Inkl. Bettwäsche
Eig.Bad und kl. Küche
Preise gültig für 2008
Zugang zu TV und DVD
Drahtloses Internet
Ermäßigung b. längerem Aufenth.
Ganzjährig geöffnet
Sprechen Englisch u. Französisch

Overlooking Frogner Plass and Vigeland Park (Frogner Park), only a few meters from the Vigeland Museum and the Oslo Bymuseum, you find Frogner Plass 1 with two studio apartments for rent. The apartments are newly built and have high standard with queen-size double bed and own entrance. The owners also operate an art center.

Med utsikt over Frogner Plass og Vigelandsparken (Frognerparken), bare et steinkast fra Vigeland Museum og Oslo Bymuseum, finner du Frogner Plass 1 med to ettroms utleieleiligheter. Leilighetene er nylig bygget og har høy standard. De har egen inngang. Dobbeltseng i størrelse 'queen-size'. Eierne driver også kunstformidling.

Mit Aussicht auf den Frogner Platz und den Vigelandspark (Frognerparken), nur ein Steinwurf vom Vigeland Museum und dem Olsoer Stadtmuseum entfernt, finden Sie Frogner Plass 1 mit zwei Einzimmerwohnungen. Die Wohnungen sind kürzlich erbaut und haben einen hohen Standard mit 'queen-size' Doppelbetten und separatem Eingang. Die Eigentümer betreiben auch Kunstvermittlung.

"Joyfulness keeps the heart and face young. A good laugh makes us better friends with ourselves and everybody around us."
~ Orison Swett Marden ~

B&B
Level of standard: ♣ & ♣♣

Oslo

Residence Kristinelund

Your host:
Lennart Hansen

Address:
Kristinelundveien 2
N - 0268 Oslo
Phone: 40 00 24 11
Fax: 22 44 66 11
E-mail: booking@kristinelund.no
Web: www.kristinelund.no

Best time to call:
08.00 - 22.00

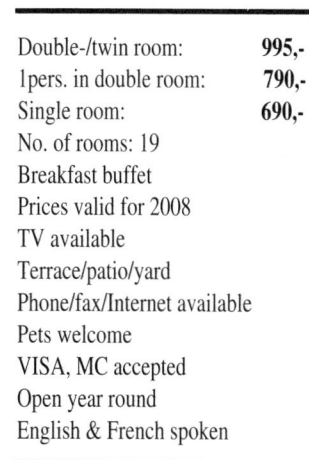

Double-/twin room: **995,-**	Dobbelt-/tosengsrom: **995,-**	Doppel-/Zweibettzi.: **995,-**
1pers. in double room: **790,-**	1 pers. i dobbeltrom: **790,-**	1 Pers. im Doppelzimmer: **790,-**
Single room: **690,-**	Enkeltrom: **690,-**	Einzelzimmer: **690,-**

No. of rooms: 19	Antall rom: 19	Anzahl Zimmer: 19
Breakfast buffet	Frokostbufféd	Frühstücksbüfett
Prices valid for 2008	Priser gyldig for 2008	Preise gültig für 2008
TV available	TV tilgjengelig	Zugang zu TV
Terrace/patio/yard	Terrasse/uteplass/hage	Terrasse/Aussenplatz/Garten
Phone/fax/Internet available	Tilgang til telefon/fax/Internett	Tel., Fax und Internet vorhanden
Pets welcome	Kjæledyr velkommen	Haustiere willkommen
VISA, MC accepted	Vi tar VISA, MC	Wir akzeptieren VISA, MC
Open year round	Åpent hele året	Ganzjährig geöffnet
English & French spoken		Sprechen Deutsch

At Residence Kristinelund, Frogner, doors are open for guests who prefer closeness to the city center and easy access to several sights; 10-15 min. walk to the Royal Palace, 5 min. walk to the Vigeland park and short bus-trip to beaches and the museums at Bygdøy. Buses and trams stop right outside the building, which is an old, elegantly decorated and protected building in a very nice neighborhood. The area also offers restaurants, coffeehouses and small shops. The hosts have operated the guesthouse in their home for 11 years.

På Frogner er dørene åpne for turister som ønsker sentrumsnær beliggenhet. Her er det 10-15 min. gange til slottet og 5 min. til Vigelandsparken. Kort vei til strand og museer på Bygdøy. Det er også gode buss- og trikkeforbindelser med stoppested rett utenfor bygningen som er elegant i gammel stil og vernet.
Rett utenfor dørene finnes også et hyggelig strøk med restauranter, kaféer og små butikker.
Vertskapet har drevet romutleie i sitt hjem i 11 år.

Touristen, die zentrumsnah wohnen möchten, sollten sich nach Frogner orientieren. Von dort sind es nur ca. 10-15 Minuten Fußweg bis zum Schloss und 5 Minuten bis zum Vigelandpark. Kurze Entfernung zum Strand und zu den Museen auf Bygdøy. Ebenfalls gute Bus- und Straßenbahnverbindung. Haltestelle direkt vor der Haustür. Elegantes älteres Gebäude unter Denkmalschutz. Unweit des Hauses gemütliches Viertel mit Restaurants, Cafès und kleinen Geschäften.
Die Gastbeger vermieten seit 11 Jahren Zimmer in ihrem Haus.

B&B
Level of standard: ♣♣ & ♣♣♣

page **52**
Oslo

Vinderen Bed & Breakfast

Your host:
Eva Engelhardt

Address:
Borgenveien 25A
N - 0370 Oslo
Phone: **22 14 45 28**
Mobil: **48 27 46 16**
E-mail: **evaengel@start.no**

Best time to call:
07.00 - 22.00

Double room:	**750,-**	Dobbeltrom:	**750,-**	Doppelzimmer:	**750,-**
Single room:	**500,-**	Enkeltrom:	**500,-**	Einzelzimmer:	**500,-**
Extra bed for child:	**250,-**	Ekstraseng for barn:	**250,-**	Extrabett für Kinder:	**250,-**

No. of rooms: 3
Breakfast: Self-service in rooms
Prices valid for 2008
Selfcatering possible
TV/Internet available
Terrace/deck access/yard
Pets welcome
Open year round
Closed Christmas and New Year
English and some French spoken

Antall rom: 3
Frokost: Selvbetjening på rom
Priser gyldig for 2008
Selvhushold er mulig
TV/Internett tilgjengelig
Terrasse/uteplass/hage
Kjæledyr velkommen
Åpent hele året
Lukket jul og nyttår

Anzahl Zimmer: 3
Frühstück: Selbstbedienung im Zi.
Preise gültig für 2008
Selbsthaushalt möglich
Zugang zu TV/Internet
Terrasse/Aussenplatz/Garten
Haustiere willkommen
Ganzjährig geöffnet
Weihnachten und Neujahr geschl.
Sprechen Deutsch

Vinderen B&B, a wooden house from 1986, lies in a quiet area with a cozy atmosphere within walking distance to Vigeland Park and the metro rail. The host is a journalist who has traveled much and enjoys having guests from around the world. She will gladly take guests on tours of Oslo in her own car by appointment.

Vinderen Bed & Breakfast, et trehus fra 1986, ligger i et rolig strøk med hyggelig atmosfære, med gangavstand til Vigelandsparken og til to T-bane-linjer. Vertinnen er journalist, har reist mye og gleder seg til å ta imot gjester fra hele verden. Hun kan gjerne guide i Oslo med egen bil etter nærmere avtale.

Vinderen Bed & Breakfast empfängt seine Gäste in einem Holzhaus aus dem Jahre 1986. Das Gebäude liegt in einem ruhigen Viertel. Gemütliche Atmosphäre, Vigelandpark, zwei U-Bahn-Haltestellen zu Fuß erreichbar. Die Wirtin ist Journalistin, vielgereist und freut sich auf Gäste aus der ganzen Welt.
Nach Absprache unternimmt sie gern mit dem eigenen Auto Führungen durch die Stadt.

Ingen har det tryggere enn den som bor i et luftslott.
~ Klara Johanson ~

B&B		
Level of standard: ♣		Oslo

Solveig's Bed & Breakfast

Your host:
Roy Everson

Address:
Tåsen Terrasse 11
N - 0873 Oslo
Phone: **22 23 60 41**
Mobil: **96 50 85 84**
E-mail: raeverso@online.no
Web: http://solveigs.com

Best time to call:
08.00 - 21.00

Double-/twin room:	**550,-**	Dobbelt-/tosengsrom:	**550,-**	Doppel-/Zweibettzi.:	**550,-**
3-person room:	**650,-**	3-sengs room:	**650,-**	3-Bettzimmer:	**650,-**
Single room:	**350,-**	Enkeltrom:	**350,-**	Einzelzimmer:	**350,-**
One night stay only; add:	**50,-**	Ettdøgnstillegg:	**50,-**	Zuschlag für nur eine Nacht:	**50,-**

No. of rooms: 3
Laid breakfast table
Prices valid for 2008 & 2009
Terrace/patio/yard
Open most of the year
English spoken

Antall rom: 3
Dekket frokostbord
Priser gyldig for 2008 & 2009
Terrasse/uteplass/hage
Åpent det meste av året
Snakker litt norsk

Anzahl Zimmer: 3
Gedeckter Frühstückstisch
Preise gültig für 2008 & 2009
Terrasse/Aussenplatz/Garten
Fast ganzjährig geöffnet
Sprechen Englisch

Solveig's B&B has its name from mother Solveig who emigrated to America in 1948 after growing up in the house. Her son Roy, your host, comes from America to Norway to open the doors of Solveig's house for guests from far and near.
The house lies on a hillside 5 km north of downtown and enjoys a nice view of the city and fjord. Quiet neighborhood near Sognsvann lake and Nordmarka forest, 2 blocks from public transport, airport bus stop and local shopping center.

Solveigs B&B har navn etter mor Solveig som utvandret til Amerika i 1948 etter å ha vokst opp i huset under 2.verdenskrig. Verten Roy, hennes sønn, har nå utvandret fra Amerika til Norge og har åpnet dørene i Solveigs hus for gjester fra fjern og nær.
Huset ligger i en åsside i nordre del av Oslo og har fin utsikt over byen og fjorden. Det er et stille boligstrøk nær Sognsvann og Nordmarka. Det er god offentlig transport og kort vei til lokalt kjøpesenter.

Solveigs Bed and Breakfast wurde nach der Mutter Solveig benannt, die während des 2. Weltkriegs in diesem Haus aufwuchs und im Jahre 1948 nach Amerika auswanderte. Der Gastgeber Roy, ihr Sohn, ist nun von Amerika nach Norwegen gezogen und hat die Pforten in Solveig´s Haus wieder für Gäste aus nah und fern geöffnet. Das Haus liegt an einem Hügel im nördlichen Teil Oslos und bietet eine reizvolle Aussicht auf Stadt und Fjord. Es liegt in einer ruhigen Wohngegend nahe des Waldgebiets Nordmarka und des Sees Sognsvann. Kurze Entfernung zu öffentlichen Verkehrsmitteln sowie zum Einkaufszentrum.

B&B
Level of standard: ♣

Oslo

Bed & Breakfast Poppe

Your host:
Midori Koyama Poppe

Address:
Carl Kjelsens vei 15
N - 0860 Oslo
Phone: 22 23 70 66
E-mail: midoripoppe@msn.com
Web: www.poppe.org

Best time to call:
19.30 - 22.00

| Twin room: | 500,- | Tosengsrom: | 500,- | Zweibettzimmer: | 500,- |
| Single room: | 250,- | Enkeltrom: | 250,- | Einzelzimmer: | 250,- |

No. of rooms: 2	Antall rom: 2	Anzahl Zimmer: 2
Laid breakfast table	Dekket frokostbord	Gedeckter Frühstückstisch
Prices valid for 2008 & 2009	Priser gyldig for 2008 & 2009	Preise gültig für 2008 & 2009
Terrace/patio/yard	Terrasse/uteplass/hage	Terrasse/Aussenplatz/Garten
Open 1 Aug. - 30 June	Åpent 1. aug. - 30. juni	Geöffnet 1. Aug. - 30. Juni
English & Japanese spoken		Sprechen Englisch u. Japanisch

At B&B Poppe, close to Nordmarka forest, you can get a memorable stay with a Japanese host who has background in cross-country skiing. In winters she can offer skiing instruction. For the warmer seasons the 'Marka' (forest) is available for a variety of out-door activities. Easy access by metro to down town Oslo.

Directions:
Metro line no. 3 toward 'Sognsvann', get off at Holstein station. Walk up the path and turn right at the second street. The fourth house from the corner.

Med gangavstand til Nordmarka friluftsområde kan du bo hos japansk vertinne med bakgrunn som langrennsløper. Her kan du få skiundervisning om vinteren om du ønsker. Resten av året kan 'Marka' anvendes til mange typer fritidsaktiviteter. Det er god T-baneforbindelse til Oslo sentrum.

Veibeskrivelse:
T-bane nr. 3 'Sognsvann' til Holstein stasjon.
Gå oppover gangveien, ta andre vei til høyre. Det fjerde huset fra hjørnet.

In der Nähe des Osloer Natur-Erholungsgebietes Nordmarka erwartet Sie eine japanisch-stämmige Wirtin, die früher einmal Skilanglauf betrieben hat. Wenn Sie möchten, erhalten Sie im Winter Skiunterricht. Aber auch zu anderen Jahreszeiten ist die 'Marka' (Wald) ideal für verschiedenste Freizeitaktivitäten. Gute U-Bahn-Verbindung ins Zentrum von Oslo.

Wegbeschreibung:
U-Bahn Nr. 3 (Sognsvann) bis zur Haltestelle Holstein. Sie gehen auf dem Fußgängerweg bis zur 2. Straße rechts. Es ist das 4. Haus von der Ecke.

"Always endeavor to really be what you would wish to appear."
~ Granville Sharp ~

B&B	page 55
Level of standard: ♣ ♣ ♣	Oslo

Janesplace B&B

Your host:
Jane E. Dunn Børresen

Address:
Doktor Baches vei 4
N - 0284 Oslo
Phone: 21 69 65 25
Mobil: 91 15 98 78
E-mail:
jane.boerresen@hotmail.com
Web: www.janesplace.no
Best time to call:
08.00 - 22.00

Double-/twin room:	850,-	Dobbelt-/tosengsrom:	850,-	Doppel-/Zweibettzi.:	850,-
1 person in double room:	650,-	En pers. i dbl. rom:	650,-	1 Pers. in Doppelzi.:	650,-
One night stay only; add:	150,-	Ettdøgnstillegg:	150,-	Zuschlag für 1 Tag:	150,-
Extra bed for child:	150,-	Ekstraseng for barn:	150,-	Extrabett für Kinder:	150,-

No. of rooms: 1 / Antall rom: 1 / Anzahl Zimmer: 1
Discount for children / Rabatt for barn / Ermässigung für Kinder
Breakfast; self-service / Frokost; selvbetjening / Frühstück; Selbstbedienung
Selfcatering possible / Selvhushold er mulig / Selbsthaushalt möglich
Prices valid for 2008 / Priser gyldig for 2008 / Preise gültig für 2008
TV/Internet available / TV/Internett tilgjengelig / Zugang zu TV/Internet
Terrace/patio/yard / Terrasse/uteplass/hage / Terrasse/Aussenplatz/Garten
Bike for rent / Sykkelutleie / Fahrrad zu mieten
Suitable for handicapped / Handikaptilgjengelig / Behindertengerecht
Open year round / Åpent hele året / Ganzjährig geöffnet
English spoken / Sprechen Englisch

Artist and second-hand shop enthusiast Jane is a native of England, but she has lived in Norway for 25 years. She has a modern duplex at Lilleaker and rents out a one-room apartment on the lower floor.
Along the nearby Lysaker River you'll find foot paths and bicycle lanes leading to the famous Bygdøy peninsula. You'll also find shopping center and cafes near Jane's Place.

Jane er opprinnelig fra England, men har vært bosatt i Norge i 25 år. Hun er kunstner og bruktmarkedentusiast. I en moderne tomannsbolig på Lilleaker leier hun ut en ettromsleilighet i underetasjen.
Langs Lysakerelven er det fine turområder og en sykkelsti leder til Bygdøy. Det går trikk og buss til Oslo sentrum. Kjøpesenter med butikker og kaféer i nærheten.

Jane kommt ursprünglich aus England, aber lebt seit 25 Jahren in Norwegen. Sie ist Künstlerin und Flohmarkt-Fan. In einem modernen Zweifamilienhaus in Lilleaker vermietet sie eine Einzimmerwohnung. Es gibt tolle Ausflugsmöglichkeiten entlang des Lysakerelven Flusses und auch einen Radweg der nach Bygdøy führt. Strassenbahn- und Busverbindungen ins Osloer Zentrum sind vorhanden. Einkaufszentrum mit Geschäften und Cafès in der Nähe.

B&B
Level of standard: ♣ ♣ ♣

page **56**
Akershus

Anna's Place

Your host:
Anna Borg

Address:
Myrveien 2B
N - 1358 Jar
Phone: 67 58 92 68
Mobil: 93 69 56 14
E-mail:
annasplacenorway@hotmail.com

Best time to call:
09.00 - 22.00

Apartment w/own bath, kitchen	Leilighet m/eget bad, kjøkken	Wohnung mit eig. Bad, Küche
LR with double bed & bunk-beds	stue med dbl-seng og køyesenger	Stube mit Doppelbett u. Kojenb.
1 bedroom w/double bed	1 soverom m/dobbelseng	1 Schlafzimmer mit Doppelbett
Price for 2 pers.: 800,-	Pris for 2 pers.: 800,-	Preis für 2 Pers.: 800,-
Price for family of 4: 1000,-	Pris for fam. på 4: 1000,-	Preis für Fam. 4 Pers.: 1000,-
Price for 4 adults: 1100,-	Pris for 4 voksne: 1100,-	Preis für 4 Erw.: 1100,-
Price for 4 adults + 2 ch.: 1500,-	Pris for 4 voksne + 2 barn: 1500,-	Preis f. 4 Erw. + 2 Kinder: 1500,-
Laid breakfast table	Dekket frokostbord	Gedeckter Frühstückstisch
Prices valid for 2008/09 & 2010	Priser gyldig for 2008/09 & 2010	Preise gültig für 2008/09 & 2010
Selfcatering possible	Selvhushold er mulig	Selbsthaushalt möglich
TV in appartment	TV i leiligheten	TV in der Wohnung
Yard/terrace/patio	Hage/terrasse/uteplass	Garten/Terrasse/Aussenplatz
Open year round	Åpent hele året	Ganzjährig geöffnet
English and Czeck spoken		Sprechen Deutsch

This modern and spacious detached home is situated in a quiet neighborhood in Bærum, just outside Oslo's city limits, 15 min. drive by car or trolley from downtown. You will enjoy a full-featured and very comfortable basement apartment. You have your own entrance and a private garden and sitting area. A ping-pong table on the patio may be used. Your hostess is Swiss and her husband Norwegian. They have settled down in Norway after many years in Switzerland.

I et rolig villastrøk i Bærum, like utenfor Oslo's bygrense, 15 min. med bil eller trikk fra sentrum, ligger denne moderne og romslige eneboligen. Her tilbys en fullt utstyrt og meget komfortabel utleieleilighet i underetasjen. Den har egen inngang og egen hageflekk med sitteplass. Et ping-pong bord på terrassen kan også benyttes. Vertinnen er sveitsisk og mannen norsk. De har nå slått seg ned i Norge etter mange år i Sveits.

Das moderne, geräumige Einfamilienhaus liegt in einer ruhigen Wohngegend in Bærum, direkt hinter der Stadtgrenze Oslos, mit dem Auto bzw. der Straßenbahn ca. 15 Min. vom Zentrum entfernt. Den Gast erwartet eine sehr gut ausgestattete, komfortable Einlieger-Ferienwohnung mit eigenem Eingang und einem kleinen Garten mit Sitzengelegenheit. Auf der Terrasse steht eine Tischtennisplatte zur freien Verfügung. Die Gastgeberin stammt aus der Schweiz, ihr Mann ist Norweger. Nach vielen Jahren in der Schweiz haben sie sich nun in Norwegen niedergelassen.

B&B
Level of standard: ♣ ♣

page **57**
Akershus

The Blue Room

Your host:
Tone K. Mamen
& Asgeir Mamen

Address:
Nesåsen 11C
N- 1394 Nesbru
Phone: 66 84 90 10
Mobil: 90 86 12 03
E-mail: tmamen@attglobal.net
Web: http://pws.preserv.net/
theblueroom

Best time to call:
10.00 - 20.00

Double-/twin room:	**900,-**	Dobbelt-/tosengsrom:	**900,-**	Doppel-/Zweibettzi.:	**900,-**
1 pers. in double room:	**700,-**	1 person i dobbeltrom:	**700,-**	1 Pers. im Doppelzi.:	**700,-**

No. of rooms: 2
Discount for children
Laid breakfast table
Prices valid for 2009 & 2010
Terrace/patio/yard
Open 1 May - 1 September
English spoken

Antall rom: 2
Rabatt for barn
Dekket frokostbord
Priser gyldig for 2009 & 2010
Terrasse/uteplass/hage
Åpent 1. mai - 1. sept.

Anzahl Zimmer: 2
Ermässigung für Kinder
Gedeckter Frühstückstisch
Preise gültig für 2009 & 2010
Terrasse/Aussenplatz/Garten
Geöffnet 1. Mai - 1. Sept.
Sprechen etwas Deutsch

On the outskirts of Oslo, Tone and Asgeir offer you airy, pleasant rooms with view in their large, modern manor home. The house has an indoor swimming pool and sauna, and ample parking nearby. Nesåsen is a residential area featuring detached homes with gardens and greenery. This allows you to combine a city holiday with outdoor activities.
It is a short way to public transport and the marina.

I utkanten av Oslo tilbyr Tone og Asgeir lyse og trivelige rom med utsikt i deres store moderne villa. Boligen har innendørs svømmebasseng og sauna, og det er gode parkeringsmuligheter ved huset. Nesåsen er et boligområde bestående av eneboliger med hager og grøntareal. På denne måten kan man kombinere storbyferien med friluftsopplevelser.
Det er kort vei til offentlig kommunikasjon og båthavn.

Am Rande Oslos vermieten Tone und Asgeir in ihrer großen und modernen Villa helle und einladende Zimmer mit Aussicht. Schwimmbad und Sauna im Haus vorhanden, gute Parkmöglichkeiten direkt am Haus. Nesåsen ist ein Wohngebiet in dem Einfamilienhäuser mit Vorgärten und viel Grün dominieren. Der ideale Ort, um einen Großstadturlaub mit Erholung im Grünen zu kombinieren.
Kurze Entfernung zu öffentlichen Verkehrsmitteln sowie zum Bootshafen.

Ein Gutes Gewissen ist ein sanftes Ruhekissen,
Ett gott samvete är en mjuk vilokudde.
~ Tysk ordspråk ~

B&B
Level of standard: ♣ & ♣♣♣

page **58**
Akershus

Høland Gaardsmotell

Your host:
Torunn & Tom Rolfson

Address:
Elverhøy
N - 1960 Løken
Phone: 63 85 05 55
Fax: 63 85 04 17
Mobil: 90 06 31 71
E-mail: tom.rolfson@re-to.as
Web: www.gaardsmotell.no
Best time to call: 08.00 - 22.30

'The stable' - B&B:		'Stallen' - B&B:		'Der Stall' - B&B:	
Double room:	594,-	Dobbeltrom:	594,-	Doppelzimmer:	594,-
Loft with bed, 2 pers.:	486,-	Sovehems for 2 pers.:	486,-	Schlafboden für 2 Pers.:	486,-
Extra bed:	162,-	Ekstraseng:	162,-	Extrabett:	162,-

No. of rooms: 4	Antall rom: 4	Anzahl Zimmer: 4
Breakfast tray or buffet	Frokostbrett eller bufffét	Frühstückstablett oder -büfett
Other meals served on request	Andre måltider etter avtale	Andere Mahlzeiten nach Vereinb.
Discount for stay over 3 days	Rabatt ved opphold utover 3 netter	Erm. bei Aufenthalt über 3 Tage
Prices valid for 2008/09 & 2010	Priser gyldig for 2008/09 & 2010	Preise gültig für 2008/09 & 2010
TV/Internet available	TV/Internett tilgjengelig	Zugang zu TV/Internet
Terrace/patio/yard	Terrasse/uteplass/hage	Terrasse/Aussenplatz/Garten
Bike available	Sykkel kan lånes	Fahrrad zu leihen
Suitable for handicapped	Handikaptilgjengelig	Behindertengerecht
Pets welcome	Kjæledyr velkommen	Haustiere willkommen
VISA, MC, DC, AmEx accepted	Vi tar VISA, MC, DC, AmEx	VISA, MC, DC, AmEx
Open year round	Åpent hele året	Ganzjährig geöffnet
English spoken		Sprechen etwas Deutsch

Directions:
From Oslo; Follow E-6 towards Trondheim, then take RV159 towards Strømmen/Lillestrøm. Continue to Fetsund on RV 170 (signs are marked Bjørkelangen). Over a bridge. Exit RV 22 towards Mysen. Exit onto RV 169 towards Løken and look for the sign to Bransrud after about 20 km. Turn left at the sign and drive 50 m. The farm is on the right-hand side, see sign; 'Høland Gaardsmotell'.

Veibeskrivelse:
Fra Oslo; Følg E-6 i retning Trondheim, ta RV 159 mot Strømmen/Lillestrøm. Kjør videre på RV 170 til Fetsund (skiltet mot Bjørkelangen). Bro over Glomma, ta RV 22 i retning Mysen. Ta av til RV 169 mot Løken, etter 20 km se etter skilt til Bransrud/Gaardsmotell. Sving til venstre ved skilt, kjør 50 m. Gården ligger på høyre side. Se skilt; 'Høland Gaardsmotell'.

Wegbeschreibung:
Fahren Sie ab Oslo auf der E-6 in Ri. Trondheim und biegen Sie dann auf die Str. 159 nach Strømmen/Lillestrøm ab. Fahren Sie weiter bis Fetsund, Str. 170 (Ausschilderung nach Bjørkelangen), über eine Brücke, um dort auf die Str. 22 nach Mysen abzuzw. Anschl. geht es weiter auf Str. 169 in Ri. Løken. Nach ca. 20 km erreichen Sie die Ausschilderung nach Bransrud. Am Schild links abbiegen, dann ca. 50 m zum Hof, rechts, Schild; 'Høland Gaardsmotell'.

Boenhet med selvhushold
Selfcatering / Selbsthaushalt

Akershus

'The Stable' - selfcatering:
A: Double room:	550,-
Loft with bed, 2 pers.:	450,-
Extra bed:	150,-

Bed linen included

B: Guesthouse for 4-9 persons
No. of bedrooms: 3
2 baths, kitchen, DR, LR
Price for whole unit: **1000,-**
Bed linen included

'The Store-house':
The 'stabbur' is an exciting place for children who want to sleep in the hayloft.

The barn at Høland farm has been expanded to serve as a 170 squ.m. guesthouse. Six horses live next door. The guest rooms are modern and comfortable with heat, air conditioning and tiled floors.
 Høland features horseback-riding for children and touring for experienced riders. Here you will come across chickens, cats and dogs, along with a large garden area that includes a fish pond, outdoor grill area with gas grills, trampoline, trees to climb and sandbox. Activities include Moose Safaris, transportation to a wetlands area where you can go bird watching. Take walks in the woods, and pick berries and mushrooms. Nearby you'll find a forest with foot paths and lighted ski trails leading to a lake where you can fish or swim, and there are outdoor toilets. You may also drive to the lake. Also very handy are a bus stop and general store 150 m., football field 500 m. and the Løhren farm museum, 1.5 km.

'Stallen' - selvhushold:
A: Dobbeltrom:	550,-
Sovehems for 2 pers.:	450,-
Ekstraseng:	150,-

Sengetøy inkludert

B: Gjestehus for 4-9 personer
Antall soverom: 3
2 bad, kjøkken, spisestue, stue
Pris for hele enheten: **1000,-**
Sengetøy inkludert

'Stabburet':
Stabburet er et spennende overnattingssted for barn som vil sove i høyet.

Stallen på Høland gård er delvis ombygget og rommer nå et gjestehus på 170 kvm. Vegg-i-vegg har fremdeles seks hester sitt hjem. Rommene er moderne og komfortable med aircondition og flislagte gulv med varmekabler.
På gården tilbyr man barneridning på ridebane og turridning for erfarne ryttere. Her er også høner, katter og hund, samt en stor hage med fiskedam, grillplass med gassgriller, trampoline, klatretre og sandkasse.
Tilbud om elgsafari, transport til fredet våtmarksområde med fugletitting og skogsturer med plukking av bær og sopp. I nærheten finnes det skogsveier og stier, lysløype og badevann med toaletter og fiskebrygge. Det er kjørevei til vannet.
Fotballplass 500 m, Løhren gårdsmuseum 1,5 km, butikk/landhandel 130 m, bussholdeplass 150 m.

'Der Stall' - Selbsthaushalt:
A: Doppelzimmer:	550,-
Schlafboden für 2 Pers.:	450,-
Extrabett:	150,-

Inkl. Bettwäsche

B: Gästehaus für 4-9 Personen
Anzahl Schlafzi.: 3
2 Bäder, Küche, Esszi., Stube
Ganze Einheit: **1000,-**
Inkl. Bettwäsche

'Das Vorratshaus':
Im Vorratshaus fühlen sich besonders Kinder, die gern im Heu schlafen möchten, sehr wohl.

Im "Stall" wurde ein 170 m^2 großes, komplettes Gästehaus eingerichtet – außerdem sind dort noch 6 Pferde untergebracht! Die Zimmer sind modern und komfortabel eingerichtet, mit Klimaanlage und Fussbodenheizung.
Kinder können auf dem Hof Reitstunden nehmen, für erfahrene Reiter sind sogar Ausritte möglich. Es gibt hier außerdem: Hühner, Katzen, Hunde, einen großen Garten mit Angelteich, Grillplatz, Trampolin, Kletterbaum und Sandkasten. Es werden Elchsafaris, Vogelexkursionen, Waldausflüge zum Beeren und Pilze sammeln angeboten. Beleuchtete Loipe, Badesee mit Toiletten und Angelstelle. Strasse zum See vorhanden. Kurze Entfernung zu einem Fussballplatz 500 m, Løhren Hofmuseum 1,5 km, Geschäften 130 m und einer Bushaltestelle 150 m.

B&B
Level of standard: ♣ ♣

Akershus

Smedstad Gård

Your host:
Randi & Ole Kristian Skallerud

Address:
Smedstad
N - 2022 Gjerdrum
Phone: 63 99 10 90
Fax: 63 99 01 44
E-mail:
smedstad.gaard@online.no
Web: www.smedstadgaard.no

Best time to call:
08.00 - 21.00

Twin room: **660,-**	Tosengsrom: **660,-**	Zweibettzimmer: **660,-**
Single room: **500,-**	Enkeltrom: **500,-**	Einzelzimmer: **500,-**
No. of rooms: 8	Antall rom: 8	Anzahl Zimmer: 8
Breakfast buffet	Frokost buffét	Frühstücksbüfett
Prices valid for 2008	Priser gyldig for 2008	Preise gültig für 2008
TV available	TV tilgjengelig	Zugang zu TV
Terrace/yard	Terrasse/hage	Terrasse/Garten
Common smoking room available	Felles røykerom tilgjengelig	Gemeins. Raucherzi. vorhanden
Phone/fax/Internet available	Tilgang på tlf./fax/Internett	Tel., Fax und Internet vorhanden
Hot meals: min. 8 persons	Varme måltider: min. 8 personer	Warme Mahlzeiten; min. 8 Pers.
Open 1 Jan. - 20 Dec.	Åpent 1. jan. - 20. des.	Geöffnet 1. Jan. - 20. Dez.
English spoken		Sprechen Englisch

Three generations welcome you to Smedstad Farm which is in the country side, 30 km north of Oslo, and approx. 20 km south of Oslo Airport Gardermoen.
The rooms are in the Main House, where the guests also have a common sitting-room. Eight rooms share two bathrooms. Washbasin with hot/cold water in each room. The farm has livestock which can be experienced at close hand.

Tre generasjoner ønsker velkommen til Smedstad gård som ligger i landlige omgivelser, 3 mil nord for Oslo og ca. 20 km sør for Oslo Lufthavn Gardermoen.
Rommene er i hovedhuset hvor gjestene også har en felles gjestestue. Åtte rom deler to bad, det er vaskeservant med varmt og kaldt vann på alle rom.
Det er dyr på gården som kan oppleves på nært hold.

Der Hof Smedstad liegt im lieblichem Bauernland, 30 km nördlich von Oslo und etwa 20 km südlich vom Osloer Flughafen Gardermoen. Die drei Generationen des Hofes heissen ihre Gäste herzlich willkommen.
Die Zimmer, sowie ein gemeinsamer Aufenthaltsraum, befinden sich im Haupthaus. 2 Bäder für insgesamt 8 Zimmer, Waschbecken (fl. w. u. k. Wasser) auf allen Zimmern. Möglichkeit Kontakt zu den Haustieren aufzunehmen.

"Write it on your heart that every day is the best day of the year."
~ Ralph Waldo Emerson ~

Boenhet med selvhushold
Selfcatering / Selbsthaushalt

NBG

Akershus

Room for 2 pers.: **500,-**	Rom for 2 pers.: **500,-**	Zimmer für 2 Pers.: **500,-**
Room for 1 pers.: **420,-**	Rom for 1 pers.: **420,-**	Zimmer für 1 Pers.: **420,-**
Shared bath, kitchen, DR and LR	Delt bad, kjøkken, spisestue, stue	Gem. Bad, Küche, Esszi.u. Stube
Bed linen included	Sengetøy er inkludert	Inkl. Bettwäsche
Prices valid for 2008	Priser gyldig for 2008	Preise gültig für 2008
TV available	TV tilgjengelig	Zugang zu TV
Yard/terrace/patio	Hage/terrasse/uteplass	Garten/Terrasse/Aussenplatz
Common smoking room available	Felles røykerom	Gemeins. Raucherzi. vorhanden
Open 1 Jan. - 20 Dec.	Åpent 1. jan. - 20. des.	Geöffnet 1. Jan. - 20. Dez.
English spoken		Sprechen Englisch

Close by the farm you have Romeriksåsen which has some lovely walks, cycle paths, fishing and swimming. In the winter there is a lit Nordic skiing circuit and downhill skiing. 18-hole golf course recently completed - 5 km from farm.

Directions:
From Oslo: Take E-6 north towards Hamar/Trondheim. Exit in Skedsmokorset and then take RV 120 towards Nannestad and Gjerdrum until you reach Ask. Turn right towards Kløfta and the Gjerdrum church. Look for a sign marked 'Smedstad Gård' about 3 km from Ask on the left-hand side.

From Hamar or Oslo Airport: Follow E-6 towards Oslo and exit towards Kløfta. Turn right in the roundabout and continue towards Kløfta town center. Drive straight ahead through two roundabouts and stay on this road until it ends. Then turn left towards Ask and drive for about 1 km. Look for the sign for Smedstad Gård on the right side of the road.

I nærheten av gården ligger Romeriksåsen med fine turstier for fotturer og sykkelturer, fiskemuligheter og badevann. På vinteren er det lysløype og alpinbakke. 5 km unna ligger en nylig anlagt 18-hulls golfbane.

Veibeskrivelse:
Fra Oslo: Følg E-6 nordover i retning Hamar/Trondheim. Ta av i Skedsmokorset og følg RV 120 mot Nannestad og Gjerdrum helt til du kommer til Ask. Ta til høyre mot Kløfta og Gjerdrum kirke. Ca. 3 km fra Ask finner du skiltet "Smedstad Gård" inn til venstre.

Fra Hamar eller Oslo lufthavn:
Følg E-6 i retning Oslo og ta av E-6 mot Kløfta, ta til høyre i rundkjøringen og fortsett mot Kløfta sentrum. Kjør rett fram i to rundkjøringer og følg denne veien helt til enden. Ta så til venstre mot Ask og etter ca. 1 km vil du se skiltet med Smedstad Gård på høyre side av veien.

In der Nähe der Unterkunft liegt das Gebiet Romeriksåsen, wo man Wandern, Radfahren, Angeln und Baden kann. Im Winter Flutlichtloipe und Alpinanlage. 5 km entfernt befindet sich ein neu angelegter 18-Loch-Golfplatz.

Wegbeschreibung:
Ab Oslo: Folgen Sie der E-6 in Richtung Norden (Hamar/Trondheim). Bei Skedsmokorset biegen Sie ab auf die Str.120 in Richtung Nannestad und Gjerdrum. Im Ort Ask geht es rechts nach Kløfta bzw. Gjerdrum kirke. 3 km nach Ask links dem Schild 'Smestad Gård' folgen.

Aus Richtung Hamar oder Flughafen Oslo: Folgen Sie der E-6 in Richtung Oslo und fahren Sie dann bei Kløfta ab. Im Kreisverkehr zweigen Sie nach rechts in Richtung Kløfta Zentrum ab. Sie durchqueren 2 weitere Kreisel (geradeaus halten) und folgen der Straße bis zum Ende. Dort geht es nach links in Richtung Ask, nach ca. 1 km sehen Sie das Schild 'Smedstad Gård' (rechte Straßenseite).

Boenhet med selvhushold
Selfcatering / Selbsthaushalt

Akershus

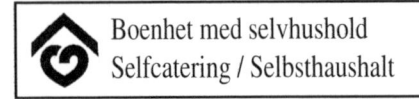

Trugstadloftet

Your host:
**Siri Østreng &
Jens Olav Kjærstad**

Address:
Trugstadvegen 8
N - 2034 Holter
Phone: 63 99 48 27
Mobil: 90 77 24 91
E-mail: siriostreng@hotmail.com

Best time to call:
15.00 - 22.00

'Store-house' for 2-8 persons	Stabbur for 2-8 personer	'Vorratshaus' für 2-8 Personen
No. of rooms: 4 twobedded rooms	Antall rom: 4 tosengsrom	Anzahl Zimmer: 4 Zweibettzi.
Two baths and one kitchen	To bad og ett kjøkken	2 Bäder, 1 Küche
Price per pers.: **300,-**	Pris pr. pers.: **300,-**	Preis pro Pers.: **300,-**
Bed linen included	Sengetøy er inkludert	Inkl. Bettwäsche
Discount for children under 12	Rabatt for barn under 12 år	Ermässigung für Kinder unter 12 J.
Prices valid for 2008/09 & 2010	Priser gyldig for 2008/09 & 2010	Preise gültig für 2008/09 & 2010
TV available	TV tilgjengelig	Zugang zu TV
Yard/patio	Hage/uteplass	Garten/Aussenplatz
Open 15 April - 1 November	Åpent 15. april - 1. november	Geöffnet 15. April - 1. November
Some English spoken		Sprechen etwas Deutsch

Trugstadloftet, an old storehouse which has been remodelled with antique farm furniture and canopy beds from the 1800's. Here you can make your own meals in the kitchen. Trugstadloftet is located in Holter, west of Jessheim, 15 min. from Oslo Airport.

Trugstadloftet er et gammelt stabbur som er ombygd og innredet med gamle bondemøbler og himmelsenger fra 1800-tallet. Her kan gjester stelle sine egne måltider i et enkelt kjøkken. Trugstadloftet ligger i Holter, vest for Jessheim, 15 min. fra Oslo lufthavn Gardermoen.

Trugstadloftet ist ein altes Vorratshaus (Stabbur), mit alten Bauernmöbeln (Himmelbetten aus dem 19. Jhd.) eingerichtet. Hier können Gäste in einer kleinen Küche selbst ihre Mahlzeiten zubereiten. Holter liegt westlich vom Ort Jessheim, 15 Min. vom Flughafen Oslo entfernt.

"Some people grumble because roses have thorns.
I am thankful that thornshave roses." ~ Karr ~

"A heart that loves is always young."
~ Greek Proverb ~

B&B		
Level of standard: ❀❀ & ❀❀❀		Oslo

Gardermoen Hotel Bed & Breakfast

Address:
Gardermoveien 42
N - 2030 Nannestad
Phone: 63 93 00 50
Fax: 63 99 90 35
E-mail: hotel@gardermoenbb.no
Web: www.gardermoenbb.no

Best time to call:
08.00 - 23.00

Double-/twin room: **695,-/795,-**	Dobbelt-/tosengsrom: **695,-/795,-**	Doppel-/Zweibettzi.: **695,-/795,-**
Single room: **695,-**	Enkeltrom: **695,-**	Einzelzimmer: **695,-**
Family room: **1200,-**	Familierom: **1200,-**	Familienzimmer: **1200,-**
No. of rooms: 42	Antall rom: 42	Anzahl Zimmer: 42
Breakfast buffet	Frokostbuffét	Frühstücksbüfett
Prices valid for 2008/09 & 2010	Priser gyldig for 2008/09 & 2010	Preise gültig für 2008/09 & 2010
TV/Internet available	TV/Internett tilgjengelig	Zugang zu TV/Internet
Patio/yard	Uteplass/hage	Aussenplatz/Garten
Pets welcome	Kjæledyr velkommen	Haustiere willkommen
VISA, MC, DC, AmEx accepted	Vi tar VISA, MC, DC, AmEx	VISA, MC, DC, AmEx
Open year round	Åpent hele året	Ganzjährig geöffnet
English spoken		Sprechen Deutsch

A small homey hotel next to Oslo Airport Gardermoen. Guests can be picked up when arriving by plane, train or bus, and delivered back to the airport. Long-term parking available.

Directions:
E-6 exit to Gardermoen, take RV 35 toward Nannested to the 'Nannestad' community sign. In the round-about right after the sign turn right. (The round-about is called Vigsteinkrysset.) A few meters up you'll see the sign for Gardermoen Hotel Bed & Breakfast.

Et hjemmetrivelig hotell like ved Oslo Lufthavn Gardermoen. Gjester kan bli hentet ved ankomst med fly, tog eller buss og kan bli kjørt tilbake til flyplassen. Tilbyr også langtidsparkering.

Veibeskrivelse:
E-6: ta av mot Gardermoen, ta RV 35 mot Nannestad, kjør denne inntil kommuneskilt Nannestad. I rundkjøringen rett etter skiltet ta til høyre. (Rundkjøringen heter Vigsteinkrysset.) Noen meter lenger opp ser du skiltet Gardermoen Hotell Bed & Breakfast.

Gardermoen B&B ist ein gemütliches Hotel direkt in der Nähe des Osloer Flughafens Gardermoen. Das Hotel bietet einen Transportservice zum Flughafen an, egal ob Sie mit Flugzeug, dem Zug oder dem Bus in Gardermoen an- oder abreisen. Auch Langzeitparken für Autos wird vom Hotel angeboten.

Wegbeschreibung:
E6 Ri. Gardermoen abfahren, dann Ri. Nannestad auf die Str. 35. Dieser bis zum Ortsschild Nannestad folgen. Direkt dahinter im Kreisverkehr "Vigsteinkrysset" nach rechts fahren. Kurz darauf sehen Sie das Schild Gardermoen Hotell Bed & Breakfast.

B&B
Level of standard: ♣♣ & ♣♣♣

Akershus

Goodheart's Guesthouse

Your host:
Matthew Goodheart
& Kersti Kelder

Address:
Rustad
N - 2090 Hurdal
Mobil: 95 04 21 55
E-mail: kersti.kelder@mail.ee
Web: www.goodhearthouse.no

Best time to call:
08.00 - 23.00

Double-/twin room:	700,-	Dobbelt-/tosengsrom:	700,-	Doppel-/Zweibettzi.:	700,-
Family room (for 4 pers.):	900,-	Familierom (for 4 pers.):	900,-	Familienzi. (4 Pers.):	900,-
Single room:	350,-	Enkeltrom:	350,-	Einzelzimmer:	350,-

No. of rooms: 3	Antall rom: 3	Anzahl Zimmer: 3
Discount for children	Rabatt for barn	Ermässigung für Kinder
Breakfast; self-service	Frokost; selvbetjening	Frühstück; Selbstbedienung
Selfcatering possible	Selvhushold er mulig	Selbsthaushalt möglich
Prices valid for 2008	Priser gyldig for 2008	Preise gültig für 2008
Internet available	Internett tilgjengelig	Zugang zu Internet
Terrace/patio/yard	Terrasse/uteplass/hage	Terrasse/Aussenplatz/Garten
Boat and bike for rent	Båt og sykkelutleie	Boot u. Fahrrad zu mieten
Pets welcome	Kjæledyr velkommen	Haustiere willkommen
Open year round	Åpent hele året	Ganzjährig geöffnet
English & Estonian spoken		Sprechen Englisch u. Estnisch

Goodheart's Guesthouse is situated in a lovely rural setting by Lake Hurdalsjøen, just 25 min. north of Oslo's Gardermoen Airport. Marked trails for walking, bicycling and skiing in the area. Alpine facility only 15 minutes away. The hosts are an Estonian-American family of four plus Hugo the cat and two rabbits.

Goodhearts Guesthouse ligger vakkert til i landlige omgivelser ved Hurdalsjøen, bare 25 min. nord for Oslo Lufthavn Gardermoen. Flott utsikt. Utmerket tur-, sykkel- og skiterreng i området. Alpinanlegg bare 15 min. unna. Vertskapet er en estisk/amerikansk familie på fire pluss katten Hugo og to kaniner.

Nur 25 Min. nördlich vom Osloer Flughafen Gardermoen, liegt das Goodhearts Guesthouse, am Hurdal See mit toller Aussicht und in schöner ländlicher Umgebung. 50 km Radweg rund um den See. Ausflugsgelände und Skigebiet in der Gegend. Die Gastgeber sind eine 4-köpfige estländisch/amerikanische Familie plus Katze Hugo und zwei Kaninchen.

"Cheerfulness and contentment are great beautifiers and are famous preservers of youthful looks." ~ Charles Dickens ~

B&B
Level of standard: ♣ ♣

page **65**
Akershus

Bjerknes Gård

Your host:
Ingeborg Ree & Jon Wenger

Address:
Bjerknes Gård
N - 2092 Minnesund
Phone: 63 96 80 20
Mobil: 92 40 21 60
E-mail: jon@wenger.no
Web: www.bjerknes-bb.no

Best time to call:
08.00 - 21.00

Double-/twin room: **500,-**	Dobbelt-/tosengsrom: **500,-**	Doppel-/Zweibettzi.: **500,-**
No. of rooms: 4	Antall rom: 4	Anzahl Zimmer: 4
Discount for children	Rabatt for barn	Ermässigung für Kinder
Breakfast tray	Frokostbrett	Frühstückstablett
Selfcatering possible	Selvhushold er mulig	Selbsthaushalt möglich
Prices valid for 2008/09 & 2010	Priser gyldig for 2008/09 & 2010	Preise gültig für 2008/09 & 2010
TV/Internet available	TV/Internett tilgjengelig	Zugang zu TV/Internet
Terrace/patio/yard	Terrasse/uteplass/hage	Terrasse/Aussenplatz/Garten
Boat for rent	Båtutleie	Boot zu mieten
Bike for rent	Sykkelutleie	Fahrrad zu mieten
Open 1 June - 30 Sept.	Åpent 1. juni - 30. sept.	Geöffnet 1. Juni - 30. Sept.
English spoken		Sprechen etwas Deutsch

At Bjerknes Gård guests will be received by the hosts Ingeborg and Jon. The farm is located at the far south end of Mjøsa Lake. 10 km away is 'Riksbygningen' which is very famous for historic events when the Constitution was signed in 1814. The oldest steamboat in the world, Skibladner, also called the swan of Mjøsa, is plying by three times per week. The area offers inviting forestwalks. Two old mines are within reach. The farm is 35 km/30 min. from Oslo Airport Gardermoen.

På Bjerknes gård er det vertskapet Ingeborg og Jon som tar imot gjestene. Gården ligger i søndre ende av Mjøsa og 10 km fra Riksbygningen som er så kjent for hendelsene i 1814 da Grunnloven ble undertegnet. Verdens eldste hjuldamper, Skibladner, som også blir kalt Mjøsas svane, passerer tre ganger pr. uke.
Området er fint til skogsturer, to gamle gruver er innen rekkevidde. Stedet ligger ca. 35 km/30 min fra Oslo Flyhavn Gardermoen.

Auf dem Hof Bjerknes erwarten Ingeborg und Jon ihre Gäste. Der Hof befindet sich am südlichen Ende des Mjøsa-Sees, 10 km vom Reichsgebäude entfernt, das bei den Geschehnissen im Jahre 1814 die Hauptrolle spielte, als das Grundgesetz unterzeichnet wurde. Auf dem Mjøsa verkehrt noch heute dreimal pro Woche der älteste Raddampfer der Welt, der Skibladner (auch „weißer Schwan des Mjøsa" genannt).
Die Gegend eignet sich gut zum Wandern, außerdem sind zwei sehenswerte alte Gruben in Reichweite. Bjerknes liegt ca. 35 km/30 Min. vom Osloer Flughafen Gardermoen entfernt.

B&B
Level of standard: ♣ & ♣♣♣

Hedmark

Ullershov gård

Your host:
Inger Marie Ødegaard

Address:
Ullershovvegen
N - 2160 Vormsund
Phone: 63 90 27 40
Mobil: 95 04 42 41
Fax: 63 90 27 66
E-mail: ullerhov@online.no
Web: www.ullershov.no

Best time to call:
08.00 - 23.00

Double room:	800,-	Dobbeltrom:	800,-	Doppelzimmer:	800,-
Single room:	400,-	Enkeltrom:	400,-	Einzelzimmer:	400,-

No. of rooms: 20	Antall rom: 20	Anzahl Zimmer: 20
Discount for children	Rabatt for barn	Ermässigung für Kinder
Laid breakfast table or buffet	Dekket frokostbord el. bufFét	Gedeckt. Frühstückstisch o. Büfett
Prices valid for 2008	Priser gyldig for 2008	Preise gültig für 2008
TV/Internet available	TV/Internett tilgjengelig	Zugang zu TV/Internet
Terrace/patio/yard	Terrasse/uteplass/hage	Terrasse/Aussenplatz/Garten
Boat and bike for rent	Båt- og sykkelutleie	Boot u. Fahrrad zu mieten
Pets welcome by agreement	Kjæledyr velkommen etter avtale	Haustiere nach Absprache willk.
Open year round	Åpent hele året	Ganzjährig geöffnet
English spoken		Sprechen Deutsch

Ullershov farm lies at the point where the Vorma and Glomma rivers meet. A farm in continuous use since 600 A.D., it has been an administrative and religious center, counsil meeting place and the site of worship and sacrifices to the Norse god Ullr. The farm today boasts 15 buildings, mostly from the period 1725-1923. In the main building you'll find a big collection of textiles and folk costumes with women's clothes and accessories from childhood to granny-hood. Farm store on premises.

Ullershov gård ligger på neset der elvene Vorma og Glomma møtes. Gården har vært fast bosted siden år 600 og har vært et administrativt og religiøst senter, tingsted og kult- og offersted for den norrøne guden Ullr. Gården har i dag 15 bygninger, de fleste fra perioden 1725-1923. I hovedbygningen finner du en stor tekstil- og drakthistorisk samling med kvinners klær og utstyr fra barndom til alderdom. Gårdsbutikk.

Ullershov gård liegt an der Landzunge der Flüsse Vorma u. Glomma, die sich hier treffen. Der Hof wird seit dem Jahre 600 fest bewohnt und war ein administratives und religöses Zentrum, Richtplatz sowie Kult- und Opferstätte für den altnordischen Gott Ullr. Zum Hof gehören heute 15 Gebäude, die meisten aus der Periode von 1725-1923. Im Haupthaus befindet sich eine grosse, historische Textil- und Trachtensammlung mit Frauenkleidung aus Kindheitstagen bis ins hohe Alter. Ein Hofladen ist ebenfalls vorhanden.

B&B
Level of standard: ♣ & ♣♣

NBG

Hedmark

Strandsjø Kursgård og Potetkafé

Your host:
Åse Lund Støen/Ole Egil Støen
Address:
N - 2266 Arneberg
Phone: 62 95 34 47
Fax: 62 95 34 31
E-mail: strandsjo@strandsjo.no
Web: www.strandsjo.no
Best time to call:
08.00 - 22.00

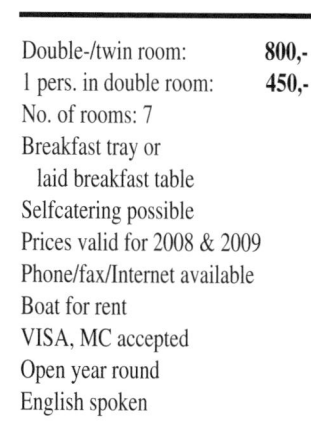

Double-/twin room: **800,-**	Dobbelt-/tosengsrom: **800,-**	Doppel-/Zweibettzi.: **800,-**
1 pers. in double room: **450,-**	1 pers. i dobbeltrom: **450,-**	1 Pers. im Doppelzi.: **450,-**
No. of rooms: 7	Antall rom: 7	Anzahl Zimmer: 7
Breakfast tray or laid breakfast table	Frokostbrett eller dekket frokostbord	Frühstückstablett oder Gedeckter Frühstückstisch
Selfcatering possible	Selvhushold er mulig	Selbsthaushalt möglich
Prices valid for 2008 & 2009	Priser gyldig for 2008 & 2009	Preise gültig für 2008 & 2009
Phone/fax/Internet available	Tilgang til tlf./fax/Internett	Tel., Fax und Internet vorhanden
Boat for rent	Båtutleie	Boot zu mieten
VISA, MC accepted	Vi tar VISA, MC	Wir akzeptieren VISA, MC
Open year round	Åpent hele året	Ganzjährig geöffnet
English spoken		Sprechen etwas Deutsch

By Strandsjøen Lake, next to RV 210 between Eleverum and Kongsvinger, your hosts eager to welcome you to a small farm of character. The farm has been in the family for 6 generations. The guests live in a straw house, a timber frame house and in the main house. Breakfast is served in a renovated kitchen from the 1700s or in the "Potato Café". This Café is Norway's first. Open to the public on Saturdays and Sundays during the summer season.
There is livestock on the farm. Unique fishing and bird watching possibilities.

Ved Strandsjøen, like ved RV 210 mellom Elverum og Kongsvinger, tar vertskapet imot gjester på et småbruk med særpreg. De er 6te generasjon på gården. Gjestene bor i halmhus eller tømmerhus. "Potetkaféen" er Norges første og åpen hver lørdag og søndag i sommerhalvåret.
Det er husdyr på gården.
Unikt fugleliv og fiskemuligheter.

Bei Strandsjø, nahe der Strasse 210 zwischen Elverum und Kongsvinger, empfängt man Gäste auf einem kleinen Hof besonderer Art, den die 6. Generation bewirtschaftet. Die Gäste wohnen in Häusern aus Stroh oder Blockhütten.
Das Kartoffelcafé ist Norwegens erstes Café (den Sommer über samstags und sonntags geöffnet). Es gibt Haustiere auf dem Hof und in der Umgebung eine Vielfalt an Vögeln, sowie Angelmöglichkeiten.

B&B
Level of standard: ♣

Hedmark

Heggelund's rom og frokost

Your host:
Berit & Lars Petter Heggelund

Address:
Negardssvingen 3
N - 2270 Flisa
Phone: 62 95 16 27
Mobil: 91 19 15 59
E-mail: berit.heggelund@c2i.net
Web: www.negarden.no

Best time to call:
08.00 - 20.00

Double room:	700,-/800,-
Twin room:	700,-/800,-
1 pers. in double room:	450,-/650,-

No. of rooms: 3
Laid breakfast table
Prices valid for 2008 & 2009
TV/Internet available
Terrace/patio/yard
Open year round
English and some French spoken

Dobbeltrom:	700,-/800,-
Tosengsrom:	700,-/800,-
En pers. i dobbeltrom:	450,-/650,-

Antall rom: 3
Dekket frokostbord
Priser gyldig for 2008 & 2009
TV/Internett tilgjengelig
Terrasse/uteplass/hage
Åpent hele året

Doppelzimmer:	700,-/800,-
Zweibettzimmer:	700,-/800,-
1 Pers. im Doppelzi.:	450,-/650,-

Anzahl Zimmer: 3
Gedeckter Frühstückstisch
Preise gültig für 2008 & 2009
Zugang zu TV/Internet
Terrasse/Aussenplatz/Garten
Ganzjährig geöffnet
Sprechen etwas Deutsch

Berit and Lars Petter bid you welcome to their newly restored Swiss villa from the early 1900s in a large garden at Flisa, between Kongsvinger and Elverum. They are determined to preserve the house's uniqueness and style, and the dining room is all original. Excellent opportunities for hiking tours, including nearby Finnskogen woods. If desired and weather permitting, breakfast may be served on the terrace or in the garden.

I en stor hage på Flisa, mellom Kongsvinger og Elverum, ønsker vertskapet Berit og Lars Petter deg velkommen til sin nyrestaurerte sveitservilla fra århundreskiftet. De har satset på å bevare husets stil og særpreg, og spisestua er helt uendret.
Det er fine muligheter for turgåing med blant annet Finnskogen i nærheten.
Om ønskelig og om været tillater det, kan frokosten serveres på terrassen eller i hagen.

In Flisa, zwischen Kongsvinger und Elverum, heißen Sie die Gastgeber Berit und Lars Petter in ihrer frisch renovierten Villa im Schweizerstil aus der Jahrhundertwende willkommen. Das Ehepaar hat es verstanden, den besonderen Stil des Hauses zu bewahren, so ist z.B. das Esszimmer nahezu unverändert geblieben.
Die Region bietet mit dem in der Nähe liegenden Waldgebiet Finnskogen sehr gute Wandermöglichkeiten. Nach Absprache - und wenn das Wetter es zulässt - kann das Frühstück auch im Garten oder auf der Terrasse serviert werden.

Boenhet med selvhushold — page **69**
Selfcatering / Selbsthaushalt — **Hedmark**

Honkaniemi Smettes turisttun

Your host:
Knut & Anne Marit Smette

Address:
Honkaniemi
N - 2283 Åsnes Finnskog
Phone: 62 95 77 66
Mobil: 97 76 46 89
Fax: 62 95 77 66
Web: www.honkaniemi.net

Best time to call:
08.00 - 23.00

Cabins and rooms:	Hytter og rom:	Hütten und Zimmer:
'Creamery' for 2-4 persons	Fløtekoie for 2-4 personer	'Sahnerei' für 2-4 Personen
2 'Store houses' for 2-5/2-8 pers.	2 stabbur for 2-5/2-8 personer	2 'Vorratshaüser' für 2-5/2-8 Pers.
'Pumphouse' for 2 persons	Pumpehus for 2 personer	'Pumpenhaus' für 2 Personen
2 three-bedded rooms in the barn	2 tresengsrom på låven	2 Dreibettzimmer in der Scheune
WC & shower in sanitary facilities	Delt WC og dusj i sanitæranlegg	WC u. Dusche in Sanitäranlage
Price per unit: **250,- til 500,-**	Pris pr. enheten: 250,- til **500,-**	Preis pro Einheit: 250,- til **500,-**
For groups, price per pers.: **150,-**	For grupper, pris pr. pers.: **150,-**	Gruppen, Preis pro Pers.: **150,-**
Bed linen fee: **25,-**	Tillegg for sengetøy: **25,-**	Mieten von Bettwäsche: **25,-**
Breakfast service available: **60,-**	Frokost kan serveres: **60,-**	Frühstück auf Bestellung: **60,-**
Prices valid for 2008 & 2009	Priser gyldig for 2008 & 2009	Preise gültig für 2008 & 2009
Outdoor furniture	Uteplass	Aussenplatz
Boat and canoe available	Båt og kano kan lånes	Boot und Kanu aus zu leihen
Pets welcome	Kjæledyr velkommen	Haustiere willkommen
VISA accepted	Vi tar VISA	Wir akzeptieren VISA
Open year round	Åpent hele året	Ganzjährig geöffnet
English & some French spoken		Sprechen Deutsch

This tourist farmyard is on the edge of Kroksjøen lake which lies on the border of Norway and Sweden. The cabins are old timber buildings from the 17- and 1800s moved here from both sides of the border.
At the lake you can relax with a walk or explore the two islands, or go fishing for pike, perch and roach fish. Abundant bird and animal life in the area.

Dette turisttunet ligger ved bredden av Kroksjøen som ligger på grensen mellom Norge og Sverige. Hyttene er gamle tømmerbygninger fra 17- og 1800-tallet, flyttet hit fra norsk og svensk side. På sjøen kan man ro seg en tur, gå i land påv en av de to øyene, eller fiske gjedde, abbor og mort. Rikt fugle- og dyreliv i området.

Der Hofplatz liegt am Ufer vom 'Kroksjøen' See, der sich an der Grenze zwischen Norwegen und Schweden befindet. Die alten Blockhütten aus dem 18. und 19. Jhd. stammen aus Schweden und Norwegen. Der See lässt sich hervorragend mit dem Ruderboot erkunden und es ist möglich, an einer der Inseln an Land zu gehen. Ausserdem gibt es prima Angelmöglichkeiten für Hecht, Barsch und Mort-Fisch sowie eine reiche Vogel- und Tierwelt zu bestaunen.

B&B	page 70
Level of standard: ♣ ♣	**Hedmark**

Solvår's Bed & Breakfast

Your host:
Solvår & Jan Viggo Oppegård

Address:
Barbra Ringsvei 14
N - 2407 Elverum
Phone: 62 41 49 48
Mobil: 99 61 20 26
elverumbedandbreakfast@gmail.com
janvo@broadpark.no
Web: http://home.no.net/sbnb
Best time to call: 08.00 - 23.00

Double room:	**550,-**	Dobbeltrom:	**550,-**	Doppelzimmer:	**550,-**
Single room:	**375,-**	Enkeltrom:	**375,-**	Einzelzimmer:	**375,-**

No. of rooms: 2
Discount for children
Laid breakfast table
Selfcatering possible
Prices valid for 2008/09 & 2010
TV available
Terrace/patio/yard
Bike for rent
Pets welcome
Open year round
English, some French
& some Greek spoken

Antall rom: 2
Rabatt for barn
Dekket frokostbord
Selvhushold mulig
Priser gyldig for 2008/09 & 2010
TV tilgjengelig
Terrasse/uteplass/hage
Sykkelutleie
Kjæledyr velkommen
Åpent hele året

Anzahl Zimmer: 2
Ermässigung für Kinder
Gedeckter Frühstückstisch
Selbsthaushalt möglich
Preise gültig für 2008/09 & 2010
Zugang zu TV
Terrasse/Aussenplatz/Garten
Fahrrad zu mieten
Haustiere willkommen
Ganzjährig geöffnet
Sprechen etwas Deutsch

In Elverum, Solvår's Bed & Breakfast is within walking distance of the Forestry Museum and Glåmdal Museum. Behind the property lies a forest area with good hiking terrain. The rooms are in the host's own home. A hosthome well known for good homemade breakfast.

Directions:
Follow RV 20 towards Kongsvinger. Look for a sign marked B&B 1 km after passing Norsk Skogmuseum (Norwegian Forest Museum) and proceed to follow the sign.

Solvårs Bed & Breakfast ligger i Elverum med gangavstand til Norsk Skogmuseum og Glåmdalsmuseet. Bak eiendommen ligger skogen med turterreng. Utleierommene er i vertskapets egen bolig. Stedet er kjent for god hjemmelaget frokost.

Veibeskrivelse:
Følg RV 20 mot Kongsvinger. 1 km etter at du har passert Norsk Skogmuseum; se etter B&B-skilt, følg skilt videre.

Solvårs Bed & Breakfast liegt in Elverum, in Reichweite des Forstwirtschaftsmuseums und des Glåmdalsmuseums. Wandermöglichkeiten im nahen Wald. Die zu vermietenden Räume befinden sich im eigenen Wohnhaus der Wirtsleute. Sovlår´s ist bekannt für gutes selbstgemachtes Frühstück.

Wegbeschreibung:
Folgen Sie der Straße 20 in Richtung Kongsvinger. 1 km hinter dem Norsk Skogmuseum auf das B&B-Schild achten. Folgen Sie dem Schild.

B&B	page 71
Level of standard: ♣ ♣	**Hedmark**

Solbakken Gjestegård

Your host:
Karen & Rolf Rønnekleiv

Address:
Fangbergsvegen 99
N - 2380 Brumunddal
Phone: 62 35 55 43 / 47 02 75 61
Fax: 62 35 45 97
E-mail: roennek@online.no
Web:
http://roennek.home.online.no
Best time to call: 15.00 - 23.00

Double-/twin room:	**500,-**	Dobbelt-/tosengsrom:	**500,-**	Doppel-/Zweibettzi.:	**500,-**
Single room:	**300,-**	Enkeltrom:	**300,-**	Einzelzimmer:	**300,-**

No. of rooms: 5	Antall rom: 5	Anzahl Zimmer: 5
Discount for children	Rabatt for barn	Ermässigung für Kinder
Laid breakfast table	Dekket frokostbord	Gedeckter Frühstückstisch
Selfcatering possible	Selvhushold er mulig	Selbsthaushalt möglich
Prices valid for 2008 & 2009	Priser gyldig for 2008 & 2009	Preise gültig für 2008 & 2009
TV available	TV tilgjengelig	Zugang zu TV
Terrace/yard	Terrasse/hage	Terrasse/Garten
Open 15 March - 15 October	Åpent 15. mars - 15. oktober	Geöffnet 15. März - 15. Oktober
English spoken		Sprechen Deutsch

Solbakken Guest House was once a pension. The Guest House is beautifully situated at Veldre in Ringsaker Municipality, 3 km from highway E6 and 5 km from Brumunddal railway station. The poet Alf Prøysen's childhood home is only 6 km. away. Close by is a beach for swimming. Ringsaker Mountain and Sjusøen ski slopes and hiking terrain are 30-40 minutes away by car.

Solbakken gjestegård har tidligere vært drevet som pensjonat. Gjestegården ligger idyllisk til i Veldre i Ringsaker kommune, 3 km fra E-6 og 5 km fra Brumunddal jernbanestasjon. Alf Prøysens barndomshjem, Prøysenstua, er bare 6 km unna. Det er kort vei til badestrand. Ringsakerfjellet og Sjusjøen, flott ski- og turterreng kan man nå på 30-40 min. med bil.

Solbakken gjestegård wurde früher als Pension betrieben. Das Haus liegt idyllisch in Veldre bei Ringsaker, 3 km von der E-6 und 5 km von Brumunddal entfernt. Bis zum Elternhaus des norwegischen Poeten Alf Prøysen sind es 6 km. Unweit zum Badestrand. 30-40 Min. Autofahrt zu den Bergen von Ringsaker und Sjusjøen mit herrlichem Wander- und Skigelände.

"Just being happy is a fine thing to do; looking on the bright side rather than the blue; sad or sunny musing is largely in the choosing, and just being happy is brave work and true."

~ Ralph Waldo Emerson ~

B&B
Level of standard: ♣ ♣ ♣

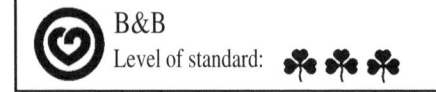

page **72**
Oppland

Holthe Gård

Your host:
Linda Sandsengen &
Simen Holthe

Address:
N - 2847 Kolbu
Phone: 61 16 79 38
Mobil: 90 09 64 52
E-mail: siholthe@online.no

Best time to call:
16.00 - 23.00

Double room:	**600,-**	Dobbeltrom:	**600,-**	Doppelzimmer:	**600,-**
Single room:	**400,-**	Enkeltrom:	**400,-**	Einzelzimmer:	**400,-**

No. of rooms: 6
Discount for children
Laid breakfast table
   or breakfast buffet
Selfcatering possible
Prices valid for 2008/09 & 2010
TV available
Terrace/patio/yard
Open year round
English spoken

Antall rom: 6
Rabatt for barn
Dekket frokostbord
   eller frokostbufféт
Selvhushold mulig
Priser gyldig for 2008/09 & 2010
TV tilgjengelig
Terrasse/uteplass/hage
Åpent hele året

Anzahl Zimmer: 6
Ermässigung für Kinder
Gedeckter Frühstückstisch
   oder Frühstücksbüfett
Selbsthaushalt möglich
Preise gültig für 2008/09 & 2010
Zugang zu TV
Terrasse/Aussenplatz/Garten
Ganzjährig geöffnet
Sprechen Deutsch

Holthe Gård is beautifully situated in Toten and is the ideal place for both children and adults who like to be active.
Here you can enjoy a large yard and children's play area featuring a large trampoline, swing set and sandbox. The farm is also home to various animals: sheep, peacock, hens and cats. Cozy common areas where the guests may mingle. Simple food service can be arranged during evenings in the TV room.
Swimming facilities and nearby Raufoss Badeland Swim Center.

Holthe Gård ligger vakkert til på Toten, og er et ideelt sted for såvel barn som voksne som trenger å bevege seg. Her er det stor hage med leketilbud til barna; med stor trampoline, husker, og sandkasse. På gården finnes det også forskjellige dyr: sauer, påfugl, høner og katter.
Hyggelige oppholdsrom hvor gjestene kan møtes. Enkel servering kan også ordnes på kveldstid i TV-stuen.
Bademuligheter og kort vei til Raufoss Badeland.

Der Hof Holthe Gård liegt reizvoll in der Landschaft Toten und ist ideal für alle, die im Urlaub ihr Bedürfnis nach Bewegung ausleben möchten.
Großer Garten mit Spielmöglichkeiten für Kinder (großes Trampolin, Schaukel, Sandkasten). Darüber hinaus gibt es viele Tiere: Schafe, einen Pfau, Hühner, Katzen.
Gemütlicher Aufenthaltsraum, in dem sich die Gäste treffen können. Im Fernsehraum werden abends auch einfache Gerichte serviert.
In der Nähe Bademöglichkeiten; kurze Entfernung zum Raufoss Badeland.

B&B
Level of standard: ♣ & ♣♣

page 73
Oppland

Kronviksætra Bed & Breakfast

Your host:
Geir Raaum &
Marianne Olaisen

Address:
Landåsveien 949
N - 2861 Landåsbygda
Phone/Fax: 61 12 68 85
Mobil: 90 51 42 37 / 92 68 88 50
E-mail: post@kronviksetra.com
Web: www.kronviksetra.com
Best time to call: 17.00 - 23.00

Double-/twin room:	**600,-**	Dobbelt-/tosengsrom:	**600,-**	Doppel-/Zweibettzi.:	**600,-**
Single room:	**350,-**	Enkeltrom:	**350,-**	Einzelzimmer:	**350,-**

No. of rooms: 5
Laid breakfast table
Selfcatering possible
Prices valid for 2008
TV/Internet available
Terrace/patio
Boat and bike for rent
Open year round
Some English spoken

Antall rom: 5
Dekket frokostbord
Selvhushold er mulig
Priser gyldig for 2008
TV/Internett tilgjengelig
Terrasse/uteplass
Båt- og sykkelutleie
Åpent hele året

Anzahl Zimmer: 5
Gedeckter Frühstückstisch
Selbsthaushalt möglich
Preise gültig für 2008
Zugang zu TV/Internet
Terrasse/Aussenplatz
Boot u. Fahrrad zu mieten
Ganzjährig geöffnet
Sprechen etwas Deutsch

Kronviksætra lies quietly situated 20 km west of Gjøvik. There is a view over Landås Lake, hiking, swimming or fishing. For winter sports enthusiasts: crosscountry ski trails.
Kronviksætra was originally built as a boarding house in 1936. It is now fully renovated in its original style with the atmosphere still intact. Charming wood stoves in the rooms. Cozy living room, fireplace and TV. This farm features dogs, donkeys, sheep and hens.

Directions:
From Gjøvik: follow RV-33 towards Fagernes/Dokka 14 km. Exit in direction Kronviksætra/Landåsbygda and drive 6 km on road 132. Follow posted signs.

Kronviksætra ligger landlig og fredelig til 20 km vest for Gjøvik. Det er fin utsikt ned til Landåsvannet med bade- og fiskemuligheter. For vintersportsinteresserte har Landåsbygda lysløype og flott turterreng.
Kronviksætra ble bygd i 1936 som pensjonat, nå restaurert, hvor stil og atmosfære er bevart. Gamle vedovner i alle rom. Peisestue og TV-stue disponible for gjester. Det er hunder, esler, sauer og høner på gården.

Veibeskrivelse:
Fra Gjøvik; følg RV 33 mot Fagernes/Dokka 14 km. Ta av mot Kronviksætra/Landåsbygda på fylkesvei 132, følg denne 6 km. Det er skiltet helt frem.

Kronviksætra liegt ländlich und ruhig, 20 km westl. von Gjøvik. Herrliche Aussicht auf den See Landåsvann mit Bade- und Angelmögl. Schönes Gelände für Skiwandern mit Flutlichtloipe. Kronviksætra wurde 1936 als Pension gebaut, nun modernisiert, aber Stil und Atmosphärebewahrt. Kamin- und TV-Stube für Gäste. Auf dem Hof gibt es Hunde, Esel, Schafe und Hühner.

Wegbeschreibung:
Von Gjøvik: 14 km auf der Str. 33 in Richtung Fagernes/Dokka, dann abbiegen auf Str. 132 in Richtung Kronviksætra/Landåsbygda. Etwa 6 km weiter auf dieser Straße. Die Strecke ist bis zum Ziel ausgeschildert.

Boenhet med selvhushold
Selfcatering / Selbsthaushalt

Oppland

Hindklev Gård

Your host:
Eivind Mæhlum &
Anne Mari Råbøl

Address:
Kongsveien 23
N - 2614 Lillehammer
Phone: 61 25 06 24
Mobil: 90 16 69 84
Fax: 61 26 99 03
E-mail: hindklev@c2i.net

Best time to call:
08.00 - 21.00

A: Apartment for 2-3 persons
Own bath and kitchenette
Price for whole unit: **500,-**

B: Apartment for 4-5 persons
Own bath and LR w/kitchenette
Price for whole unit: **700,-**

No. of apartments: 7
Applies to all rental units:
Bed linen fee: **60,-**
Prices valid for 2008
TV available
Patio
Pets welcome
Open year round
English spoken

A: Leilighet for 2-3 personer
Eget bad og minikjøkken
Pris for hele enheten: **500,-**

B: Leilighet for 4-5 personer
Eget bad og stue m/minikjøkken
Pris for hele enheten: **700,-**

Antall leiligheter: 7
For alle enhetene gjelder:
Tillegg for sengetøy: **60,-**
Priser gyldig for 2008
TV tilgjengelig
Uteplass
Kjæledyr velkommen
Åpent hele året

A: Wohnung für 2-3 Personen
Eig. Bad und Küchenecke
Ganze Einheit: **500,-**

B: Wohnung für 4-5 Personen
Eig. Bad u. Stube mit Küchenecke
Ganze Einheit: **700,-**

Anzahl Wohnungen: 7
Für alle Einheiten gilt:
Mieten von Bettwäsche: **60,-**
Preise gültig für 2008
Zugang zu TV
Aussenplatz
Haustiere willkommen
Ganzjährig geöffnet
Sprechen etwas Deutsch

Just outside of Lillehammer you will find Hindklev Gård enjoying a lovely view of Lake Mjøsa. There is a trail down to the water. The old pilgrim route passes through the farm courtyard. All 7 of the rental cottages have their own bathroom and kitchenette. On the large courtyard you will find toys for children and outdoor furniture. The farm has rabbits and hens. Your hosts are a family of five.

Like utenfor Lillehammer ligger Hindklev Gård med flott utsikt over Mjøsa. Det går en sti ned til vannet. Den gamle pilegrimsleden går gjennom gårdstunet. De sju utleieleilighetene har alle eget bad og minikjøkken. På den store gårdsplassen er det leker for barna og utemøbler. På gården er det kaniner og høner. Vertskapet er en familie på fem.

Der Hof liegt etwas ausserhalb von Lillehammer und bietet schöne Aussicht auf den Mjøsa-See. Ein kleiner Pfad führt hinunter zum See. Der historische Pilgerpfad führt direkt durch den Bauernhof. 7 Ferienwohnungen, alle mit eigenem Bad und Miniküche. Auf dem großen Vorplatz stehen Gartenmöbel und Spielgeräte für Kinder. Kaninchen und Hühner auf dem Hof. Fünfköpfige Gastgeberfamilie.

B&B		page 75
Level of standard: ♣♣♣		Oppland

Lillehammer Vandrerhjem, stasjonen

Address:
Jernbanetorvet 2
N - 2609 Lillehammer
Phone: 61 26 00 24
Fax: 61 25 23 34
E-mail: post@stasjonen.no
Web: www.stasjonen.no

Best time to call:
07.00 - 22.00

Double room:	820,-	Dobbeltrom:	820,-	Doppelzimmer:	820,-
Single room:	690,-	Enkeltrom:	690,-	Einzelzimmer:	690,-
3-bedded room:	975,-	3-sengsrom:	975,-	3-Bettzimmer:	975,-
4-bedded room:	1300,-	4-sengsrom:	1300,-	4-Bettzimmer:	1300,-
Bed in multibedded room:	325,-	Seng i flersengsrom:	325,-	Bett in Mehrbettzi.:	325,-

No. of rooms: 28	Antall rom: 28	Anzahl Zimmer: 28
Breakfast buffet	Frokostbuffét	Frühstücksbüfett
Selfcatering possible	Selvhushold er mulig	Selbsthaushalt möglich
Prices valid for 2008/09 & 2010	Priser gyldig for 2008/09 & 2010	Preise gültig für 2008/09 & 2010
Discount for members HI hostels	Rabatt ved medlemskap HI hostels	Rabatt für HI-hostels-Mitglieder
Kitchen available	Kjøkken tilgjengelig	Zugang zu Küche
TV/Internet available	TV/Internett tilgjengelig	Zugang zu TV/Internet
Pets welcome	Kjæledyr velkommen	Haustiere willkommen
VISA, MC, DC, AmEx accepted	Vi tar VISA, MC, DC, AmEx	VISA, MC, DC, AmEx
Open year round	Åpent hele året	Ganzjährig geöffnet
English spoken		Sprechen etwas Deutsch

You'll find Lillehammer Vandrerhjem hostel upstairs at the Lillehammer train station. You can go right from the train to your room. Centrally located only 100 m from the walking street. The bus to Hunderfossen is just outside the door. The hostel sells tickets to the famous Maihaugen outdoor folkmuseum, Lilleputthammer, Hunderfossen, Bjerkebæk, the OL Olympics Museum and Aulestad.

Du finner Lillehammer Vandrerhjem, Stasjonen i 2. etasje på Lillehammer jernbanestasjon. Du kan gå rett fra toget og inn på rommet ditt.
Sentralt beliggende bare 100 m fra gågaten. Buss til Hunderfossen like utenfor døra.
Vandrerhjemmet selger billetter til Maihaugen, Lilleputthammer, Hunderfossen, Bjerkebæk, OL-museet og Aulestad.

Sie finden Lillehammer Vandrerhjem bei der Station des Bahnhofs Lillehammer in der zweiten Etage. Erreichen Sie Lillehammer mit dem Zug, können Sie unmittelbar nach der Ankunft hinauf zu Ihrem Zimmer gehen. Das Vandrerhjem ist zentral gelegen, nur 100 m von der Fussgängerzone entfernt. Der Bus nach Hunderfossen fährt direkt vor der Tür. Das Vandrerhjem verkauft Karten für Maihaugen, Lilleputthammer, Hunderfossen, Bjerkebæk, OL-Museum und Aulestad

B&B
Level of standard: ♣ ♣

Oppland

Nordseter
aktivitets- og skisenter

Address:
Nordseterveien 1351
N - 2618 Lillehammer
Phone: 61 26 40 12
Fax: 61 26 40 88
E-mail: booking@nordseter.no
Web: www.nordseter.no

Best time to call:
10.00 - 21.00

Double-/twin room: **700,-**	Dobbelt-/tosengsrom: **700,-**	Doppel-/Zweibettzi.: **700,-**
Single room: **350,-**	Enkeltrom: **350,-**	Einzelzimmer: **350,-**
Multi-bed room, per pers.: **350,-**	Flersengsrom, pr. pers.: **350,-**	Mehrbettzi., pro Pers.: **350,-**
Children under 12 yrs.: **200,-**	Barn under 12 år: **200,-**	Kinder unter 12 J.: **200,-**
No. of rooms: 9	Antall rom: 9	Anzahl Zimmer: 9
Breakfast buffet	Frokostbuffét	Frühstücksbüfett
Selfcatering possible	Selvhushold er mulig	Selbsthaushalt möglich
Prices valid for 2008/09 & 2010	Priser gyldig for 2008/09 & 2010	Preise gültig für 2008/09 & 2010
TV/Internet available	TV/Internett tilgjengelig	Zugang zu TV/Internet
Terrace/patio	Terrasse/uteplass	Terrasse/Aussenplatz
Boat, canoe and bike for rent	Båt-, kano- og sykkelutleie	Boot, Kanu und Fahrrad zu mieten
VISA, MC accepted	Vi tar VISA, MC	Wir akzeptieren VISA, MC
Open summer: 15 June - 1 Sept.	Åpent sommer: 15. juni - 1. sept.	Geöffnet Sommer: 15. Juni - 1. Sept.
Open winter: 1 Nov - 15 Dec.	Åpent vinter: 1. nov. - 15. des.	Geöffnet Winter: 1. Nov. - 15. Dez.
English and some French spoken		Sprechen Deutsch

Welcome to Nordseter, with hiking possiblities right outside the door in summer and winter alike; fishing, mountain riding and moose safari, and in winter there is a ski school and ski rental. The rooms are on the first floor with beautiful view of Nevelfjell. On the ground floor the hosts run a cozy cafe and large kiosk. It's only 12 km. to Lillehammer with all that city has to offer. Bus stops right outside the door. Hunderfossen family park is a 30-min. drive.

Velkommen til Nordseter med turmuligheter rett utenfor døren såvel sommer som vinter, fiskemuligheter, fjellridning, elgsafari, og om vinteren er her skiskole og skiutleie. Rommene ligger i 2. etasje med vakker utsikt mot Nevelfjell. I 1. etasje driver vertskapet en hyggelig kafé og storkiosk. Det er bare 12 km til Lillehammer med alt byen har å tilby. Buss går rett utenfor døren. Hunderfossen familiepark 30 min. kjøring.

Seien Sie herzlich willkommen in Nordseter mit vielen Aktivitätsmöglichkeiten direkt vor der Tür, Sommer wie Winter: Angeln, Bergreiten, Elchsafari, Skischule und Skiverleih. Die Gästezimmer liegen in der zweiten Etage mit schöner Aussicht Richtung 'Nevelfjell'. In der ersten Etage betreiben die Gastgeber ein gemütliches Café und einen Kiosk. Es sind nur 12 km bis Lillehammer, mit allem, was eine Stadt zu bieten hat. Der Bus fährt direkt vor der Tür. 30 Min. Fahrtzeit zum Hunderfossen Familienpark.

Boenhet med selvhushold
Selfcatering / Selbsthaushalt

NBG

Oppland

Skåden Gård

Your host:
Anne Marie & Trond Skåden

Address:
Skåden Gård
N - 2636 Øyer
Phone: 61 27 81 60
Mobil: 97 65 93 01
Fax: 61 27 83 12
E-mail: am-skaad@frisurf.no
Web: www.skaaden-gaard.no

Best time to call:
08.00 - 16.00 / 18.00 - 23.00

Apt. and cabins for 2-6 persons No. of units: 8 A: Dwelling for up to 3 pers.: **250,-** B: Dwelling for up to 4 pers.: **500,-** C: Dwelling for up to 6 pers.: **850,-** All rental units: bath, kitchen, LR Shared bath for smallest utnits Bed linen fee: **75,-** Prices valid for 2008 TV in most rental units Terrace/patio/yard Discount off-season Open year round Some English spoken	Leil. og hytter for 2-6 personer Antall boenheter: 8 A: Boenhet for inntil 3 pers.: **250,-** B: Boenhet for inntil 4 pers.: **500,-** C: Boenhet for inntil 6 pers.: **850,-** Alle enheter: bad, kjøkken, stue De minste enhetene deler bad Tillegg for sengetøy: **75,-** Priser gyldig for 2008 TV i de fleste enheter Terrasse/uteplass/hage Rabatt utenom sesong Åpent hele året	Wohn. u. Hütten für 2-6 Pers. Anzahl Einheiten: 8 A: Wohn. für bis zu 3 Pers.: **250,-** B: Wohn. für bis zu 4 Pers.: **500,-** C: Wohn. für bis zu 6 Pers.: **850,-** Alle Einheiten: Bad, Küche, Stube Gemeins. Bad f. die kleinsten Einh. Mieten von Bettw.: **75,-** Preise gültig für 2008 TV in den meisten Einheiten Terrasse/Aussenplatz/Garten Ermässigung Nebensaison Ganzjährig geöffnet Sprechen etwas Englisch
Skåden Gard is located 20 km north of Lillehammer, lying high up in the valley with an incredible view of the valley and the Øyer community. The farm is steeped in tradition tracing its family roots back to 1734. Through many generations artifacts have been collected and today are exhibited in a small farm museum in the old store house. Goats with kids walk about in the courtyard. The Trondheim pilgrim route passes through the farm courtyard.	Skåden Gard finner du 20 km nord for Lillehammer, høyt oppe i dalsiden med storslått utsikt over Øyerbygda. Den gamle og tradisjonsrike gården har slektsrøtter tilbake til 1734. Gjennom flere generasjoner er det samlet gamle bruksgjenstander som idag utgjør et lite gårdsmuseum i det gamle stabburet. Geiter med killinger går i gardstunet. Pilegrimsleden mot Trondheim går gjennom gardstunet.	Skåden Gard liegt 20 km nördlich von Lillehammer, hoch oben am Hang mit einer großartigen Aussicht über die Landschaft von Øverbygda. Die Wurzeln dieses alten, traditionsreichen Hofs reichen zurück bis ins Jahr 1734. Über mehrere Generationen wurden historische Gebrauchsgegenstände gesammelt, die heute ein kleines Bauernhofmuseum füllen und in einem historischen Vorratshaus ausgestellt sind. Ziegen u. Zicklein laufen frei herum. Pilgerpfad nach Trondheim geht mitten durch den Hof.

B&B
Level of standard: ♣♣ & ♣♣♣

page **78**
Oppland

Skarsmoen Gård

Your host:
Marit & Anders Bleka
Address:
N - 2635 Tretten
Phone: **61 27 63 13**
Fax: **61 27 64 66**
E-mail: **info@skarsmoen.no**
Web: **www.skarsmoen.no**
Best time to call:
08.00 - 24.00

Double-/twin room: **950,-**	Dobbelt-/tosengsrom: **950,-**	Doppel-/Zweibettzi.: **950,-**
Single room: **650,-**	Enkeltrom: **650,-**	Einzelzimmer: **650,-**
No. of rooms: 6	Antall rom: 6	Anzahl Zimmer: 6
Discount for children	Rabatt for barn	Ermässigung für Kinder
Breakfast tray or -buffet	Frokostbrett eller bufét	Gedeckter Frühstückstisch/büffet
Prices valid for 2008 & 2009	Priser gyldig for 2008 & 2009	Preise gültig für 2008 & 2009
TV available	TV tilgjengelig	Zugang zu TV
Yard/garden	Hage	Garten
VISA, MC accepted	Vi tar VISA, MC	Wir akzeptieren VISA, MC
Open year round	Åpent hele året	Ganzjährig geöffnet
Some English spoken		Sprechen etwas Deutsch
Selfcatering units:	Enheter med selvhushold:	Einheiten mit Selbsthaushalt:
Cabins: **500,- to 1050,-**	Hytter: fra **500,- til 1050,-**	Hütten: **500,- zu 1050,-**
Bed linen fee: **90,-**	Sengetøy: **90,-**	Mieten von Bettwäsche: **90,-**
Breakfast available: **90,-**	Frokost kan serveres: **90,-**	Frühstück möglich: **90,-**
Cleaning fee: **50,- to 400,-**	Sluttrengjøring: **50,- til 400,-**	Endreinigung: **50,- zu 400,-**

The Skarsmoen Farm is located in an idyllic wilderness area between Øyer and Tretten. The main house, from 1760, is now fully restored and renovated.
The farm has a dairy herd. On marked walking trails you chance sightings of elk and deer. The flora is exceptional. 500 m from farm is Lågen in which you can fish trout and pike. In the winter there are prepared Nordic skiing trails.
This is the place for quiet contemplation, in inviting and well equipped rooms and huts.

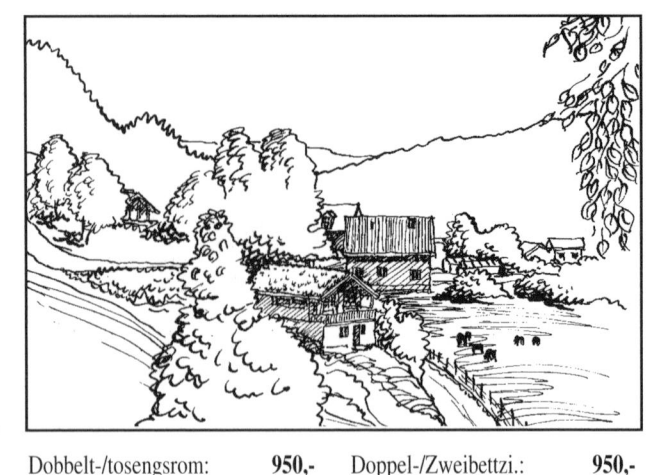

I et idyllisk skogområde mellom Øyer og Tretten ligger gården Skarsmoen, med hovedhus fra 1760, nå restaurert og ombygd.
På gården er det melkeproduksjon.
På merkede turstier kan du møte elg og småvilt. Floraen kan by på mange overraskelser. Det er 500 m til Lågen, hvor du kan fiske ørret, sik og harr.
Oppkjørte skiløyper på vinteren.
Vil du ha det stille og fredelig, ønsker vi deg velkommen til hyggelige og velutstyte rom og hytter.

Der Hof Skarsmoen liegt idyllisch in einer Waldgegend zwischen Øyer und Tretten und wird mit Milchwirtschaft betrieben. Das restaurierte, angebaute Haupthaus stammt aus 1760. Auf markierten Wanderpfaden mit reicher Flora kann man Elchen und Kleinwild begegnen. 500 m zum Angelfluss Lågen mit Forellen, Felchen und Äschen. Präparierte Loipen im Winter. Ruhiger, friedlicher Ferienplatz mit gemütlichen, gutausgestatteten Zimmern und Hütten.

B&B
Level of standard: ♣♣ & ♣♣♣

Oppland

Glomstad Gård

Your host:
Odd Pedersen &
Janna Glomstad

Address:
N - 2635 Tretten
Phone: 61 27 62 57
Mobil: 91 79 98 50
Fax: 61 27 69 77
E-mail: glogap@online.no
Web: www.glomstadgjestehus.no

Best time to call:
09.00 - 21.00

Double room:	660,-/860,-
Single room:	390,-/580,-
Extra bed:	100,-/150,-

No. of rooms: 26
Discount for children
Breakfast buffet
Dinner available
Prices valid for 2008
Yard/garden
TV available
VISA accepted
Open year round
English & Dutch spoken

Dobbeltrom:	660,-/860,-
Enkeltrom:	390,-/580,-
Ekstraseng:	100,-/150,-

Antall rom: 26
Rabatt for barn
Frokostbufféт
Mulighet for kjøp av middag
Priser gyldig for 2008
Hage
TV tilgjengelig
Vi tar VISA
Åpent hele året

Doppelzimmer:	660,-/860,-
Einzelzimmer:	390,-/580,-
Extrabett:	100,-/150,-

Anzahl Zimmer: 26
Ermässigung für Kinder
Frühstücksbüfett
Mittagessen auf Wunsch
Preise gültig für 2008
Garten
Zugang zu TV
Wir akzeptieren VISA
Ganzjährig geöffnet
Sprechen Deutsch

Glomstad Gård, 5 km from Tretten, has traditions dating back to the 16th century. Janna is the 12th generation on the farm. Janna's mother started hosting guests in 1942.
Today you find a modern vacation spot characterized by Gudbrandsdalen's rich village heritage, and Norwegian tradition is present in both interior design and local cuisine. The delicious food has been featured in newspaper articles. Friendly, homey and relaxed atmosphere. Short distance to Lillehammer, Hunderfossen Family Park, ski center, Rondane and Jotunheimen.

Glomstad Gård, 5 km fra Tretten, har tradisjoner tilbake til det 16. århundre, og Janna er 12. generasjon på gården. Jannas mor startet å ta imot gjester i 1942.
I dag er det et moderne feriested preget av Gudbrandsdalens rike bygdekultur, og norsk tradisjon preger såvel interiøret som kokkekunsten. Den gode maten har også ført til reportasjer i ukepressen. Her er det en vennlig, hjemmekoselig og avslappet atmosfære. Kort avstand til Lillehammer, Hunderfossen familiepark, skianlegg, Rondane og Jotunheimen.

Glomstad Gård, 5 km von Tretten entfernt, ist ein Traditionsbetrieb mit Wurzeln bis ins 16. Jahrhundert. Übernachtungsgäste kamen erstmals 1942.
Heute ist Glomstad ein moderner Urlaubsort, geprägt von der bäuerlichen Kultur des Gudbrandsdals. Norwegische Tradition ebenfalls bei Interieur und Kochkunst. Das schmackhafte Essen wurde in der Wochenpresse vorgestellt. Freundliche und gemütliche Atmosphäre. Unweit nach Lillehammer, zum Hunderfossen-Fam.park, zu Skigebieten sowie, zu den Nationalparks Rondane und Jotunheimen.

Boenhet med selvhushold | NBG | page **80**
Selfcatering / Selbsthaushalt | | **Oppland**

Sygard Romsås

Your host:
Aase Mork & Simen Borgedal

Address:
Brekkom
N - 2634 Fåvang
Phone: 61 28 24 15
Mobil: 91 18 92 00
E-mail: aas-b@online.no
Web: www.sygard-romsas.no

Best time to call:
16.00 - 23.00

A: Cabin for 2-6 persons
2 bedrooms, kitchenette, LR, DR
No plumbing, outdoor toilet
Price for whole unit: **650,-**

B: Apartment for 2-4 persons
1 bedroom and 1 sleeping alcove
Bath, kitchen, LR
Price for whole unit: **650,-**

Applies to both rental units:
Bed linen fee: **80,-**
Breakfast service available: **80,-**
Prices valid for 2008/09 & 2010
TV available
Terrace/patio/yard
Open year round
English spoken

Unit A is a mountain cabin on a charming old summer farm with many old buildings and beautiful scenery. In the summer farm animals graze in the pasture. In winter there is fine skiing. It's a short way to Kvitfjell alpine skiing center. The host offers full service through July to mid-August.
Unit B is an apartment on the farm, situated at altitude 650 m. on a mountain slope. The hosts raise sheep and have horses. There are good walking areas.

A: Hytte for 2-6 personer
2 soverom, tekjøkken, stue, sp.st.
Ikke innlagt vann, utedo
Pris for hele enheten: **650,-**

B: Leilighet for 2-4 personer
1 soverom og 1 sovealkove
Bad, kjøkken, stue
Pris for hele enheten: **650,-**

For begge enhetene gjelder:
Tillegg for sengetøy: **80,-**
Frokost kan serveres: **80,-**
Priser gyldig for 2008/09 & 2010
TV tilgjengelig
Terrasse/uteplass/hage
Åpent hele året

Enhet A er en hytte på fjellet i en sjarmerende, gammel setergrend med mange gamle hus og flott utsikt. Om somrene går mange husdyr fritt omkring på beite her. Om vintrene er det flott skiterreng. Kort vei til Kvitfjell alpinsenter.
Vertskapet tilbyr fullpensjon i tiden juli til midten av august.
Enhet B er en leilighet på garden. Den ligger i dalsiden 650 m.o.h.
Vertskapet driver med sau og har hest på garden. Også her er det fint turterreng.

A: Hütte für 2-6 Personen
2 Schlafzimmer, Teeküche, Stube
Kein fl. Wasser innen, Plumpsklo
Ganze Einheit: **650,-**

B: Wohnung für 2-4 Personen
1 Schlafraum u. 1 Schlafalkoven
Bad, Küche, Stube
Ganze Einheit: **650,-**

Für beide Einheiten gilt:
Mieten von Bettwäsche: **80,-**
Frühstück auf Bestellung: **80,-**
Preise gültig für 2008/09 & 2010
Zugang zu TV
Terrasse/Aussenplatz/Garten
Ganzjährig geöffnet
Sprechen etwas Deutsch

Einheit A ist eine Hütte auf dem Berg in einer bezaubernden alten Almortschaft mit vielen alten Häusern und einer schönen Aussicht. Im Sommer kann man viele grasende Tiere beobachten.
Schöne Ski-Umgebung im Winter. Kurzer Weg zum Kvitfjell Alpin Center. Die Gastgeberin bietet von Juli bis Mitte August Vollpension an. Einheit B ist eine Wohnung im Hof. Sie liegt auf der Talseite 650 m.ü.NN. Die Gastgeberin hält dort Schafe und Pferde. Schöne Ausflugsgebiete in der Umgebung.

Boenhet med selvhushold
Selfcatering / Selbsthaushalt

Oppland

Valbjør Gard

Your host:
Live Hosar & Kai Valbjør

Address:
Nordherad
N - 2680 Vågå
Phone: 61 23 70 59
Mobil: 90 82 29 89
Fax: 61 23 73 01
E-mail: post@valbjoer.no
Web: www.valbjoer.no

Best time to call:
09.00 - 22.00

A: 'Vetlestugu' for 2 pers.
Bath, kitchen, LR, sleeping alcove

B: 'Nørdre stugu' for 4-8 pers.
3 bedrooms, bath, kitchen, LR

C: 'Aasheimstugu' for 4-5 pers.
2 bedrooms, bath, kitchen, LR

A-C: Pris per pers.: **400,- to 500,-**

D: 2 loft rooms, pr. pers: **300,-**

Bed linen included
Discount for children
Prices valid for 2008
TV available
Terrace/patio/yard
Open year round
English spoken

A: 'Vetlestugu' for 2 pers.
Bad, kjk., stue, sovealkove

B: 'Nørdre stugu' for 4-8 pers.
3 soverom, bad, kjøkken, stue

C: 'Aasheimstugu' for 4-5 pers.
2 soverom, bad, kjøkken, stue

A-C: Pris pr. pers.: **400,- til 500,-**

D: 2 loftsrom, pr. pers: **300,-**

Sengetøy er inkludert
Rabatt for barn
Priser gyldig for 2008
TV tilgjengelig
Hage/terrasse/uteplass
Åpent hele året

A: 'Vetlestugu' für 2 Pers.
Bad, Küche, Stube, Schl.Alkoven

B: 'Nørdre stugu' für 4-8 Pers.
3 Schlafzi., Bad, Küche, Stube

C: 'Aasheimstugu' für 4-5 Pers.
2 Schlafzi., Bad, Küche, Stube

A-C: Preis pro Pers.: **400,- bis 500,-**

D: 2 Schlafböden, pro Pers: **300,-**

Inkl. Bettwäsche
Ermässigung für Kinder
Preise gültig für 2008
Zugang zu TV
Garten/Terrasse/Aussenplatz
Ganzjährig geöffnet
Sprechen etwas Deutsch

At Valbjør Farm you are staying at a heritage building featuring many old timber houses. A burial mound bears witness to a settlement of 1,000 years ago. Your hosts focus on organic farm operations. The farm has sheep, goats, horses, dogs, cats and pigs and hens in the summer. The farm's store has food and handicrafts, and a pub in an old grain shed. The farm is on a sunny hillside with a view of snowy peaks and green Lake Vågå. Hiking terrain.

På Valbjør Gard får du bo på en fredet gard med mange gamle tømmerhus. En gravhaug vitner om bosetning her for 1000 år siden. Vertskapet driver økologisk gårdsdrift. På gården er det sau og geit, hester, hund og katter, om sommeren; griser og høner. Egen gårdsbutikk med mat og husflidsvarer, og pub i en gammel kornbu. Gården ligger høyt oppe i solsiden med utsikt mot snøkledde fjell og grønt Vågåvann. Fint turterreng.

Auf dem denkmalgeschützten Hof wohnt man in historischen Blockhütten. Ein Hügelgrab erinnert an mehr als 1000-jährige Besiedelung. Öko-Landwirtschaft. Schafe, Ziegen, Pferde, Hunde u. Katzen auf dem Hof, im Sommer auch Schweine und Hühner. Bauernhofladen mit Lebensmitteln und Kunstgewerbe, Pub in der alten Getreidekate. Der Hof liegt hoch oben (Sonnenseite) mit schöner Aussicht auf schneebedeckte Berge und den grün schimmernden See Vågåvann. Wandergebiet.

Boenhet med selvhushold
Selfcatering / Selbsthaushalt

NBG

page 82
Oppland

Strind Gard

Your host:
Anne Jorunn & Trond Dalsegg

Address:
Strind Gard
N - 2686 Lom
Phone: 61 21 12 37
Mobil: 91 87 52 48
E-mail: post@strind-gard.no
Web: www.strind-gard.no

Best time to call:
16.00 - 23.00

A: 'Låvebrua' apt. for 5 persons	**A:** 'Låvebrua', leil. for 5 personer	**A:** 'Låvebrua', für 5 Pers.
Price for whole unit: **450,-**	Pris for hele enheten: **450,-**	Ganze Einheit: **450,-**
Extra per pers. over 3 pers.: **40,-**	Tillegg pr. pers. over 3 pers.: **40,-**	Extra pro Person ü. 3 Pers.: **40,-**
B: 'Eldhuset' for 2 persons	**B:** 'Eldhuset' for 2 personer	**B:** 'Eldhuset' für 2 Pers.
Price for whole unit: **220,-**	Pris for hele enheten: **220,-**	Ganze Einheit: **220,-**
C: 'Stabburet' for 2-3 persons	**C:** 'Stabburet' for 2-3 personer	**C:** 'Stabburet' für 2-3 Personen
Price for whole unit: **300,-**	Pris for hele enheten: **300,-**	Ganze Einheit: **300,-**
D: 'Gammelstugu' 1.fl. for 5 pers.	**D:** 'Gammelstugu', 1. etg., 5 pers.	**D:** 'Gammelstugu' 1. Etg., 5 Pers.
Price for whole unit: **450,-**	Pris for hele enheten: **450,-**	Ganze Einheit: **450,-**
Extra per pers. over 3 pers.: **40,-**	Tillegg pr. pers. over 3 pers.: **40,-**	Extra pro Person ü. 3 Pers.: **40,-**
E: 'Gammelstugu' 2.fl. for 3 pers.	**E:** 'Gammelstugu', 2. etg., 3 pers.	**E:** 'Gammelstugu' 2. Etg., 3 Pers.
Price for whole unit: **300,-**	Pris for hele enheten: **300,-**	Ganze Einheit: **300,-**
F/G: Apt./Cabin for 4-6 persons	**F/G:** Leil./hytte for 4-6 personer	**F/G:** Wohn./Hütten für 4-6 Pers.
Price for whole unit: **700,-**	Pris for hele enheten: **700,-**	Ganze Einheit: **700,-**
Extra per pers. over 4 pers.: **50,-**	Tillegg pr. pers. over 4 pers.: **50,-**	Extra pro Person ü. 4 Pers.: **50,-**
Applies to all rental units:	For alle enhetene gjelder:	Für alle Einheiten gilt:
Bed linen fee: **50,-**	Tillegg for leie av sengetøy: **50,-**	Mieten von Bettwäsche: **50,-**
A-E: Common sanitary fac. & ktch.	A-E: felles sanitæranlegg & kjk.	A-E: Gem. Sanitäranl. & Küche
Breakfast service available	Frokost kan serveres	Frühstück auf Bestellung
Prices valid for 2008	Priser gyldig for 2008	Preise gültig für 2008
Internet available	Internett tilgjengelig	Zugang zu Internet
Terrace/garden and grill	Terasse/uteplass/hage og grill	Terrasse/Aussenplatz und Grill
Bike for rent / Sauna available	Sykkelutleie / Badstu tilgjengelig	Fahrrad zu mieten / Sauna
Open year round	Åpent hele året	Ganzjährig geöffnet
English spoken		Sprechen etwas Deutsch
Cozy farmyard with a pleasant mix of old and new structures. Great base for day-trips, by foot or car, to Jotunheimen. Livestock includes sheep and horses.	Koselig gardstun med blanding av eldre og nyere bebyggelse. Fint utgangspunkt for dagsturer i Jotunheimen til fots eller bilturer. Det er sau og hest på garden.	Gemütlicher Bauernhof mit älteren und neueren Gebäuden. Schöner Ausgangspunkt für Tagestouren ins Jotunheimen-Gebirge zu Fuß oder mit Auto.

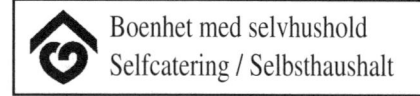

Boenhet med selvhushold
Selfcatering / Selbsthaushalt

NBG

page **83**
Oppland

Storhaugen

Your host:
Joar Slettede

Address:
Storhaugen
N - 2687 Bøverdalen
Phone: 61 21 20 69
Mobil: 91 10 89 42
Fax: 61 21 20 69
E-mail: info@storhaugengard.no
Web: www.storhaugengard.no
Best time to call:
10.00 - 22.00

A: Log cabin for 2-6 personer
2 bedrooms, bath, kitchen, LR
Price for whole unit: **700,-/850,-**

B: Apartments for 4-9 pers. (4x)
1-2 bedrooms, bath, kitchen/LR
Price for whole unit: **700,-/1000,-**

C: Apartments for 8-16 pers. (2x)
4 bedrooms, 2 bath, kitchen/LR
Whole unit: **1200,-/2000,-**

D: Log cabin for 14 persons
No. of bedrooms: 5
2 baths, 2 WC, kitchen 2 LR
For whole unit: **1500,-/2000,-**

Applies to all rental units:
Bed linen fee: **80,-**
Cleaning fee: **250,-/350,-**
Prices valid for 2008/09 & 2010
TV/Internet available
Terrace/patio
Pets welcome
VISA, MC accepted
Open Easter - 1 Nov.
Some English spoken

A: Tømmerhytte for 2-6 personer
2 soverom, bad, kjøkken, stue
Pris for hele enheten: **700,-/850,-**

B: Leiligheter for 4-9 pers. (4x)
1-2 soverom, bad, kjøkken/stue
Pris for hele enheten: **700,-/1000,-**

C: Leiligheter for 8-16 pers. (2x)
4 soverom, 2 bad og kjøkken/stue
Hele enheten: **1200,-/2000,-**

D: Tømmerhytte for 14 personer
Antall soverom: 5
2 bad, 2 WC, kjøkken, 2 stuer
For hele enheten: **1500,-/2000,-**

For alle enhetene gjelder:
Tillegg for sengetøy: **80,-**
Sluttrengjøring: **250,-/350,-**
Priser gyldig for 2008/09 & 2010
TV/Internett tilgjengelig
Terrasse/uteplass
Kjæledyr velkommen
Vi tar VISA, MC
Åpent: Påske - 1. nov.

A: Blockhütte für 2-6 Personen
2 Schlafzi., Bad, Küche, Stube
Ganze Einheit: **700,-/850,-**

B: Wohnung für 4-9 Personen (4x)
1-2 Schlafzi., Bad, Küche/Stube
Ganze Einheit: **700,-/1000,-**

C: Wohnung für 8-16 Pers. (2x)
4 Schlafzi., 2 Bad, Küche/Stube
Ganze Einheit: **1200,-/2000,-**

D: Blockhütte für 14 Personen
Anzahl Schlafzimmer: 5
2 Bäder, 2 WC, Küche, 2 Stuben
Ganze Einheit: **1500,-/2000,-**

Für alle Einheiten gilt:
Mieten von Bettwäsche: **80,-**
Endreinigung: **250,-/350,-**
Preise gültig für 2008/09 & 2010
Zugang zu TV/Internet
Terrasse/Aussenplatz
Haustiere willkommen
Wir akzeptieren VISA, MC
Geöffnet Ostern - 1. Nov.
Sprechen etwas Deutsch.

Mountain farm with active farm life including goats and other livestock. On the outskirts of Jotunheimen with excellent hiking areas. Rich in cultural activities. Summer ski center 13 km. Cave and glacier tours.

Fjellgård med levende gårdsmiljø, geiter og andre dyr. I utkanten av Jotunheimen med turmuligheter og kulturopplevelser. Sommerskisenter 13 km, grottebesøk og brevandring. Maiferie med skitur på Sognefjellet.

Berghof mit typischer Bauernhofatmosphäre. Am Rande des Jotunheimen gelegen, gute Wandermöglichkeiten und kult. Sehenswürdigkeiten. 13 km zum Sommerskizentrum, außerdem Grotten- und Gletscherwanderungen.

B&B
Level of standard: ♣ ♣

NBG

page **84**
Oppland

Sørre Hemsing

Your host:
Berit & Arne Nefstad
Address:
Heensgarda
N - 2975 Vang i Valdres
Phone: **61 36 72 70**
Mobil: **97 16 84 58**
E-mail: **post@sorrehemsing.no**
Best time to call:
09.00 - 22.00

Double room:	850,-/950,-
Single room:	475,-/575,-

No. of rooms: 6
Children under 12:   175,-
Laid breakfast table
Prices valid for 2008 & 2009
TV/Internet available
Terrace/patio
Boat for rent
Open year round
Some English spoken

Dobbeltrom:	850,-/950,-
Enkeltrom:	475,-/575,-

Antall rom: 6
Barn under 12:   175,-
Dekket frokostbord
Priser gyldig for 2008 & 2009
TV/Internett tilgjengelig
Terrasse/uteplass
Båtutleie
Åpent hele året

Doppelzimmer:	850,-/950,-
Einzelzimmer:	475,-/575,-

Anzahl Zimmer: 6
Kinder unter 12:   175,-
Gedeckter Frühstückstisch
Preise gültig für 2008 & 2009
Zugang zu TV/Internet
Terrasse/Aussenplatz
Boot zu mieten
Ganzjährig geöffnet
Sprechen etwas Englisch

Sørre Hemsing is a beautiful example of a Norwegian historical landmark. The farm consists of two farmhouses, barn, stall, millhouse, smithy and drying hut. Awarded "Olavsrosa" for its historic quality.
Some of the structures are newly renovated while others are not quite finished. The farm's unique character is well preserved in its interiors and furnishings. The kitchen and bathrooms are both modern and comfortable. Vang is a mountain village whose main activities are sheep, goat and cattle raising. Mountain dairy farming is a summertime activity that often brings livestock to Sørre Hemsing.

Sørre Hemsing er et vakkert eksempel på norsk kulturhistorie. Gården består av to våningshus, fjøs, bu, låve, kvernhus, smie og tørkehus. Tildelt Olavsrosa for sin historiske miljøkvalitet.
Noen av husene er nyrestaurerte, mens noen ikke er helt ferdige ennå. Det unike særpreget ved gården er godt bevart i interiør og møblement, dog er kjøkken og bad både moderne og lekre.
Vang er ei fjellbygd der næringsveien er sau, geit og ku. På sommerstid er det en del stølsdrift, og da er det gjerne dyr på Sørre Hemsing.

Das Gehöft ist ein schönes Beispiel für die bäuerliche Kultur Norwegens. Zwei Wohnhäuser, Stall, Speicher, Scheune, Mühlenhaus, Schmiede und Darre (hist. Trockenanlage für Getreide).
Aufgrund seiner historischen Milieuqualität mit der Olavsrose ausgezeichnet. Die meisten Gebäude wurden in den letzten Jahren restauriert. Die besondere Atmosphäre wurde auch bei der Möblierung beibehalten. Modern und einladend sind Küche und Bad.
Vang ist eine Siedlung mit Schaf-, Ziegen- und Viehwirtschaft. Während der bewirtschafteten Zeit im Sommer sind auf Sørre Hemsing viele Tiere zu sehen.

B&B
Level of standard: ♣ ♣ ♣

page **85**
Oppland

Herangtunet

Your host:
Robeerst

Address:
Herangtunet
N - 2940 Heggenes
Phone: **61 34 16 65**
Mobil: **97 63 33 10**
E-mail: **info@herangtunet.com**
Web: **www.herangtunet.com**

Best time to call:
08.00 - 23.00

Double room: **800,-**	Dobbeltrom: **800,-**	Doppelzimmer: **800,-**
No. of rooms: 6	Antall rom: 6	Anzahl Zimmer: 6
Discount for children	Rabatt for barn	Ermässigung für Kinder
Laid breakfast table	Dekket frokostbord	Gedeckter Frühstückstisch
Lunch and dinner possible	Mulighet for lunsj og middag	Mittag-/Abendessen auf Wunsch
Prices valid for 2008	Priser gyldig for 2008	Preise gültig für 2008
Internet available	Internett tilgjengelig	Zugang zu Internet
Terrace/patio/yard	Terrasse/uteplass/hage	Terrasse/Aussenplatz/Garten
Boat for rent	Båtutleie	Boot zu mieten
VISA, MC accepted	Vi tar VISA, MC	Wir akzeptieren VISA, MC
Open year round	Åpent hele året	Ganzjährig geöffnet
English, Dutch & French spoken		Sprechen Deutsch

At Herangtunet Marco and Marie-José from Amsterdam are welcoming you. Marie-José is an interior designer and Marco is a graphic designer. A few years ago they decided to set up a guesthouse in Norway. Step by step Herangtunet has been transformed into a pleasant environment with beautiful and charming stylish interiors.
Herangtunet is an ideal starting point for holidays in Norway through all seasons. The village is situated in one of Norway's sunniest regions, close to lakes, a ski resort and the Jotunheimen National Park.

På Herangtunet vil Marco og Marie-José fra Amsterdam ønske deg velkommen. Marie-José er interiørdesigner og Marco er grafisk formgiver. For noen år siden bestemte de seg for å starte et gjestehus i Norge. Skritt for skritt har Herangtunet blitt omskapt til et sjarmerende sted med koselige og stilig dekorerte rom.
Herangtunet er et ideelt utgangspunkt for ferie i Norge til alle årstider. Fagernes ligger i et av de mest solrike områdene i Norge, nært til innsjøer, nært skianlegg og Jotunheimen nasjonalpark.

Marco und Marie-José aus Amsterdam heissen Sie herzlich auf Herangtunet willkommen. Marie-José ist Innenarchitektin und Marco Grafikdesigner. Vor einigen Jahren beschlossen die beiden ein Gästehaus in Norwegen zu eröffnen und so wurde Herangtunet Schritt für Schritt zu einem charmanten Haus mit gemütlichen und stilvollen Zimmern umgebaut.
Zu jeder Jahreszeit ist Herangtunet ein idealer Ausgangspunkt für Urlaub in Norwegen: Fagernes liegt in der sonnigsten Gegend des Landes, in der Nähe von Seen, einer Skianlage und dem Jotunheimen Nationalpark.

B&B
Level of standard: ♣

Oppland

Furulund Pensjonat

Your host:
Rob & Betty van Kruining

Address:
N - 2960 Røn (Valdres)
Phone: 61 42 33 39
Mobil: 90 96 56 69

E-mail:
info@furulundpensjonat.com
Web: www.furulundpensjonat.com

Best time to call:
08.00 - 22.00

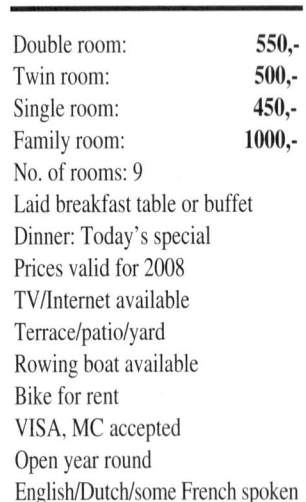

Double room:	550,-	Dobbeltrom:	550,-	Doppelzimmer:	550,-
Twin room:	500,-	Tosengsrom:	500,-	Zweibettzimmer:	500,-
Single room:	450,-	Enkeltrom:	450,-	Einzelzimmer:	450,-
Family room:	1000,-	Familierom:	1000,-	Familienzimmer:	1000,-

No. of rooms: 9
Laid breakfast table or buffet
Dinner: Today's special
Prices valid for 2008
TV/Internet available
Terrace/patio/yard
Rowing boat available
Bike for rent
VISA, MC accepted
Open year round
English/Dutch/some French spoken

Antall rom: 9
Frokostbord eller buffét
Middag: Dagens rett
Priser gyldig for 2008
TV/Internett tilgjengelig
Terrasse/uteplass/hage
Robåt kan lånes
Sykkelutleie
Vi tar VISA, MC
Åpent hele året

Anzahl Zimmer: 9
Frühstückstisch o. büffet
Mittagessen: Tagesgericht
Preise gültig für 2008
Zugang zu TV/Internet
Terrasse/Aussenplatz/Garten
Ruderboot zu leihen
Fahrrad zu mieten
Wir akzeptieren VISA, MC
Ganzjährig geöffnet
Sprechen Deutsch

Furulund has been a tourist mecca for the past hundred years. In the beautiful Valdres valley you'll find a bountiful cultural landscape, forests and lakes. At nearby Jotunheimen mountains peaks rise to altitude over 2,000 m. There are numerous possibllities for outdoor activities the year round. Large open-air museum at Fagernes, stave churches, ancient stone carvings, runesones and burial sites are but a few.
Furulund is a cozy place where you can relax and meet other guests by the fireplace in the lounge.

Furulund har vært drevet som turiststed siden begynnelsen av 1900-tallet. I vakre Valdres finner du frodige kulturlandskap, skoger og innsjøer. I Jotunheimen kan du oppleve topper på over 2000 m. Utallige muligheter for utendørsaktiviteteter året rundt. Stort friluftsmuseum på Fagernes (14 km). Stavkirker, helleristninger, runestein og gravrøyser i området.
Furulund er et hyggelig sted hvor du kan slappe av og møte andre gjester. Salong og peisestue.

Furulund ist seit dem 18. Jahrhundert eine Touristenstadt. Im schönen Valdres finden Sie eine üppige Kulturlandschaft, Wälder und Seen. In Jotunheimens Berglandschaft können Sie Gipfel auf über 2000 m erleben. Das ganze Jahr bietet die Umgebung unzählige Möglichkeiten für Aussenaktivitäten. Stabkirchen und Felszeichnungen, Runesteine und Grabsteinhaufen. Grosses Freiluftmuseum in Fagernes (14 km).
Furulund ist ein gemütlicher Ort, wo man ausspannen und andere Gäste treffen kann. Wohn- und Kaminzimmer vorhanden.

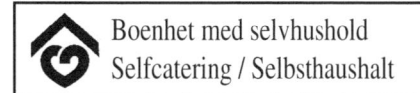

Boenhet med selvhushold
Selfcatering / Selbsthaushalt

page **87**
Oppland

Grønebakke Gard i Valdres

Your host:
Mette Overdevest

Address:
Grønebakke
N - 2917 Skrautvål
Phone: 61 36 37 87
Mobil: 97 57 49 10
E-mail: gronebakke@online.no

Best time to call:
09.00 - 21.00

Guesthouse for 2-8 persons	Gjestehus for 2-8 personer	Gästehaus für 2-8 Personen
3 bedrooms, bath, kitchen, LR	3 soverom, bad, kjøkken, stue	3 Schlafzi., Bad, Küche, Stube
Price for whole unit: **750,-**	Pris for hele enheten: **750,-**	Ganze Einheit: **750,-**
Bed linen fee: **100,-**	Tillegg for sengetøy: **100,-**	Mieten von Bettwäsche: **100,-**
Prices valid for 2008	Priser gyldig for 2008	Preise gültig für 2008
TV available	TV tilgjengelig	Zugang zu TV
Patio/yard	Uteplass/hage	Aussenplatz/Garten
Pets welcome	Kjæledyr velkommen	Haustiere willkommen
Reservations required	Forhåndsbestilling nødvendig	Vorbestellung nötig
Open year round	Åpent hele året	Ganzjährig geöffnet
English spoken		Sprechen etwas Deutsch

Grønebakke Gard is an inviting farmyard with main building, storehouse and barn from the 1850s. The guesthouse was fully restored in 1997-98. It sits alone and peaceful with a view of other farmsteads lower in the valley and toward the Jotenheimen mountains and to the south toward Fagernes.
The hosts are a young family with three children. There are many activities available both summer and winter. Valdres ski center, with lighted ski trails and large network of maintained trails in forest and mountain terrain, is only 1 km. away.

Grønebakke gard er et trivelig tun med hovedbygning, stabbur og stall fra 1850-tallet. Utleiehuset ble fullstendig restaurert i 1997/-98. Det ligger fritt og fredelig og litt for seg selv med flott utsikt mot bygda nede i dalen og mot fjellene i Jotunheimen og sørover mot Fagernes.
Vertskapet er en ung og hyggelig familie med tre barn.
Mange muligheter for spennende og varierte dager både sommer og vinter. 1 km til Valdres skisenter med lysløype og et stort nett av preparerte løyper i skogs- og fjell-terreng.

Grønebakke gard ist ein gemütlicher Hofplatz von 1850 mit Hauptgebäude, Speicher und Stall. Das Gästehaus wurde 1997/98 vollständig restauriert. Es ist ein frei und etwas abseits stehendes Haus, mit schöner Aussicht auf das Dorf im Tal, die Berge in Jotunheimen und Richtung Süden nach Fagernes. Die Gastgeber sind eine junge, nette Familie mit drei Kindern. Viele Möglichkeiten für spannende und abwechslungsreiche Tage im Sommer wie im Winter. 1 km bis Valdres Ski Center mit beleuchteter Piste und einem grossen Netz von präparierten Pisten im Wald- und Berggelände.

B&B
Level of standard: ♣ ♣

Buskerud

Laa Gjestestugu

Your host:
Lise Laa

Address:
Øvre Ål
N - 3570 Ål
Phone: 32 08 12 12
Mobil: 93 86 82 99
Fax: 32 08 12 12

Best time to call:
08.00 - 23.00

Double- and single rooms	Dobbeltrom og enkeltrom	Doppel- und Einzelzimmer
Price per person: **380,-**	Pris pr. pers.: **380,-**	Preis pro Pers.: **380,-**
No. of rooms: 2	Antall rom: 2	Anzahl Zimmer: 2
Discount for children	Rabatt for barn	Ermässigung für Kinder
Breakfast tray	Frokostbrett	Frühstückstablett
Selfcatering possible	Selvhushold er mulig	Selbsthaushalt möglich
Prices valid for 2008	Priser gyldig for 2008	Preise gültig für 2008
TV available	TV tilgjengelig	Zugang zu TV
Terrace/patio	Terrasse/uteplass	Terrasse/Aussenplatz
Bike for rent	Sykkelutleie	Fahrrad zu mieten
Open year round	Åpent hele året	Ganzjährig geöffnet
English spoken		Sprechen etwas Deutsch

In the country farm courtyard are 9 houses: the oldest being from 1706. For rent is a recent wooden guesthouse which offers high standard with a fireplace and Jacuzzi, washing machine and dish washer. Large common-room.
The farm is situated 720 m. above sea level on the sunny side of the valley with a view. Neighboring farm offers horseback riding, sleigh ride in the winter and use of carriage in summer.
Hiking facilities with marked trails.

Nybygget gjestehus i tømmer. Gårdstunet har ni hus; det eldste er fra 1706. Hytten/gjestehuset har høy standard med peis og boblebad, vaskemaskin og oppvaskmaskin. Stor fellesstue.
Gården ligger på solsiden av dalen, på 720 m.o.h., med fin utsikt. Det er muligheter for å ri på hester hos en nabo, kanefart om vinteren og med vogn om sommeren. Muligheter for foturer på merkede stier.

Neuerbautes Gästeblockhaus auf einem Gehöft mit 9 Gebäuden; das älteste von 1706. Hütte und Gästehaus sind komfortabel und haben Kamin und Whirlpool, Waschmaschine u. Spülmaschine. Grosse gemeinsame Stube.
Der Hof liegt auf der Sonnenseite des Tals auf 720 m ü.NN. mit schöner Aussicht. Ganzjährige Reitmöglichkeiten beim Nachbarn (exkl. Schulferien), Pferdekutschfahrten (im Winter Pferdeschlittentouren). Markierte Wanderpfade.

"Wherever we are, it is our friends that make our world." ~ unknown ~

B&B
Level of standard: ♣ ♣ ♣

NBG

Buskerud

Hagaled Gjestegård

Your host:
Sigrunn Bæra Svenkerud

Address:
**Alfarvegen
N - 3540 Nesbyen**
Phone: 32 07 10 07
Mobil: 41 41 92 16
E-mail: post@hagaled.no
Web: www.hagaled.no

Best time to call:
10.00 - 22.00

Cabin for 2 persons: **850,-**	Hytte for 2 personer: **850,-**	Hütten für 2 Pers.: **850,-**
Double room: **800,-**	Dobbeltrom: **800,-**	Doppelzimmer: **800,-**
1 pers. in double room: **550,-**	1 pers. i dobbeltrom: **550,-**	1 Pers. in Doppelzimmer: **550,-**
Extra bed: **200,-**	Ekstraseng: **200,-**	Extra Bett: **200,-**
No. of rooms: 6	Antall rom: 6	Anzahl Zimmer: 6
Laid breakfast table	Dekket frokostbord	Gedeckter Frühstückstisch
Selfcatering possible	Selvhushold er mulig	Selbsthaushalt möglich
Prices valid for 2008 & 2009	Priser gyldig for 2008 & 2009	Preise gültig für 2008 & 2009
TV in all rooms/Internet available	TV på alle rom/Internett	TV auf allen Zimmern/Internet
Terrace/patio/yard	Terrasse/uteplass/hage	Terrasse/Aussenplatz/Garten
Bike for rent	Sykkelutleie	Fahrrad zu mieten
Open year round	Åpent hele året	Ganzjährig geöffnet
English spoken		Sprechen etwas Deutsch

Ancestral farm featuring old Halling-style houses and restored storage houses from the 1600's for accommodations in an traditional environment. Rental units of good standard – restored in the style of olden days. Local activities/attractions: Folk museum, meteorite craters, bicyling, fishing, walking trails, alpine ski center, outdoor swimming facility, Langedrag Nature Park and Vassfaret Bear Park.

Directions:
In the roundabout in Nesbyen go south along Alfarvegen with the church on your right. After 600 m: Hagaled on your right, white fence.

Gammel slektsgård med hallingstugu og stabbur fra 1600-tallet tilbyr overnatting i tradsjonsrikt miljø. Boenheter med god standard, restaurert i gammel stil. Aktiviteter i området: Folkemuseum, meteorittkrater, sykling, fiske, merkede turstier, alpinanlegg, friluftsbad, Langedrag naturpark og Vassfaret bjørnepark.

Veibeskrivelse:
I rundkjøringen i Nesbyen sentrum ta sørover, langs Alfarvegen med Nes kirke på høyre hånd. Etter ca. 600m er Hagaled på høyre side av veien. Se etter et hvitt stakittgjerde.

Alter Erbhof mit "Hallingstugu" (Hütte) und Speicherhaus aus dem 17. Jahrhundert bietet Übernachtungen in traditionsreicher Atmosphäre an. Wohneinheiten mit hohem Standard. Zahlreiche Aktivitäten in der Umgebung: Volksmuseum, Meteoritenkrater, Angeln, Wanderwege, Alpinzentrum, Freibad, Langedrag Naturpark und Vassfaret Bärenpark.

Wegbeschreibung:
Am Kreisverkehr in Nesbyen in Richtung Süden abzweigen, den Alfarvegen entlang (Kirche rechterhand). Nach ca. 600 m liegt Hagaled an der rechten Straßenseite. Weißer Gartenzaun.

B&B
Level of standard: ♣ ♣ ♣

Buskerud

Sevletunet

Your host:
Gro Sevle

Address:
N - 3630 Rødberg
Phone: **32 74 15 86**
Mobil: **97 66 56 38**
E-mail: post@sevletunet.no
Web: www.sevletunet.no

Best time to call:
08.00 - 23.00

Double room:	**760,-**
Single room:	**530,-**

No. of rooms: 3
Breakfast buffet
Selfcatering possible:
1 Cabin / 2 Apt.: from **400,-/660,-**
Prices valid for 2008
Birch firewood is included
TV available
Terrace/patio/yard
Boat and bike for rent
Open year round
English spoken

Dobbeltrom:	**760,-**
Enkeltrom:	**530,-**

Antall rom: 3
Frokostbufféт
Selvhushold er mulig:
1 hytte / 2 leil.:   fra **400,-/660,-**
Priser gyldig for 2008
Bjørkeved til peisen er inkludert
TV tilgjengelig
Terrasse/uteplass/hage
Båt- og sykkelutleie
Åpent hele året

Doppelzimmer:	**760,-**
Einzelzimmer:	**530,-**

Anzahl Zimmer: 3
Frühstücksbüfett
Selbsthaushalt möglich:
1 Hütte / 2 Wohn.: von **400,-/660,-**
Preise gültig für 2008
Brennholz im Preis enthalten
Zugang zu TV
Terrasse/Aussenplatz/Garten
Boot u. Fahrrad zu mieten
Ganzjährig geöffnet
Sprechen Deutsch

Sevletunet - "the old farm" – is in the valley of Numedal, found on the road between Oslo and Bergen, the fastest and most beautiful route with the least traffic.
Sevletunet is a small, authentic B&B with history in the walls, combined with modern comfort. All rooms have a rustic atmosphere. Perfect for a stay overnight on your way to the fjords.
Especially suitable for families and culturally interested persons. Hardangervidda within 30 min. by car. Marvellous (check spelling of marvellous) hiking possibilities. Near the wild life park Langedrag, where you can see people associate with wolves.

I tre restaurerte bygninger kan du bo i historiske omgivelser; hovedhuset fra 1850, en ombygd låve og badstua/Rallarstua – begge disse fra 1700, alle med gammeldags atmosfære, tømmervegger og peis. Sjarmerende soverom. Både hovedbygning og gjestelåven kan også leies som storhytte med plass til flere familier. Stort grønt tun som innbyr til gode aktiviteter. Omvisning og fortelling for små og store grupper. Hør bl.a. den spennende historien om Sevleguten. Fiske ved gården.
Her er fint å arrangere møter, konferanser, kurs og selskaper. Nærmeste overnatting til villmarksparken Langedrag.

Wir heißen Sie auf dem Hof Sevletunet willkommen, dem "alten Hof" Im Tal Numedal, perfekt gelegen zwischen Oslo und Bergen: Diese Route ist die schnellste und schönste, ohne viel Verkehr. Ein Gasthof mit Charakter und einer langen Geschichte. Hier werden Tradition mit moderner Ausstattung kombiniert. Perfekt für eine Übernachtung auf dem Weg zu den westnorw. Fjorden. Urlaubsort für Familien und alle, die sich für norw. Kultur und Geschichte interessieren. Sevletunet befindet sich in der Nähe des Hochplateaus Hardangervidda 30 Min. m. d. Auto. Besuchen Sie auch unbedingt den Naturpark Langedrag..

Boenhet med selvhushold
Selfcatering / Selbsthaushalt

Buskerud

Søre Traaen

Your host:
Jorun & Olav Traaen

Address:
**Søre Traaen
N - 3626 Rollag**
Phone: 32 74 68 38
Mobil: 92 64 86 41
Fax: 32 74 69 15 mrk: "O.Traaen"
E-mail: olav@traaen.no
Web: www.traaen.no

Best time to call:
09.00 - 22.00

A: 'Gamlestugu'
Guesthouse for 2-10 persons
No. of bedrooms: 3
Own bath, kitchen, 2 LRs

B: 'Eldhuset'
Guesthouse for 1-5 persons
Bedroom, bath, kitchenette, LR

Applies to both rental units:
Whole unit, 1 pers.:	**450,-**
Whole unit, 2-3 pers.:	**650,-**
Over 4 pers., per pers.:	**200,-**
Bed linen fee:	**75,-**
Breakfast on request:	**70,-**

Prices valid for 2008/09 & 2010
TV
Terrace/patio
Boat and bike for rent
Open year round
English spoken

A: 'Gamlestugu'
Gjestehus for 2-10 personer
Antall soverom: 3
Eget bad, kjøkken, 2 stuer

B: 'Eldhuset'
Gjestehus for 1-5 personer
Soverom, bad, tekjøkken, stue

For begge enhetene gjelder:
Hele enheten, 1 pers.:	**450,-**
Hele enheten, 2-3 pers.:	**650,-**
Over 4 pers., pr. pers.:	**200,-**
Tillegg for sengetøy:	**75,-**
Frokost på forespørsel:	**70,-**

Priser gyldig for 2008/09 & 2010
TV
Terrasse/uteplass
Båt- og sykkelutleie
Åpent hele året

A: 'Gamlestugu'
Gästehaus für 2-10 Personen
Anzahl Schlafzimmer: 3
Eig. Bad, Küche, 2 Stuben

B: 'Eldhuset' (Beckhaus)
Gästehaus für 1-5 Personen
Schlafzi., Bad, Teeküche, Stube

Für beide Einheiten gilt:
Ganze Einheit, 1 Pers.:	**450,-**
Ganze Einheit, 2-3 Pers.:	**650,-**
Mehr als 4 Pers., pro Pers.:	**200,-**
Mieten von Bettwäsche:	**75,-**
Frühstück auf Bestellung:	**70,-**

Preise gültig für 2008/09 & 2010
TV
Terrasse/Aussenplatz
Boot u. Fahrrad zu mieten
Ganzjährig geöffnet
Sprechen Deutsch

Søre Traaen is a charming old farm, 50 km north of Kongsberg, with historic log cabin houses and interiors from 18th Century. Restoration and modern facilities are carefully done and adapted to the old style.
The farm is located midst an Eldorado for outdoor activities; canoeing, fishing and hunting, bike-trips, skiing holiday and hikes in forest and mountains.

Søre Traaen er en sjarmerende gammel gård, 50 km nord for Kongsberg, med historiske tømmerhus og interiører fra 1700-tallet. Restaurering og moderne faciliteter er gjort omsorgsfullt og tilpasset det gamle.
Gården ligger midt i et eldorado for utendørsaktiviteter; kanoturer, jakt og fiske, sykkelturer, skiferie og skog- og fjellturer.

Søre Traaen ist ein reizvoller, alter Hof, 50 km nördlich von Kongsberg, mit historischen Blockhäusern und Inventar vom 18. Jahrhundert.
Bei der Restauration und Modernisierung des Hofes wurde der alte Stil berücksichtigt. Der Hof Liegt mitten in einem Eldorado für Sportaktivitäten; Kanu-, Fahrrad-, Wald- und Bergtouren, sowie Jagd, Angeln und Skifahren.

B&B
Level of standard: ♣♣ & ♣♣♣

Buskerud

Frøhaug Gård

Your host:
Ellen & Arne Fjeldstad

Address:
**Røyseveien 531
N - 3530 Røyse**

Phone/Fax: 32 15 71 09
E-mail: d-fjeld@online.no

Best time to call:
15.00 - 21.00

Double room:	600,-	Dobbeltrom:	600,-	Doppelzimmer:	600,-
Twin room:	500,-	Tosengsrom:	500,-	Zweibettzimmer:	500,-
3-bedded room:	850,-	3-sengs rom:	850,-	3-Bettzimmer:	850,-

No. of rooms: 5
Breakfast buffet
 or laid breakfast table
Prices valid for 2008
TV available
Terrace/patio/yard
Open year round
Some English spoken

Antall rom: 5
Frokostbufféten
 eller dekket frokostbord
Priser gyldig for 2008
TV tilgjengelig
Terrasse/uteplass/hage
Åpent hele året

Anzahl Zimmer: 5
Frühstücksbüfett
 oder gedeckter Frühstückstisch
Preise gültig für 2008
Zugang zu TV
Terrasse/Aussenplatz/Garten
Ganzjährig geöffnet
Sprechen etwas Deutsch

Frøhaug Farm, located in a quiet area 5 km from Vik in Hole, with view of Tyrifjorden and Krokskogen forest. The "Main House," from 1766, the second floor room is in Biedermeier style. A large farm kitchen offers large farm style breakfasts. The hosts' son runs the farm. There are farm animals and a large quiet yard, safe for children.

Directions:
Follow E-16 to Vik about 10 km south of Hønefoss. Take the exit towards Røyse and proceed straight ahead 5 km. Look for the sign alongside the highway.

Frøhaug gård, 5 km fra Vik i Hole, ligger høyt og fritt med utsikt over Tyrifjorden og med Krokskogen i bakgrunnen. Hovedbygningen er fra 1766, TV-stuen i 2. etg. er i biedermeierstil. Stor frokost serveres i stort gårdskjøkken. Vertskapets sønn har overtatt driften av gården. Det er noen dyr. Stor hage og uteplass ved husene, stille og barnevennlig.

Veibeskrivelse:
Kjør E-16 til Vik ca. 10 km sør for Hønefoss. Ta av mot Røyse og kjør rett frem 5 km. Det står skilt ved veien.

Der Hof Frøhaug, 5 km von Vik in Hole, liegt hoch und frei, mit Aussicht über den See Tyrifjord, umgeben vom Waldgebiet Krokskogen. Das Haupthaus ist aus 1766, die TV-Stube im Biedermeierstil. In der grossen Bauernküche gibt es ein reichhaltiges Frühstück. Der Sohn hat den Hof mit einigen Tieren übernommen. Grosser Garten, ruhig u. kinderfreundlich.

Wegbeschreibung:
Fahren Sie die E-16 bis Vik, ca. 10 km südlich von Hønefoss. Dort biegen Sie ab in Richtung Røyse und fahren 5 km geradeaus. Anschließend der Beschilderung an der Straße folgen.

| Boenhet med selvhushold Selfcatering / Selbsthaushalt | NBG | Buskerud |

Hamremoen Gård

Your host:
Diana Wijnans-Ewalds

Address:
**Hamremoen gård
N - 3618 Efteløt/Skollenborg**
Phone: **32 76 88 59**
Mobil: **98 49 41 25**
E-mail: **post@hamremoen.no**
Web: **www.hamremoen.no**

Best time to call:
07.00 - 21.00

One-room cabin for 2-4 persons	Ettromshytte for 2-4 personer	Hütte (1 Raum) für 2-4 Personen
Kitchen nook	Kjøkkenkrok	Küchenecke
WC & shower in sanitary facilities	WC og dusj i sanitæranlegg	WC u. Dusche in Sanitäranlage
Price per 1 unit: **495,-**	Pris pr. enhet: **495,-**	Preis pro Einheit: **495,-**
No. of units: 7	Antall enheter: 7	Anzahl Einheiten: 7
Bed linen fee: **50,-**	Tillegg for sengetøy: **50,-**	Mieten von Bettwäsche: **50,-**
Breakfast service available: **75,-**	Frokost kan serveres: **75,-**	Frühstück auf Bestellung: **75,-**
Prices valid for 2008	Priser gyldig for 2008	Preise gültig für 2008
Internet available	Internett tilgjengelig	Zugang zu Internet
Terrace/patio/yard	Terrasse/uteplass/hage	Terrasse/Aussenplatz/Garten
Pets welcome	Kjæledyr velkommen	Haustiere willkommen
VISA, MC accepted	Vi tar VISA, MC	Wir akzeptieren VISA, MC
Open April - October	Åpent april - oktober	Geöffnet April - Oktober
English, Dutch & some Fr. spoken		Sprechen Deutsch

Hamremoen Gård is operated by a family of five from the Netherlands. On the farmsite are a store and restaurant to satisfy guests' needs from breakfast to dinner to late-night snack. The store sells locally made goods such as preserves, honey, eggs, ecological herbs, tea and craft items. Besides the cabins there is a campground with tent rental. Here is a playground for children and fenced-in farm animals. The nearby Skrimfjell mountains can be easily hiked by the entire family. Norway's longest 18-hole golf course is 5 km. from Hamremoen farm, which is 15 km. south of Kongsberg on the RV 40.

Hamremoen Gård drives av en familie på fem fra Nederland. På gården er det både gårdsbutikk og restaurant som dekker alle gjestenes behov fra frokost til middag. I butikken selges lokalt produserte varer som syltetøy, honning, egg, økologiske urter, te og endel lokalt håndverk. I tillegg til hyttene er her også campingplass med utleie av lavvuer. Her er lekeplass for barna og en innhegning med dyr.
Skrimfjellene er et lett tilgjengelig turområdet for hele familien. 5 km til Norges lengste 18-hulls golfbane. Alt dette; 15 km sør for Kongsberg langs RV 40.

Hamremoen Gård wird von einer fünfköpfigen Familie aus den Niederlanden betrieben. Ein Hofladen und ein Restaurant decken alle kulinarischen Bedürfnisse der Gäste. Lokal produzierte Waren wie Marmelade, Honig, Eier, ökologische Kräuter, Tee etc. werden angeboten. Ein Campingplatz, mit der Möglichkeit Zelte auszuleihen ist vorhanden, sowie ein Spielplatz für Kinder und ein Tiergehege. Die Skrimfjellene sind ein einfach zugängliches Ausflugsgebiet. 5 km bis zur längsten Golfbahn in Norwegen (18-Loch). All dies 15 km südl. von Kongsberg entlang der Str. 40.

B&B
Level of standard: ♣ ♣

page **94**
Vestfold

Svelvik Romutleie

Your host:
Beate & Trond Muri

Address:
**Bråtanveien 2
N - 3060 Svelvik**

Phone: **33 77 36 59**

E-mail: **tromu@c2i.net**

Best time to call:
16.00 - 22.00

Twin room: **600,-**	Tosengsrom: **600,-**	Zweibettzimmer: **600,-**
1 pers. in twin room: **400,-**	1 pers. i tosengsrom: **400,-**	1 Pers. im Zweibettzi.: **400,-**
No. of rooms: 2	Antall rom: 2	Anzahl Zimmer: 2
Discount for children	Rabatt for barn	Ermässigung für Kinder
Breakfast tray	Frokostbrett	Frühstückstablett
Selfcatering possible	Selvhushold er mulig	Selbsthaushalt möglich
Prices valid for 2008/09 & 2010	Priser gyldig for 2008/09 & 2010	Preise gültig für 2008/09 & 2010
TV/Internet available	TV/Internett tilgjengelig	Zugang zu TV/Internet
Terrace/patio/yard	Terrasse/uteplass/hage	Terrasse/Aussenplatz/Garten
Open year round	Åpent hele året	Ganzjährig geöffnet
Some English spoken		Sprechen etwas Deutsch

Svelvik is on Drammens Fjord and is a beautiful village with southern Norway's charm, beaches, hiking and fishing.
The house, with a view of the fjord, is in a quiet neighborhood, 2 km from downtown Svelvik. One hour drive from Torp aiport and Oslo center.

Directions:
Take RV 319 from Drammen or Sande. After 20 km you will find a roundabout next to a Shell gas-station. Turn toward Mariås and drive 1,8 km. Take two right turns, (around the KIWI-shop). Bråtanveien 2 is located on your left hand side in a dead end.

Svelvik ligger ved Drammensfjorden og er et vakkert tettsted med sørlandspreg og gammel trehusbebyggelse. Badeplasser, tur- og fiskemuligheter.
Boligen ligger i et rolig villastrøk 2 km fra sentrum og har utsikt over fjorden. En times kjøring fra Torp flyplass og Oslo sentrum.

Veibeskrivelse:
Ta RV 319 fra Drammen eller Sande. Kjør 20 km til en rundkjøring ved en Shell-stasjon. Ta av til Mariås og kjør 1,8 km. Ta to ganger til høyre rundt KIWI-butikken. Bråtanveien 2 ligger på venstre side i en blindvei.

Svelvik am Drammensfjord ist ein kleiner, idyllischer Ort mit "südnorwegischer" Prägung und alten Holzhäusern. Baden im Fjord, Angeln im Svelvikfluss. Schönes Wandergelände. Das Haus liegt in ruhiger Villengegend, 2 km vom Zentrum. Fjordaussicht.

Wegbeschreibung:
Befahren Sie ab Drammen oder Sande die Str. 319. Nach ca. 20 km erreichen Sie einen Kreisverkehr (Shell-Tankstelle). Dort zweigen Sie nach Mariås ab und fahren genau 1,8 km in diese Richtung. Anschließend geht es zweimal rechts ab (am KIWI-Geschäft). Ihr Ziel, das Haus Bråtanveien 2, liegt in einer Sackgasse auf der linken Seite.

Kjøpmannskjær Bed & Breakfast

Your host:
Ditte & Ken Friedman

Address:
Torbjørnrødveien 112
Postal address: Postboks 4
N - 3141 Kjøpmannskjær
Phone: 33 40 10 95
E-mail: kjopmannskjaer.bedand
breakfast@yahoo.com

Best time to call:
08.00 - 23.00

Single room: **550,-**	Enkeltrom: **550,-**	Einzelzimmer: **550,-**
No. of rooms: 2	Antall rom: 2	Anzahl Zimmer: 2
Laid breakfast table	Dekket frokostbord	Gedeckter Frühstückstisch
Prices valid for 2008/09 & 2010	Priser gyldig for 2008/09 & 2010	Preise gültig für 2008/09 & 2010
Terrace/patio/yard	Terrasse/uteplass/hage	Terrasse/Aussenplatz/Garten
Bike for rent	Sykkelutleie	Fahrrad zu mieten
VISA accepted	Vi tar VISA	Wir akzeptieren VISA
Open 15 May - 15 September	Åpent 15. mai - 15. september	Geöffnet 15. Mai - 15. September
English spoken	Snakker svensk	Sprechen Englisch

Kjøpmannskjær Bed & Breakfast is a century-old coastal house overlooking the harbor and Vrengesundet. Cozy guest rooms on the second floor feature a coastal atmosphere. The first-floor breakfast room has a harbor view and a veranda for sunny days. The area has many good walking paths, and it is a short ride to Tønsberg, Tjøme and Verdens Ende. 5 min. walk from bus-stop for local- and long distance buses.

Directions:
From Tønsberg follow RV 308 toward Tjøme. Drive 15 km, over Nøtterøy to Kjøpmannskjær. Pass the boat harbor, turn right on Torbjørnrødveien. The B&B is the second house on the right.

Kjøpmannskjær Bed & Breakfast er et 100 år gammelt hus med utsikt mot havna og Vrengesundet. To koselige gjesterom i andre etasje har en maritim atmosfære. Frokostrommet i første etasje har utsikt over havna og en terrasse for solfylte morgener. Området har mange turstier, og det er en kort kjøretur til Tønsberg, Tjøme og Verdens Ende. 5 min. gange fra buss-stopp, lokal linje og Time Expressen fra Oslo.

Veibeskrivelse:
Fra Tønsberg følg RV 308 mot Tjøme. Kjør 15 km, over Nøtterøy til Kjøpmannskjær. Like forbi båthavnen, ta til høyre inn i Torbjørnrødveien. B&B er andre huset på høyre side.

Kjøpmannskjær B&B befindet sich in einem 100 Jahre alten Haus mit Aussicht auf den Hafen und den Vrengesundet. Zwei gemütliche Gästezimmer mit maritimer Ausstattung, ein Frühstücksraum mit Aussicht auf den Hafen und eine Terrasse für sonnige Morgenstunden erwartet Sie. Die Umgebung hat viele Wanderwege und bis Tønsberg, Tjøme und Verdens Ende ist es nur ein kurzer Fahrtweg. 5 Min. zu Fuss zur Bushaltestelle m. guten Verbindungen.

Wegbeschreibung:
Von Tønsberg folgen Sie der Str. 308 Richtung Tjøme. Fahren Sie 15 km, über Nøtterøy bis Kjøpmannskjær. Kurz hinter dem Bootshafen nach rechs in die Torbjørnrødveien. Zweites Haus auf der rechten Seite.

B&B
Level of standard: ♣

Vestfold

elleVilla
bed & breakfast

Your host:
Elisabeth Holm

Address:
Colin Archersgate 4
N - 3263 Larvik
Phone: 33 11 45 00
E-mail: elisabeth@ellevilla.no
Web: www.ellevilla.no

Best time to call:
08.00 - 23.00

Double room:	1000,-
1 pers. in double room:	700,-
Extra bed:	200,-

No. of rooms: 3
Laid breakfast table
Prices valid for 2008/09 & 2010
Internet available
Terrace/patio/yard
Bike available
Open year round
English & French spoken

Dobbeltrom:	1000,-
1 pers. i dobbeltrom:	700,-
Ekstraseng:	200,-

Antall rom: 3
Dekket frokostbord
Priser gyldig for 2008/09 & 2010
Internett tilgjengelig
Terrasse/uteplass/hage
Sykkel kan lånes
Åpent hele året

Doppelzimmer:	1000,-
1 Pers. in Doppelzi.:	700,-
Extrabett:	200,-

Anzahl Zimmer: 3
Gedeckter Frühstückstisch
Preise gültig für 2008/09 & 2010
Zugang zu Internet
Terrasse/Aussenplatz/Garten
Fahrrad aus zu leihen
Ganzjährig geöffnet
Sprechen Englisch u. Französisch

On the historic and beautiful Tollerodden in Larvik lies this manor house from 1913. At 'elleVilla' one is well taken care of. You can relax with a drink in the living room and garden, or take a nap on a hammock. There is a charming atmosphere and consideration for the individual. In the summers enjoy the smell of apple trees, intimate concerts each week and a fully licensed café in the garden.
The Larvik area boasts a fantastic network of bicycle trails and the rocky isles and reefs are an adventure. The city's high point is crowned by a beech forest which provides wondrous nature experiences the year round.

På historiske og vakre Tollerodden i Larvik ligger dette herskapelige huset fra 1913. I 'elleVilla' blir man tatt godt vare på. Man kan finne roen med et glass i stuen eller i hagen, eller man kan unne seg en lur i hengekøyen. Her er sjarmerende atmosfære og personlig omtanke. Om somrene er det lykter i epletrærne, intime konserter hver uke og café med skjenkebevilling i hagen.
Larviksområdet er omringet av fantastiske sykkelstier, og skjærgården er et eventyr. På toppen av byen troner bøkeskogen som kan by på vidunderlige naturopplevelser hele året.

Das herrschaftliche Haus von 1913 liegt im historischen und schönen Tollerodden in Larvik. Hier kümmert man sich liebevoll und sehr persönlich um seine Gäste. Im Wohnzimmer kommt man herrlich zur Ruhe und die Hängematte im Garten lädt zu einem Nickerchen ein. Im Sommer hängen Lampions in den Apfelbäumen und man kann den wöchentlichen intimen Konzerten im Garten lauschen. Das Garten-Café besitzt alle Schankrechte. Larvik ist umgeben von fantastischen Fahrradwegen und die Schärenhofe sind ein Abenteuer für Gross und Klein. Im 'bøkeskogen' Wald ist die Natur das ganze Jahr ein Erlebnis!

Boenhet med selvhushold
Selfcatering / Selbsthaushalt

Telemark

Hulfjell Gård & Hytteutleie

Your host:
Tellef Moland & Britt Eide
Address:
Hulfjell Gård,
N - 3750 Drangedal
Phone: 35 99 92 54
Mobil: 41 30 90 52
Fax: 35 99 82 03
E-mail: tollak@c2i.net
Web: www.hulfjell.no
Best time to call: 08.00 - 24.00

A: 'Gubbens ork', house for 2-10 p. 2 bedrooms, 1 loft w/bed Own bath, kitchen, LR Price for whole unit: **750,-**	**A: 'Gubbens ork'**, hus for 2-10 p. 2 soverom, 1 sovehems Eget bad, kjøkken, stue Pris for hele enheten: **750,-**	**A: 'Gubbens ork'**, Haus für 2-10 P. 2 Schlafzimmer, 1 Schlafboden Eig. Bad, Küche, Stube Ganze Einheit: **750,-**
B: 'Fruens vilje', Cabin for 2-8 p. 2 bedrooms, bath, kitchen Price for whole unit: **750,-**	**B: 'Fruens vilje'**, hytte for 2-8 p. 2 soverom, bad, kjøkken Pris for hele enheten: **750,-**	**B: 'Fruens vilje'**, Hütte für 2-8 P. 2 Schlafzimmer, Bad, Küche Ganze Einheit: **750,-**
A and B: Bed linen fee: **75,-** Prices valid for 2008 TV available / Terrace, patio, yard Boat for rent / Pets welcome Suitable for handicapped Open year round Some English spoken	A og B: Tillegg for sengetøy: **75,-** Priser gyldig for 2008 TV tilgjengelig / Terrasse, uteplass Båtutleie / Kjæledyr velkommen Handikaptilgjengelig Åpent hele året	A u. B: Mieten von Bettw: **75,-** Preise gültig für 2008 TV/ Terrasse, Aussenplatz, Garten Boot zu mieten / Haustiere willk. Behindertengerecht Ganzjährig geöffnet Sprechen etwas Englisch

Hulfjell is a pleasant farm with lots of animals: cows, horses, ponies, miniature pigs, goats, sheep, rabbits and geese. The cabin is situated 5 meters from the edge of the lake with a large deck area extending down towards the shoreline. Here you will enjoy excellent swimming in a lake that gets nice and warm during the summertime. Guests can also fish and the farm rents out canoes. Guests may take care of the hens, which entitles them to help themselves to fresh eggs in the hen house. Also pheasant, peafowl, llama, dog and cat on the farm.

Hulfjell er en trivelig gård med mange dyr; ku, hest, ponni, minigris, geit, sau, kanin, and og gjess. Hytten ligger fem meter fra vannet, med en stor terrasse mot strandkanten.
Her er det fine bademuligheter i vann som blir godt og varmt om sommeren. Gjestene kan også fiske, og gården leier ut kanoer. Om gjestene ønsker det kan de ta seg av hønsene, og får da selv fritt hente friske egg i hønsehuset. Det er også fasan, lama, esel, påfugl, hund og katt på gården.

Gemütlicher Bauernhof mit vielen Tieren. Es gibt Kühe, Pferde, Ponys, kleine Ferkel, Ziegen, Schafe, Kaninchen, Enten und Gänse. Die Hütte liegt nur 5 m vom See entfernt und bietet eine große Terrasse bis hinunter zur Wasserkante. Die Wassertemperatur ist im Sommer angenehm mild. Angelmöglichkeiten, darüber hinaus werden auf dem Hof Kanus vermietet. Wenn die Gäste mögen, dürfen sie sich selbst um die Hühner kümmern und morgens kostenlos ihre Frühstückseier im Hühnerstall holen. Es gibt auch Fasan, Lama, Esel, Pfau, Hund und Katze.

B&B
Level of standard: ♣ ♣

Telemark

Drangedal Gjestehus

Your host:
Nita Ingram

Address:
Strandgaten 36
N - 3750 Drangedal
Phone: 35 99 93 40
Mobil: 91 15 77 45
E-mail / Web:
post@drangedal-gjestehus.no
www.drangedal-gjestehus.no
Best time to call: 09.00 - 21.00

| Twin room: | 600,- | Tosengsrom: | 600,- | Zweibettzimmer: | 600,- |
| Single room: | 400,- | Enkeltrom: | 400,- | Einzelzimmer: | 400,- |

No. of rooms: 9
Breakfast basket
Selfcatering possible
Discount for longer stay
Prices valid for 2008/09 & 2010
TV/Internet available
Terrace/patio
Boat for rent
Open year round
English spoken

Antall rom: 9
Frokostkurv
Selvhushold er mulig
Rabatt ved lengre opphold
Priser gyldig for 2008/09 & 2010
TV/Internett tilgjengelig
Terrasse/uteplass
Båtutleie
Åpent hele året

Anzahl Zimmer: 9
Frühstückskorb
Selbsthaushalt möglich
Ermäßigung bei längerem Aufenth.
Preise gültig für 2008/09 & 2010
Zugang zu TV/Internet
Terrasse/Aussenplatz
Boot zu mieten
Ganzjährig geöffnet
Sprechen Englisch

Drangedal is on the lake Tokkevann, 45 min. drive from the coast and 45 min. to the Telemark mountains. The hostess is part Australian/Norwegian. Good fishing areas for trout. Natural woodlands surround the lake.

Directions:
From E-18 at Kragerø: Follow RV 38 to Drangedal (30 km). The guesthouse is below the town centre, 200 m from railway station, follow signs.

Drangedal ligger ved Tokkevannet, 45 min. kjøring fra kysten og 45 min. til telemarksfjellene. Vertinnen er australsk/norsk. Gode fiskemuligheter for ørret. Rundt innsjøen er det skog.

Veibeskrivelse:
Fra E-18 ved Kragerø: RV 38 til Drangedal (30 km). Drangedal Gjestehus ligger nedenfor sentrum, 200 m fra togstasjonen, følg skilt.

Drangedal liegt am See Tokkevann, 45 Min. Autofahrt von der Küste und 45 Min. von den Bergen Telemarks entfernt. Die Gastgeberin ist australisch-norwegischer Abstammung. Gute Möglichkeiten um Forellen zu Angeln. Der See ist ringsum bewaldet.

Wegbeschreibung:
E-18 bis Kragerø, Str. 38 bis Drangedal (30 km). Drangedal Gjestehus liegt außerhalb des Zentrums, 200 m vom Bahnhof entfernt (der Beschilderung folgen).

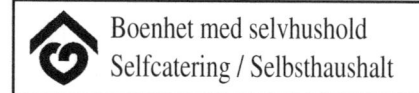

Boenhet med selvhushold
Selfcatering / Selbsthaushalt

Telemark

Ettestad Gård

Your host:
Nina Ettestad Herfoss

Address:
Ettestad
N - 3750 Drangedal
Phone: 35 99 64 53
Mobil: 91 64 87 13
E-mail: post@ettestad-gard.no
Web: www.ettestad-gard.no

Best time to call:
09.00 - 22.00

Guesthouse for 2-10 persons	Gjestehus for 2-10 personer	Gästehaus für 2-10 Personen
1 bedroom, 1 loft w/bed	1 soverom, 1 hems	1 Schlafzimmer, 1 Schlafboden
Bath, kitchen, LR	Bad, kjøkken, stue	Bad, Küche, Stube
Price for whole unit: 700,-	Pris for hele enheten: 700,-	Ganze Einheit: 700,-
Bed linen fee: 50,-	Tillegg for sengetøy: 50,-	Mieten von Bettwäsche: 50,-
Cleaning fee: 300,-	Sluttrengjøring: 300,-	Endreinigung: 300,-
Prices valid for 2008	Priser gyldig for 2008	Preise gültig für 2008
TV available	TV tilgjengelig	Zugang zu TV
Patio/yard	Uteplass/hage	Aussenplatz/Garten
Boat and bike for rent	Båt- og sykkelutleie	Boot und Fahrrad zu mieten
Pets welcome	Kjæledyr velkommen	Haustiere willkommen
Open year round	Åpent hele året	Ganzjährig geöffnet
English spoken		Sprechen etwas Deutsch

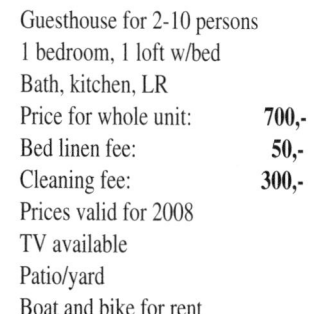

The small 'eldhus'-cabin from the 1700s was restored in 1998 and is now available to guests. It's on the outskirts of the farm only 50 m from Bjårvann lake where you can swim and relax. The house has a fine natural stone fireplace besides fully equipped kitchen and modern bathroom.
There are three horses, two goats, dog, cat, rabbit and pheasants. There is fine terrain for hiking, bicycling and canoeing.

Huset som leies ut er det gamle eldhuset på gården. Det er fra 1700-tallet og ble restaurert i 1998. Det ligger i utkanten av gården og bare 50 m fra et vann, Bjårvann, hvor man kan bade og slappe av. Huset har en flott peis i naturstein og forøvrig et fullt utstyrt kjøkken og et moderne bad.
På gården er det 3 hester, 2 geiter, hund, katt, kanin og fasaner. Det er flott turterreng man kan ta fatt på både til fots, på sykkel eller i kano.

Auf dem Hof wird das ehem. "Altenhaus" vermietet. Es stammt aus dem 18. Jhd. und wurde 1998 restauriert. Das Haus liegt am Rande des Hofes, nur 50 m vom Bjårvann See entfernt, wo man sich erholen und baden kann. Die Ausstattung im Altenhaus: schöner Naturstein-Kamin, komplett ausgerüstete Küche, modernes Bad. Auf dem Hof befinden sich 3 Pferde, 2 Ziegen, Hunde, Katzen, Kaninchen und Fasane. Schöne Ausflugsumgebung, die zu Fuss, mit dem Fahrrad oder dem Kanu erkundet werden kann.

B&B
Level of standard: ♣ ♣ ♣

Telemark

Solheim Overnatting

Your host:
Kari Seliussen
& Tore Sognefest

Address:
Seljordvegen 1225
N - 3800 Bø i Telemark
Phone: 35 95 00 15
Mobil: 91 34 81 40
E-mail: torefest@c2i.net
Web: www.mitt.no/solheim
Best time to call: 08.00 - 22.00

Double room:	810,-/910,-
4-bedded room:	1120,-/1220,-

No. of rooms: 2
Discount for children
Laid breakfast table
Other meals served upon request
Prices valid for 2008
Terrace/patio/yard
Boat and canoe for rent
Jacuzzi, steam shower, mass.chair
Internet available
Pets welcome, pls. ask beforehand
Open year round
English spoken

Directions:
RV 36 between Bø and Seljord; 13 km from Bø and 16 km from Seljord. Look for signs "Kunst og håndverk" and "Eden Glassdesign", a large yellow house. (Hegna Camping across the street.)

Dobbeltrom:	810,-/910,-
4-sengsrom:	1120,-/1220,-

Antall rom: 2
Rabatt for barn
Dekket frokostbord
Andre måltider mulig, vegetarisk
Priser gyldig for 2008
Terrasse/uteplass/hage
Båt- og kanoutleie
Boblebad, steamdusj, massasjestol
Tilgang til Internett
Kjæledyr velk. ved forespørsel
Åpent hele året

Veibeskrivelse:
RV 36 mellom Bø og Seljord; 13 km fra Bø og 16 km fra Seljord. Se etter skiltene "Kunst og håndverk" og "Eden Glassdesign", et stort gult hus. (Hegna Camping ligger på motsatt side av veien).

Doppelzimmer:	810,-/910,-
4-Bettzimmer:	1120,-/1220,-

Anzahl Zimmer: 2
Ermässigung für Kinder
Gedeckter Frühstückstisch
Weitere Mahlzeiten möglich
Preise gültig für 2008
Terrasse/Aussenplatz/Garten
Boot u. Kanu zu mieten
Whirlpool, Dampfbad, Massagestuhl
Internet vorhanden
Nach Absprache Haustiere willk.
Ganzjährig geöffnet
Sprechen etwas Deutsch

Wegbeschreibung:
Strasse 36 zwischen Bø und Seljord; 13 km von Bø und 16 km von Seljord entfernt. Achten Sie auf die Schilder "Kunst og håndverk" und "Eden Glassdesign", bzw. auf ein grosses gelbes Haus. (Hegna Camping liegt entgegengesetzt auf der anderen Seite der Strasse.)

"The best and most beautiful things in the world cannot be seen or even touched. They must be felt with the heart."

~ Helen Keller ~

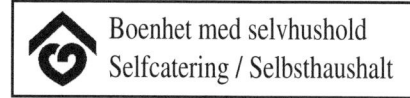

Boenhet med selvhushold
Selfcatering / Selbsthaushalt

Telemark

Apartment for 2-4 (6) persons	Leilighet for 2-4 (6) personer	Wohnung für 2-4 (6) Personen
1 bedroom, bath, kitchen	1 soverom, bad, kjøkken	1 Schlafzimmer, Eig.Bad, Küche
Price for whole unit: **700,-**	Pris for hele enheten (4p.): **700,-**	Ganze Einheit: **700,-**
Price per pers. exeeding 4 p.: **50,-**	Pr. pers. utover 4 p.: **50,-**	Bei mehr als 4 Pers., pro Pers.: **50,-**
Bed linen fee: **50,-/75,-**	Tillegg for sengetøy: **50,-/75,-**	Mieten von Bettwäsche: **50,-/75,-**
Breakfast service available: **80,-**	Frokost kan serveres: **80,-**	Frühstück auf Bestellung: **80,-**
No. of apartments: 2	Antall leiligheter: 2	Anzahl Wohnungen: 2
Discount for children	Rabatt for barn	Ermässigung für Kinder
Prices valid for 2008	Priser gyldig for 2008	Preise gültig für 2008
TV/Internet available	Internett tilgjengelig	TV/Internet vorhanden
Terrace/patio/yard	Terrasse/uteplass/hage	Terrasse/Aussenplatz/Garten
Boat and canoe for rent	Båt- og kanoutleie	Boot u. Kanu zu mieten
Jacuzzi, steam shower, mass.chair	Boblebad, steamdusj, massasjestol	Whirlpool, Dampfbad, Massagestuhl
Pets welcome by agreement	Kjæledyr velkommen etter avtale	Haustiere nach Absprache willk.
Open year round	Åpent hele året	Ganzjährig geöffnet
English spoken		Sprechen etwas Deutsch

Solheim Overnatting is in a building which formerly has housed both a boarding house and a store. The hosts are teachers in arts and crafts and music. Kari runs a shop in the house with craftworks for sale and she produces modern leaded glass. The property also comprises a barn, greenhouse and ball field. Hens, rabbits and birds reside here. Solheim lies in a beautiful area between Bø and Seljord in the heart of Telemark near the east side of Seljord Lake, which is famous for the sea serpent Selma. Good possibilities for swiming, fishing and hiking in the forest and mountains. Short way to Sommarland swimming park in Bø, Telemarkskanalen and Lifjell. There are good connections with trains and express buses. The Torp airport bus and 'Haukeliexpress' Oslo/Bergen stop nearby.

Solheim Overnatting er et stort hus som tidligere har vært både pensjonat og butikk. Vertskapet er lærere i kunst/håndverk og musikk. Kari har egen butikk i huset med håndverksprodukter for salg og hvor hun produserer moderne blyglass. Eiendommen omfatter også låve, drivhus og ballplass. Her er høner, kaniner og fugler. Solheim ligger i et vakkert område mellom Bø og Seljord i hjertet av Telemark, like ved enden av Seljordvannet som er kjent for sjøormen Selma. Her er gode muligheter for bading, fiske og turer i skog og fjell. Kort vei til Sommarland badepark i Bø, Telemarkskanalen og Lifjell. Det er gode forbindelser med tog og ekspressbuss. Buss fra Torp flyplass og Haukeliekspressen Oslo/Bergen stopper like ved.

Solheim Overnattting ist ein großes Gebäude, in dem früher eine Pension und ein Geschäft untergebracht waren. Die Wirtsleute sind Lehrer für Kunsthandwerk und Musik. Kari betreibt im Haus ein eigenes Geschäft (Kunsthandwerk), außerdem wird modernes Bleiglas produziert. Zum Hof gehören zusätzlich Scheune, Gewächshaus und Fußballplatz. Es gibt auch Hühner, Kaninchen und Vögel. Solheim liegt in reizvoller Umgebung zwischen Bø und Seljord im Herzen der Telemark, direkt am Ende des Sees Seljordvatnet, der bekannt für sein Seeungeheuer „Selma" ist... Gute Möglichkeiten zum Baden und Angeln, außerdem Fjelltouren. Unweit entfernt sind der „Sommarland Badepark" in Bø, der Telemarkkanal und das Lifjell. Gute Anbindung (Bahn und Expressbus). Der Flughafen-Bus Torp hält hier, außerdem der 'Haukeliexpress' Oslo/Bergen.

B&B
Level of standard: ♣ ♣

page 102
Telemark

Huldrehaugen

Your host:
Lisbeth & John Arthur Haugen

Address:
Flatdalsvegen 1231
N - 3841 Flatdal
Phone: 35 05 22 75
Mobil: 95 21 03 35
E-mail:
lisbethshaugen@hotmail.com
Best time to call:
08.00 - 12.00 / 18.00 - 22.00

Double room:	550,-
1 pers. in double room:	350,-
Extra bed:	100,-

No. of rooms: 2
Laid breakfast table
Prices valid for 2008/09 & 2010
TV available
Patio/yard
Pets welcome, pls. ask beforehand
Selfcatering possible in annex
Open year round
English spoken

Dobbeltrom:	550,-
1 pers. i dobbeltrom:	350,-
Ekstraseng:	100,-

Antall rom: 2
Dekket frokostbord
Priser gyldig for 2008/09 & 2010
TV tilgjengelig
Uteplass/hage
Kjæledyr velk. ved forespørsel
Selvhushold mulig i annex
Åpent hele året

Doppelzimmer:	550,-
1 Pers. in Doppelzi.:	350,-
Extrabett:	100,-

Anzahl Zimmer: 2
Gedeckter Frühstückstisch
Preise gültig für 2008/09 & 2010
Zugang zu TV
Aussenplatz/Garten
Nach Absprache Haustiere willk.
Im Gästehaus Selbsthaush. mögl.
Ganzjährig geöffnet
Sprechen etwas Deutsch

Flatdal is a distinctive valley, completely flat between steep mountain walls. Huldrehaugen is located on a mountain slope with beautiful view of Liefjell, Skorve and Melefjell.
You are in the midst of Telemark's many cultural and historical attractions; only 200 m. from Nutheim, with a café and gallery. Possibility to visit the studio of the famous Norwegian artists the brothers Grøstad.
Hiking in the forest, fields and mountains.

Flatdal er en særegen dal og er, som navnet forteller, helt flat i bunnen. På begge sider stiger fjellene bratt opp. Huldrehaugen ligger oppe i dalsiden med en fantastisk flott utsikt til Liefjell, Skorve og Melefjell.
Her befinner du deg midt blandt Telemarks mange kulturelle og historiske opplevelsestilbud. Like ved ligger Nutheim, med kafé og galleri. Muligheter for å besøke atelieret til de kjente norske kunstnerne brødrene Grøstad. Turer i skog, mark og fjell.

Flatdal ist ein eigenartiges Tal und wie der Name andeutet ganz flach im Grunde mit zu beiden Seiten steil aufragenden Bergen.
Von Huldrehaugen haben Sie eine fantastische Aussicht auf die Berge Liefjell, Skorve und Melefjell. Günstiger Ausgangspunkt zu vielen kulturellen und historischen Erlebnissen in der Telemark.
200 m nach Nutheim mit Galerie und Cafè. Hier können Sie das Atelier der bekannten norwegischen Brüder und Künstler Grøstad besuchen. Gute Ausflugsmöglichkeiten in die umliegenden Wälder, Felder und Gebirge.

| B&B Level of standard: ♣ & ♣♣ | NBG | page **103** **Telemark** |

Nordigard Bjørge

Your host:
Solrunn & Leiv Bjørge

Address:
N - 3840 Seljord
Phone: 35 05 00 40
Fax: 35 05 05 12
E-mail: vbjoerge@online.no
Web: www.nord-bjorge.no

Best time to call:
08.00 - 23.00

Double-/twin room:	**800,-**	Dobbelt-/tosengsrom:	**800,-**	Doppel-/Zweibettzi.:	**800,-**
Single room:	**400,-**	Enkeltrom:	**400,-**	Einzelzimmer:	**400,-**
No. of rooms: 8		Antal rom: 8		Anzahl Zimmer: 8	
Discount for children/families		Rabatt for born/familiar		Ermässigung für Kinder/Familien	
Laid breakfast table		Dekka frukostbord		Gedeckter Frühstückstisch	
Selfcatering possible		Høve til sjølvhushald		Selbsthaushalt möglich	
Prices valid for 2008		Priser gjeld for 2008		Preise gültig für 2008	
TV available		TV tilgjengeleg		Zugang zu TV	
Terrace/patio/yard		Terrasse/uteplass/hage		Terrasse/Aussenplatz/Garten	
Boat and canoe for rent		Båt- og kanoutleige		Boot und Kanu zu mieten	
Pets welcome		Kjæledyr velkomen		Haustiere willkommen	
VISA accepted		Vi tek VISA		Wir akzeptieren VISA	
Open year round		Ope heile året		Ganzjährig geöffnet	
English spoken				Sprechen etwas Deutsch	

Nordigard Bjørge has a natural bucolic farm atmosphere. Milk cows stay outside the entire summer while the hens roam freely behind the barn. Ice cream is produced on the farm from milk contributed by Telemark cows. Here there is an abundance of activities to offer. Children may enjoy a fine playground and it's only a 5-min. walk to the beach. Guests may use a rowboat or canoe on the lake, where they can also fish for freshwater herring and trout. Marked trails leading to mountains in the area, and on Lifjell there are other lakes teeming with fish.

Nordigard Bjørge har eit roleg og naturleg gardsmiljø. Mjølkekyrne går ute heile sumaren og bak fjøset trippar hønene. Produksjon av iskrem på garden med mjølk frå ku-rasen Telemarksku. Her er rikeleg med aktivitetstilbod. Borna har fin leikeplass, og det er berre 5 min. å gå til badestrand. På vatnet ligg ein robåt og ein kano som kan nyttast og kor ein kan fiske sik og aure. Frå garden og bygda elles er det merka turløyper til fjellområda rundt. På Lifjell er det rike fiskevatn.

Nordigard Bjørge ist ein ruhiger Hof umgeben von schöner Natur. Die Kühe sind den ganzen Sommer lang draussen und hinter dem Stall befinden sich freilaufende Hühner. Auf dem Hof wird aus der Milch der Telemark-Kuh hausgemachte Eiscreme hergestellt. Reichhaltige Aktivitätsangebote für Gäste. Schöner Spielplatz für Kinder und es sind nur 5 Gehminuten bis zum Badestrand. Ruderboot und Kanu stehen dort zur Verfügung, auch Angeln ist möglich. Ausgeschilderte Wanderwege in die Berge befinden sich in Hofnähe. Der Lifjell-Berg lädt ebenfalls zum Angeln ein.

B&B
Level of standard: ♣

page **104**
Telemark

Fossum Kurs- & Feriesenter

Your host:
Dierk & Brigitte Rengstorf

Address:
Hauggrend
N - 3870 Fyresdal
Phone: 35 04 25 14
Fax: 35 04 25 64
E-mail: fossum@fyresdal.online.no
Web: www.fossumferie.com

Best time to call:
08.00 - 09.00 / 19.00 - 22.00

Double-/twin room: **700,-**	Dobbelt-/tosengsrom: **700,-**	Doppel-/Zweibettzimmer: **700,-**
1 pers. in double room: **400,-**	1 pers. i dobbeltrom: **400,-**	1 Pers. in Doppelzimmer: **400,-**
No. of rooms: 9	Antall rom: 9	Anzahl Zimmer: 9
Discount for children u. 13 yrs.	Rabatt for barn u. 13 år	Ermäßigung für Kinder u. 13 J.
Laid breakfast table	Dekket frokostbord	Gedeckter Frühstückstisch
Other meals served by agreement	Andre måltider etter avtale	Andere Mahlzeiten auf Best.
Prices valid for 2008	Priser gyldig for 2008	Preise gültig für 2008
Access to telephone/fax	Tilgang på telefon/telefaks	Zugang zu Telefon/Fax
Terrace/patio/yard	Terrasse/uteplass/hage	Terrasse/Aussenplatz/Garten
Boat for rent	Båtutleie	Boot zu mieten
Sauna / outdoor bath	Sauna / Badestamp	Sauna / Wasch/Badezuber
VISA, MC, AmEx accepted	Vi tar VISA, MC, AmEx	Wir akzeptieren VISA, MC, AmEx
Open year round	Åpent hele året	Ganzjährig geöffnet
English and French spoken		Sprechen Deutsch

Holiday center on the lake with plenty of indoor and outdoor activities. Workshop for arts and handicraft, weaving/weaving looms, courses in Yoga, Reiki, and meditation. Skiing, climbing, survival, horseback riding. Sightseeing nearby: stave church, Telemark canal, museums and mines. Geologically interesting area.

Directions:
Via RV 355, 15 km north of Fyresdal.

Ferieanlegg ved sjøen med et bredt spekter aktivitetstilbud. Atelierer for kunst og håndverk, veving, meditasjon/yogakurs. Svært gode friluftslivmuligheter sommer og vinter. Betydelige severdigheter i nærområdet, blant annet stavkirke, Telemarkskanalen, gruver, museer og interessante geologiske formasjoner.

Veibeskrivelse:
Ved RV 355, 15 km nord for Fyresdal.

Ferienhof am See mit breit gefächertem Aktivitätenangebot. Atelier für Kunst und Kunsthandwerk, Webstube. Kursangebot für Yoga, Reiki, Meditation. Gute Möglichkeiten für naturnahe Freizeitgestaltung. Sehenswürdigkeiten in der Nähe, u.a. Stabkirche, Bergwerke, Museen und der Telemarkkanal. Geologisch interessantes Gebiet.

Wegbeschreibung:
An der Str. 355 gelegen, 15 km nördlich von Fyresdal.

Boenhet med selvhushold
Selfcatering / Selbsthaushalt
Telemark

A:	3 cabins for 4 persons LR w/kitchen nook Price for whole unit: **320,-**	3 hytter for 4 personer Stue m/kjøkkenkrok Pris for hele enheten: **320,-**	3 Hütten für 4 Personen Stube m/Küchenecke Ganze Einheit: **320,-**
B:	2 cabins for 2 persons LR w/kitchen nook Price for whole unit: **450,-**	2 hytter for 2 personer Stue m/kjøkkenkrok Pris for hele enheten: **450,-**	2 Hütten für 2 Personen Stube m/Küchenecke Ganze Einheit: **450,-**
C:	3 cabins for 3 persons 1 room w/kitchen nook Price for whole unit: **400,-**	3 hytter for 3 personer 1 rom m/kjøkkenkrok Pris for hele enheten: **400,-**	3 Hütten für 3 Personen 1 Raum m/Küchenecke Ganze Einheit: **400,-**
D:	2 cabins for 4 persons 1 bedroom, LR w/kitchen nook Price for whole unit: **550,-**	2 hytter for 4 personer 1 soverom, stue m/kjøkkenkrok Pris for hele enheten: **550,-**	2 Hütten für 4 Personen 1 Schlafzi., Stube m/Küchenecke Ganze Einheit: **550,-**
E:	1 cabin for 5-6 persons 2 bedrooms, LR w/kitchen nook Price for whole unit: **750,-**	1 hytte for 5-6 personer 2 soverom, stue m/kjøkkenkrok Pris for hele enheten: **750,-**	1 Hütte für 5-6 Personen 2 Schlafzi., Stube m/Küchenecke Ganze Einheit: **750,-**
F:	2 cabins for 6 persons 3 bedrooms, LR w/kitchen nook Price for whole unit: **850,-**	2 hytter for 6 personer 3 soverom, stue m/kjøkkenkrok Pris for hele enheten: **850,-**	2 Hütten für 6 Personen 3 Schlafzi.,Stube m/Küchenecke Ganze Einheit: **850,-**
G:	1 cabin for 10 persons 5 bedrooms, LR w/kitchen nook Price for whole unit: **1250,-**	1 hytte for 10 personer 5 soverom, stue m/kjøkkenkrok Pris for hele enheten: **1250,-**	1 Hütte für 10 Personen 5 Schlafzi., Stube m/Küchenecke Ganze Einheit: **1250,-**
H:	Apartment for 2 persons Own bath, kitchen, LR, DR No pets please Price for whole unit: **1000,-**	Leilighet for 2 personer Eget bad, kjøkken, stue, spiserom Merk: ikke husdyr Pris for hele enheten: **1000,-**	Wohnung für 2 Personen Eig. Bad, Küche, Stube, Esszi. Keine Haustiere Ganze Einheit: **1000,-**

Applies to all rental units:
Bed linen fee: **80,-**
Breakfast service available: **100,-**
Cabins A-G: no indoor plumbing
Common sanitary facility, kitchen
Terrace/patio/yard

For alle enhetene gjelder:
Tillegg for sengetøy: **80,-**
Frokost kan serveres: **100,-**
Hyttene A-G har ikke innlagt vann
Felles sanitæranlegg og storkjk.
Terrasse/uteplass/hage

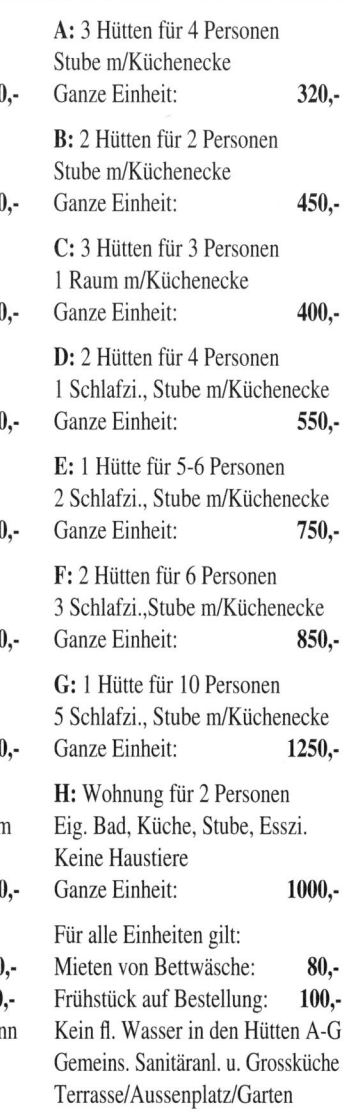

Für alle Einheiten gilt:
Mieten von Bettwäsche: **80,-**
Frühstück auf Bestellung: **100,-**
Kein fl. Wasser in den Hütten A-G
Gemeins. Sanitäranl. u. Grossküche
Terrasse/Aussenplatz/Garten

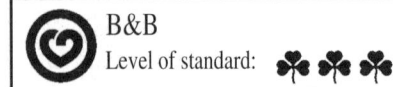

Fyresdal Vertshus

Your host:
Ron & Joke Petrych

Address:
N - 3870 Fyresdal
Phone: 35 04 26 66
Fax: 35 04 26 67
E-mail:
post@fyresdalvertshus.no
Web:
www.fyresdalvertshus.no
Best time to call:
08.00 - 23.00

Room for 1 pers.: **500,-**	Rom for 1 pers.: **500,-**	Zimmer für 1 Pers.: **500,-**
Room for 2 pers.: **660,-**	Rom for 2 pers.: **660,-**	Zimmer für 2 Pers.: **660,-**
No. of rooms: 2	Antall rom: 2	Anzahl Zimmer: 2
Discount for children	Rabatt for barn	Ermässigung für Kinder
Laid breakfast table	Dekket frokostbord	Gedeckter Frühstückstisch
Prices valid for 2008	Priser gyldig for 2008	Preise gültig für 2008
TV/Internet available	TV/Internett tilgjengelig	Zugang zu TV/Internet
Terrace/patio/yard	Terrasse/uteplass/hage	Terrasse/Aussenplatz/Garten
Open year round	Åpent hele året	Ganzjährig geöffnet
English & Dutch spoken		Sprechen etwas Niederl./Deutsch

Fyresdal Vertshus inn has a long traditon. The house was totally renovated in 1985 to its original 'Swiss style' but remained empty until the new host, Petrych, came in 2004 from the Netherland to breathe new life into the inn. Here there is emphasis on a personal and intimate atmosphere and good homemade food. A warm, cozy hearth is a fine gathering place. Lunch and dinner are served in the restaurant, outside in the summer. The area has many possiblities for mountain tours by foot or bicycle. Good fishing as well.
Welcome to calm and peaceful Fyresdal Vertshus.

Fyresdal Vertshus har lange tradisjoner. Huset ble i 1985 totalrenovert til opprinnelig svetserstil, men ble så stående tomt inntil vertskapet Petrych kom fra Nederland og blåste nytt liv i vertshuset i 2004. Her legges det vekt på en personlig og intim atmosfære og god hjemmelaget mat. En hyggelig peisestue er et fint samlingssted. Servering av lunch og middag i restauranten, uteservering om somrene.
Området har flotte muligheter for fjellturer til fots eller på sykkel. Fine fiskevann.
Velkommen til et stille og rolig opphold på Fyresdal Vertshus.

Fyresdal Vertshus hat eine lange Geschichte. 1985 wurde das Haus im ursprünglichen schweizer Stil renoviert, stand allerdings bis 2004 leer. Gastgeber Petrych aus den Niederlanden hat dem Haus neues Leben eingehaucht. Hier wird auf eine persönliche Atmosphäre und hausgemachtes Essen Wert gelegt. Das gemütliche Kaminzimmer ist ein schöner Treffpunkt für alle Gäste. Mittag- und Abendessen wird im Restaurant serviert, im Sommer auch draussen. Ausflüge sind in die schöne Bergumgebung zu Fuss oder mit dem Fahrrad möglich.
Gute Angelmöglichkeiten am See.
Fyresdal Vertshus heisst Sie zu einem ruhigen Aufenthalt willkommen.

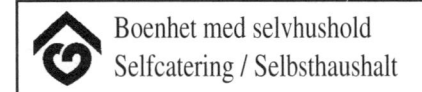

Boenhet med selvhushold
Selfcatering / Selbsthaushalt

page **107**
Telemark

Naper Gård

Your host:
Solveig & Ådne A. Naper

Address:
Vråvegen 1752, Naper gård
N - 3849 Vråliosen

Phone: 35 05 51 89
Mobil: 47 75 56 75
E-mail: anaper@telefiber.no

Best time to call:
09.00 - 21.00

Guesthouse for 2-7 persons	Gjestehus for 2-7 personer	Gästehaus für 2-7 Personen
Own bath, kitchen, LR, DR	Eget bad, kjøkken, stue, spisestue	Eig. Bad, Küche, Esszi., Stube
Bedrooms: 2	Soverom: 2	Anzahl Schlafzimmer: 2
Price for whole unit: 500,-	Pris for hele enheten: 500,-	Ganze Einheit: 500,-
Price for 2 pers.: 450,-	Pris for 2 pers.: 450,-	Preis für 2 Person: 450,-
Bed linen fee: 70,-	Tillegg for sengetøy: 70,-	Mieten von Bettwäsche: 70,-
Prices valid for 2008/09 & 2010	Priser gyldig for 2008/09 & 2010	Preise gültig für 2008/09 & 2010
Terrace/patio/yard	Terrasse/uteplass/hage	Garten/Terrasse/Aussenplatz
Boat: free use	Båt kan lånes	Boot aus zu leihen
Pets welcome	Kjæledyr velkommen	Haustiere willkommen
Open year round	Åpent hele året	Ganzjährig geöffnet
English spoken		Sprechen Deutsch

Old ancestral farm (forestry-based) situated in a beautiful area for walking tours in nearby forests and meadows. Fishing/boat trips and swimming. The only residents are the couple who run the farm, plus their cat, and they all enjoy meeting the nice people who come to visit the farm.

Directions:
E-134 from Drammen towards Brunkeberg. Exit onto RV 41 towards Kvitseid/Vrådal. From Vrådal: RV 38 towards Vråliosen. Turn left just after passing Vråliosen (towards Nordbø). From here it is only 500 m to Naper Gård.

Gammel slektsgård (skogsgård) beliggende i flott område for turer i skog og mark. Fiske/båtturer og bading. Kun ekteparet som driver gården bor der nå, sammen med en katt, og de syntes det er hyggelig å treffe nye mennesker som kommer på besøk på gården.

Veibeskrivelse:
E-134 fra Drammen til Brunkeberg. Ta av mot Kvitseid/Vrådal, RV 41. Fra Vrådal RV 38 til Vråliosen. Ta til venstre rett etter Vråliosen (mot Nordbø). Da er det ca 500 m til Naper Gård.

Alter Familienbetrieb in reizvoller Lage. Gute Möglichkeiten für Ausflüge durch Wald und Feld. Angeln, Bootstouren und Baden möglich. Auf dem Hof wohnt heute nur noch das Gastgeber-Ehepaar mit ihrer Katze. Beide freuen sich auf Gäste, die den Hof besuchen.

Wegbeschreibung:
Fahren Sie die Str. 134 von Drammen in Richtung Brunkeberg. Biegen Sie anschließend auf die Str. 41 nach Kvitseid/Vrådal ab. Ab Vrådal geht es weiter auf der Str. 38, bis Sie Vråliosen erreichen. Direkt hinter der Siedlung zweigen Sie in Richtung Nordbø ab. Hof 500 m.

B&B
Level of standard: ♣♣ & ♣♣♣

page **108**
Telemark

Dalen
Bed & Breakfast

Your host:
Delphine & Oliver Desmet

Address:
Aasmund Nordgaardsveg 6
N - 3880 Dalen
Phone: 35 07 70 80
Mobil: 92 81 70 12
E-mail: info@dalenbb.com
Web: www.dalenbb.com

Best time to call:
07.30 - 22.00

1 pers. in dbl. room:		650,-
Double room, shared bath:		680,-
Dbl. room, own bath:		780,-/990,-
3-bedded room:		1050,-
4-bedded room:		1200,-
Luxury room:		1360,-

No. of rooms: 11
Breakfast buffet
Selfcatering possible
Prices valid for 2008
TV available
Terrace/patio/yard
Canoe, boat and bike for rent
Small pets welcome
Open year round
English, French and Dutch spoken

1 pers. i dobbeltrom:		650,-
Dobbeltrom, delt bad:		680,-
Dobbeltrom, eget bad:		780,-/990,-
3-sengsrom:		1050,-
4-sengsrom:		1200,-
Luksusrom:		1360,-

Antall rom: 11
Frokost buffét
Selvhushold er mulig
Priser gyldig for 2008
TV tilgjengelig
Terrasse/uteplass/hage
Kano-, båt- og sykkelutleie
Små kjæledyr velkommen
Åpent hele året

1 Pers. in Doppelzi.:		650,-
Doppelzi., Gemeins. Bad:		680,-
Doppelzi., Eig. Bad:		780,-/990,-
3-Bettzimmer:		1050,-
4-Bettzimmer:		1200,-
Luxuszimmer:		1360,-

Anzahl Zimmer: 11
Frühstücksbüfett
Selbsthaushalt möglich
Preise gültig für 2008
Zugang zu TV
Terrasse/Aussenplatz/Garten
Kanu, Boot und Fahrrad zu mieten
Kleine Haustiere willkommen
Ganzjährig geöffnet
Sprechen etwas Deutsch

In the heart of Telemark, after a rather spectacular drive down steep hills, you can take a deep breath in Dalen and relax in newly renovated rooms at the Desmet's, the Belgian couple Delphine and Olivier. Next morning you will be surprised by Delphie's extraordinary homemade breakfast. All rooms have own bath and access to a common room. Deluxe room has canopy bed and massage shower.

I hjertet av Telemark, etter en nokså spektakulær kjøretur ned de bratte fjellsidene, kan du puste lettet ut i Dalen og slappe av i nyoppussede rom hos det belgiske paret Delphine og Olivier. Neste morgen kan du bli overrasket av Delphines nydelige hjemmelagde mat. Alle rom har eget bad og adgang til et felles oppholdsrom. Luksusrommet har himmelseng og massasjedusj.

Mitten im Herz der Telemark, nach einer spektakulären Autofahrt auf steilen Bergstraßen, können Sie es sich in den frisch renovierten Zimmern der Wirtsleute Delphine und Olivier so richtig gemütlich machen. Und am nächsten Morgen überrascht Sie Delphine mit schmackhaftem selbst gemachten Frühstück. Alle Zimmer mit eigenem Bad. Gemeinschaftsraum ebenfalls vorhanden. Das Luxuszimmer hat ein Himmelbett und eine Massagedusche.

Bueining med sjølvhushald / Selfcatering / Selbsthaushalt	Telemark

Mjonøy

Your host:
**Ellen B. Nordstoga &
Darius Jasmantavicius**

Address:
N - 3890 Vinje
Phone: 35 07 25 53
Mobil: 97 57 40 84
Fax: 35 07 26 33
E-mail: ellen@mjonoy.no
Web: www.mjonoy.no

Best time to call:
08.00 - 20.00

A: Rental units with high standard
No. of units: 3, for price: ask

B: Rental units with simple std.
Kitchenette, no running water
WC & shower in sanitary facilities
No. of units: 9
Price per unit for 2 pers.:   **250,-**
Price per unit for 4 pers.:   **350,-**
Bed linen fee: **100,-**
Breakfast service available: **85,-**
Prices valid for 2008

Internet available
Terrace/patio/yard
Pets welcome
VISA, MC accepted
A-units: Open year round
B-units: Open 1 June - 1 October
English spoken

A: Einingar med høg standard
Antal einingar: 3, for pris: spør

B: Einingar med enkel standard
Kjøkenkrok, ikkje innlagt vatn
Delt WC og dusj i sanitæranlegg
Antal einingar: 9
Pris pr. eining for 2 pers.: **250,-**
Pris pr. eining for 4 pers.: **350,-**
Tillegg for sengeklede: **100,-**
Frukost kan serverast: **85,-**
Priser gjeld for 2008

Internett tilgjengeleg
Terrasse/uteplass/hage
Kjæledyr velkomen
Vi tek VISA, MC
Ope heile året for A-einingar
Ope 1. juni - 1. okt. for B-einingar

A: Einheit mit hohem Standard
Anzahl Einh.: 3, Preis: auf Anfrage

B: Einheit mit einfachem Standard
Kl. Küche, Kein fl. Wasser
WC u. Dusche in Sanitäranlage
Anzahl Einheiten: 9
Preis pro Einheit, 2 Pers.:   **250,-**
Preis pro Einheit, 4 Pers.:   **350,-**
Mieten von Bettwäsche: **100,-**
Frühstück auf Bestellung: **85,-**
Preise gültig für 2008

Zugang zu Internet
Terrasse/Aussenplatz/Garten
Haustiere willkommen
Wir akzeptieren VISA, MC
A - Ganzjährig geöffnet
B - Geöffnet 1. Juni - 1. Okt.
Sprechen etwas Deutsch

Mjonøy is an island surrounded by the rivers Klevastøylåi and Smørkleppåi. Old timber houses from the area were erected on Mjonøy. Then later came construction of a residence, a wood-fired stone-oven bakery; a 'eldhus', now the reception and food outlet, a russet mill was built and finally Alvstoga with fireplace for those who need to get warm when it's cold outside. Bakery on premises. Cultural events in the summer.

Mjonøy er ei øy, elvane Klevastøylåi og Smørkleppåi renn rundt øya. Gamle tømmerhus frå området blei satt dei opp på Mjonøy. Etter kvart vart det bygd bustadhus, eit vedfyrt steinomnbakeri, eldhus som nå er resepsjon og matutsal, ei vadmålstampe blei bygd, og til slutt Alvstoga til bruk for grupper og andre som har trong for å varme seg ved peisvarmen når det er kaldt ute. Eige bakeri. Kulturarrangement.

Mjonøy ist eine Insel, umgeben von den Flüssen Klevastøylåi und Smørkleppåi. Alte Blockhäuser aus der Gegend wurden hier aufgestellt; ein Wohnhaus gebaut, eine Steinofenbäckerei, ein Altershaus, das jetzt als Rezeption und Speisesaal genutzt wird, ein Haus für die Filzpresse u. zum Schluss die Alvstoga. Dort können sich die Gruppen am Kamin wärmen. Eigene Bäckerei sowie Kulturangebote sind vorhanden.

B&B
Level of standard: ♣ ♣

page **110**
Aust-Agder

Templen
Bed & Breakfast

Your host:
Britt Egeland

Address:
Vestre Bievei 6
N - 4825 Arendal
Phone: 37 09 59 81
Mobil: 90 75 02 88

Best time to call:
08.00 - 22.00

Double-/twin room:	750,-	Dobbelt-/tosengsrom:	750,-	Doppel-/Zweibettzi.:	750,-
1 pers. in double room:	450,-	En pers. i dobbeltrom:	450,-	1 Pers. im Doppelzi.:	450,-

No. of rooms: 3
Discount for children
Laid breakfast table
Prices valid for 2008 & 2009
TV/Internet available
Terrace/patio/yard
Parking
Open year round
Some English spoken

Antall rom: 3
Rabatt for barn
Dekket frokostbord
Priser gyldig for 2008 & 2009
TV/Internett tilgjengelig
Terrasse/uteplass/hage
Parkeringsplass
Åpent hele året

Anzahl Zimmer: 3
Ermässigung für Kinder
Gedeckter Frühstückstisch
Preise gültig für 2008 & 2009
Zugang zu TV/Internet
Terrasse/Aussenplatz/Garten
Parkplatz
Ganzjährig geöffnet
Sprechen etwas Deutsch

Templen, a small farming complex on 95 hectares, is situated among peaceful surroundings about 4 km west of Arendal. There is excellent hiking in the nearby woods, and a short distance to nice beaches, golf course and museums. Kristiansand Dyrepark (zoo) is about a 45 min drive. Easy ferry connections to the continent, including Denmark. Rhododendron and perennial garden nearby. Tours upon request.

Templen, et lite gardsbruk på 95 mål, ligger i rolige omgivelser ca. 4 km vest for Arendal. Her er fine turmuligheter i skogen like ved, og det er kort avstand til fine badestrender, golfbane og museer. Til Kristiansand Dyrepark tar det ca 45 min. med bil. Gode ferjeforbindelser til Danmark og kontinentet. Rododendron- og staudehage like ved. Visning etter avtale.

Templen ist ein kleiner Bauernhof mit 9,5 Hektar, der in ruhiger Umgebung ca. 4 km westlich von Arendal liegt. Schöne Wandermöglichkeiten im nahegelegenen Wald, kurze Entfernung zu reizvollen Badestränden, Golfplatz und Museen. 45 Minuten mit dem Auto bis zum Tierpark in Kristiansand. Gute Fährverbindungen nach Dänemark und Mitteleuropa. Rhododendron- und Staudengarten nebenan. Führungen nach Absprache.

"Those who bring sunshine to the lives of others
cannot keep it from themselves." ~ James Barrie ~

Boenhet med selvhushold
Selfcatering / Selbsthaushalt

page **111**
Aust-Agder

Bjorvatn Resort

Your host:
Harald Lunderød

Address:
Bjorvatn
N - 4828 Mjåvatn
Phone: 37 03 98 09
Mobil: 41 20 17 77
Fax: 37 03 98 09
E-mail: hlundero@online.no
Web: www.bjorvatn.co.nr
Best time to call:
08.00 - 23.00

Guesthouse for 2-6 persons	Gjestehus for 2-6 personer	Gästehaus für 2-6 Personen
2 bedrooms, bath, kitchen/DR	2 soverom, bad, kjøkken/spisestue	2 Schlafzi., Bad, Küche/Esszi.
Price for whole unit: 500,-	Pris for hele enheten: 500,-	Ganze Einheit: 500,-
Bed linen fee: 50,-	Tillegg for sengetøy: 50,-	Mieten von Bettwäsche: 50,-
Breakfast service available: 50,-	Frokost kan serveres: 50,-	Frühstück auf Bestellung: 50,-
Prices valid for 2008	Priser gyldig for 2008	Preise gültig für 2008
TV available	TV tilgjengelig	Zugang zu TV
Terrace/patio	Terrasse/uteplass	Terrasse/Aussenplatz
Boat: Free use	Båt kan lånes	Boot inkl.
Open year round	Åpent hele året	Ganzjährig geöffnet
English and some Spanish spoken		Sprechen etwas Deutsch

Apartment in an old barn. Sunny location with view of a large lake. Dock with nearby swimming area and free use of boat. Hunting and fishing. Excellent sledding hill and skiing from deck area and down towards the lake. Bjorvatn is a little cluster of farms including four dwellings. Winter sports complex w/groomed ski trails: 3-4 km.

Directions:
From Kristiansand: Follow the signs towards the airport then continue on RV 41 to Birkeland and Åmli. Exit at Herefoss towards Mjåvatn/ Øynaheia. 8 km to the exit Bjorvatn. Drive via Arendal route in case of difficult winter weather conditions.

Leilighet i gammel låve på gårdstun. Solrik beliggenhet, med utsikt over et stort vann. Brygge med badeplass og gratis båt. Muligheter for jakt og fiske. Fin ake- og skibakke fra terrassen og ned mot vannet. Bjorvatn er en liten grend med fire boliger. Nærmeste vintersportssted med løyper: 3-4 km.

Vegbeskrivelse:
Fra Kristiansand: Følg skilt til flyplassen, fortsett på RV 41 til Birkeland og Åmli. Ved Herefoss, ta av mot Mjåvatn/Øynaheia. Kjør 8 km til avkjørsel Bjorvatn. Kjør evt. via Arendal ved vanskelige kjøreforhold om vinteren.

Ferienwohnung in einer alten Scheune. Sonnige Lage, Aussicht auf einen großen See. Kai mit Badestelle und Boot. Jagd- und Angelmöglichkeiten. Reizvoller Schlitten- und Skihang von der Terrasse bis hinunter zum See. Bjorvatn ist eine kleine Siedlung mit 4 Häusern. Nächste Wintersportmöglichkeiten (Loipen): 3-4 km.

Wegbeschreibung:
Ab Kristiansand: Dem Schild zum Flughafen folgen, dann Str. 41 nach Birkeland und Åmli. Bei Herefoss nach Mjåvatn/Øynaheia abbiegen. Nach 8 km Abzweigung Bjorvatn. Bei schwierigen Straßenverhältnissen im Winter: Anreise über Arendal.

B&B
Level of standard: ♣ ♣

page **112**
Vest-Agder

Liane Gård

Your host:
Wenche Kjær

Address:
Røsstadveien 166
N - 4640 Søgne
Phone: 38 16 77 32
Mobil: 91 34 02 14
E-mail: wenche@liane-gaard.com
Web: www.liane-gaard.com

Best time to call:
15.00 - 23.00

Double room:	800,-	Dobbeltrom:	800,-	Doppelzimmer:	800,-
Single room:	400,-	Enkeltrom:	400,-	Einzelzimmer:	400,-
Children under 10 years:	200,-	Barn under 10 år:	200,-	Kinder unter 10 J.:	200,-

No. of rooms: 10
Laid breakfast table
Prices valid for 2008 & 2009
TV/Internet available
Terrace/patio/yard
Bike for rent
Open year round
English spoken

Antall rom: 10
Dekket frokostbord
Priser gyldig for 2008 & 2009
TV/Internett tilgjengelig
Terrasse/uteplass/hage
Sykkelutleie
Åpent hele året

Anzahl Zimmer: 10
Gedeckter Frühstückstisch
Preise gültig für 2008 & 2009
Zugang zu TV/Internet
Terrasse/Aussenplatz/Garten
Fahrrad zu mieten
Ganzjährig geöffnet
Sprechen etwas Deutsch

In old, typical houses for the area, friendly and helpful hosts offer accommodation, located in the end of a fjord. Good possibilities for fishing or swimming. The area is well suitable for any outdoor activities, a family-friendly location, a beautiful garden surrounding the house. Landscape with forest for hiking trips, a quiet destination for recreation.

Directions:
Along E-39, 15 km west of Kristiansand; take off toward Trysnes. After 4 km you'll see a new sign to Trysnes, but here you go straight, go another 1 km, take then private road, from there it is 300 m to the house.

I eldre sørlandshus møter du her et vennlig og hjelpsomt vertskap og tilbys overnatting i naturskjønne omgivelser. Husene ligger vakkert til i enden av en fjordarm med fine fiske- og bademuligheter. Stort of flott uteareal som kan brukes til led og spill. Stor vakker omkringliggende hage. I skogsområdet rundt er det flott turterreng. Et rolig og nydelig sted for rekreasjon.

Veibeskrivelse:
Langs E-39, 15 km vest for Kristiansand; ta av mot Trysnes. Etter 4 km kommer nytt skilt mot Trysnes, men da ta rett fram, kjør 1 km, ta så privat vei, derfra er det 300 m til huset.

Die freundlichen und hilfsbereiten Gastgeber bieten Ihnen eine Übernachtung in landschaftlich reizvoller Umgebung. Die Häuser liegen sehr schön am Ende eines Fjordarms (gute Angel- und Bademöglichkeiten). Großes und schönes Außenareal, sehr gut geeignet für Spiel und Spaß. Großer eingezäunter Garten. Reizvolles Wandergebiet ringsum. Ein ruhiger und gemütlicher Ort, wie geschaffen zu Erholung!

Wegbeschreibung: Entlg. E-39, 15 km westl. von Kristiansand f. Sie ab Ri. Trysnes. Nach 4 km kommt ein neues Schild Ri. Trysnes - aber da fahren Sie ca. 1 km geradeaus u. biegen auf einen priv. Weg ein. Ca. noch 300 m bis zum Haus.

B&B
Level of standard: ♣ ♣ ♣

Vest-Agder

Heddan Gard

Your host:
Renate & Erling Stokkeland

Address:
Heddan Gard
N - 4595 Tingvatn
Phone: 38 34 88 37
E-mail: post@heddan-gard.no
Web: www.heddan-gard.no

Best time to call:
08.00 - 23.00

Double room:	from **860,-**	Dobbeltrom:	fra **860,-**	Doppelzimmer:	ab **860,-**
Twin room:	from **860,-**	Tosengsrom:	fra **860,-**	Zweibettzimmer:	ab **860,-**
Single room:	from **640,-**	Enkeltrom:	fra **640,-**	Einzelzimmer:	ab **640,-**

No. of rooms: 15
Breakfast tray or -buffet
Other meals served upon request
Prices valid for 2008/09 & 2010
Terrace/patio/yard
Boat and bike for rent
Suitable for handicapped
VISA, MC accepted
Open year round
English spoken

Antall rom: 15
Frokostbrett eller buffét
Andre måltider kan bestilles
Priser gyldig for 2008/09 & 2010
Terrasse/uteplass/hage
Båt- og sykkelutleie
Handikaptilgjengelig
Vi tar VISA, MC
Åpent hele året

Anzahl Zimmer: 15
Frühstückstablett oder -büfett
Andere Mahlzeiten nach Vereinb.
Preise gültig für 2008/09 & 2010
Terrasse/Aussenplatz/Garten
Boot - u. Fahrrad zu mieten
Behindertengerecht
Wir akzeptieren VISA, MC
Ganzjährig geöffnet
Sprechen Deutsch

A cultural heritage farm guesthouse in the inland, with roots going way back in time, and surrounded by an exciting cultural landscape and magnificent nature. Well maintained old buildings with soul and warmth, along with modern comfort. There are many available activities and everything nature can offer during both the summer and winter, by foot, bicycle and ski. Enjoy personalized service at a family-operated business with friendly German-Norwegian hosts.

Kulturhistorisk gjestegård i indre Agder med røtter langt tilbake i tid, omkranset av et spennende kulturlandskap og storslagen natur. Velholdte gamle bygninger med sjel og varme, også med moderne komfort. Mulighetene for aktiviteter er mange, alt hva naturen kan by på, sommer og vinter, til fots, på sykkel og ski.
Nyt personlig sevice i en familiebedrift med et hyggelig tysk-norsk vertskap.

Kulturhistorisch bedeutsamer Hof im Landesinnern, dessen Ursprung weit zurückreicht. Reizvolle Kulturlandschaft und großartige Natur ringsum. Gepflegte ältere Gebäude mit Stil, aber auch mit modernem Komfort. Zahlreiche Aktivitätsmöglichkeiten in der Natur, ganz gleich, ob im Sommer, im Winter, zu Fuß, mit dem Fahrrad oder per Ski.
Genießen Sie den persönlichen Service eines Familienbetriebs (deutsch-norwegische Gastgeber).

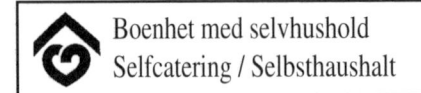

Boenhet med selvhushold
Selfcatering / Selbsthaushalt

Rogaland

Magne Handeland

Your host:
Magne Handeland

Address:
Handeland
N - 4462 Hovsherad
Phone: 51 40 21 24

Best time to call:
08.00 - 22.00

Guesthouse for 2-6 persons	Gjestehus for 2-6 personer	Gästehaus für 2-6 Personen
No. of bedrooms: 2	Antall soverom: 2	Anzahl Schlafzimmer: 2
Own bath, kitchen, LR	Eget bad, kjøkken, stue	Eig. Bad, Küche, Stube
Price per pers.: 200,-	Pris pr. pers.: 200,-	Preis pro Pers.: 200,-
Bed linen included	Sengetøy er inkludert	Inkl. Bettwäsche
Prices valid for 2008/09 & 2010	Priser gyldig for 2008/09 & 2010	Preise gültig für 2008/09 & 2010
TV available	TV tilgjengelig	Zugang zu TV
Terrace/garden	Terrasse/uteplass/hage	Terrasse/Aussenplatz/Garten
Rowboat and canoe available	Robåt- og kanoutlån	Ruderboot und Kanu zu leihen
Open year round	Åpent hele året	Ganzjährig geöffnet
English spoken		Sprechen Englisch

Magne Handeland's guest house was built in 1978 and is well equipped with freezer, washing machine, telephone, and a full kitchen. It has a private outdoor terrace, grill and garden furniture. Handeland is a short ways from E-39, just north of the village of Moi.
Fresh-water swimming and fishing opportunities nearby. The farm has cows, hens and cats and guests may arrange to assist in tending. Magne also has a wood workshop where beautiful bowls and candlesticks are designed and handcrafted.

Gjestehuset hos Magne Handeland ble bygget i 1978 og er godt utstyrt med både fryseboks, vaskemaskin, telefon, fullt utstyrt kjøkken og en terrasse med grill og utemøbler som er til gjestenes disposisjon.
Handeland ligger på en liten avstikker fra E-39, like nord for Moi.
Badeplasser i ferskvann og muligheter for fiske.
På gården er det både kyr og høns og gårdskatter. Etter nærmere avtale kan gjestene få være med på å stelle husdyrene.
Magne har også et tredreiingsverksted og lager vakre staker og boller.

Das Gästehaus wurde 1978 gebaut und ist gut ausgerüstet mit Kühlschrank, Tiefkühltruhe, Waschmaschine, Telefon und komplett eingerichteter Küche. Ungestörte Terrasse mit Grill und Sitzmöbeln. Handeland liegt einen kleinen Abstecher von E-39, nördlich von Moi. Badeplätze am See und Möglichkeit zum Angeln. Der Hof hat Grossvieh, Hühner und Katzen. Die Gäste können nach Absprache bei der Tierpflege teilnehmen.
Magne hat eine Drechsler-Werkstatt, wo die schönsten Schüsseln und Kerzenhalter entstehen.

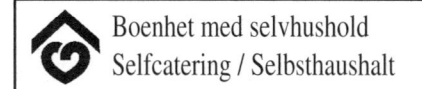

Boenhet med selvhushold
Selfcatering / Selbsthaushalt

Rogaland

Skjerpe Gård

Your host:
**Magne Leirflåt
& Jorunn Skjerpe**

Address:
**Heskestad
N - 4463 Ualand**
Phone: 51 40 09 62
Mobil: 90 94 54 64
E-mail: mleirfl@c2i.net

Best time to call:
16.00 - 17.00, Mob.: 08.00 - 23.00

Cabin for 2-6 persons	Hytte for 2-6 personer	Hütte für 2-6 Personen
2 bedrooms and 1 sleeping loft	2 soverom og 1 sovehems	2 Schlafzimmer u. 1 Schlafboden
Bath, kitchen, LR	Bad, kjøkken, stue	Bad, Küche, Stube
Whole unit for 2 pers.: **550,-**	Hele enheten for 2 pers.: **550,-**	Ganze Einheit für 2 Pers.: **550,-**
Price per additional pers.: **50,-**	Pris pr. tilleggsperson: **50,-**	Aufschl. pro extra Pers.: **50,-**
No. of cabins: 2	Antall hytter: 2	Anzahl Hütten: 2
Bed linen fee: **50,-**	Tillegg for sengetøy: **50,-**	Mieten von Bettwäsche: **50,-**
Guests clean prior to checkout	Gjestene står for sluttrengjøring	Gäste verantw. f. d. Endreinigung
Prices valid for 2008/09 & 2010	Priser gyldig for 2008/09 & 2010	Preise gültig für 2008/09 & 2010
TV available	TV tilgjengelig	Zugang zu TV
Terrace/patio/yard	Terrasse/uteplass/hage	Terrasse/Aussenplatz/Garten
Boat for rent	Båtutleie	Boot zu mieten
Open year round	Åpent hele året	Ganzjährig geöffnet
English spoken		Sprechen etwas Deutsch

At Skjerpe Gård the hosts operate a farm with dairy cows, young animals and sheep. The cabins are on the outskirts of the farm with a fine view of the valley. It's quiet and peaceful with grazing animals on the other side of the cattle pen. The hosts consist of two persons now that the children have grown and moved away. But the dog, Sana, still lives here.
Marked trails are near the cabins, and there is a fishing lake about 20-min. walk.

På Skjerpe Gård driver vertsfolket med melkekyr, ungdyr og sau. Hyttene ligger litt i utkanten av gården, på en høyde med fin oversikt over dalen. Her er det rolig og fredfylt med beitende dyr på andre siden av gjerdet.
Vertsfamilien består nå av to personer da alle tre barna har flyttet ut. Men hunden, Sana, bor her fremdeles.
Merkede turstier går forbi hyttene, 20 min. å gå til fiskevann.

Skjerpe Gård wird von den Gastgebern mit Milchkühen, Jungtieren und Schafen betrieben. Die Hütten liegen auf einer Anhöhe, ein wenig am Rand vom Hof, mit schöner Aussicht über das Tal. Hier ist es ruhig und friedlich mit grasenden Tieren ringsherum. Die Gastgeberfamilie besteht derzeit aus zwei Personen und dem Hund Sana, da alle drei Kinder bereits ausgezogen sind. Markierte Wanderwege führen an den Hütten vorbei. 20 Min. zu Fuss zum See mit der Möglichkeit zum Angeln.

Boenhet med selvhushold
Selfcatering / Selbsthaushalt

Rogaland

Huset ved havet

Your host:
Jytte & Oddvar Varhaug

Address:
Ægrå
N - 4360 Varhaug
Phone: 51 43 03 83
Fax: 51 43 11 86
E-mail: mail@husetvedhavet.com
Web: www.husetvedhavet.com

Best time to call:
15.00 - 22.00

'**Loftet**', Apt. for 2-6 persons
In new building, high standard
2 bedrooms, bath, kitchen, LR, DR
Price for whole unit: **1000,-**

'**Gurihuset**', House for 2-8 pers.
Preservation-worthy Jæren-style h.
3 bedrooms, bath, kitchen, LR, DR
Price for whole unit: **900,-**

'**Eldhuset**', House for 2 persons
1 bedroom, bath, kitchen/LR
Price for whole unit: **700,-**

Applies to all rental units:
Bed linen fee: **100,-**
Breakfast service available: **100,-**
Prices valid for 2008 & 2009
TV available
Yard/terrace/patio
Open year round
English spoken

'**Loftet**', Leilighet for 2-6 pers.
Ny bygning med høy standard
2 sov.,bad, kjøkken, stue, spisestue
Pris for hele enheten: **1000,-**

'**Gurihuset**', Hus for 2-8 personar
Verneverdig jærhus
3 sov., bad, kjøkken, stue, spisestue
Pris for hele enheten: **900,-**

'**Eldhuset**', Hus for 2 personer
1 soverom, bad, kjøkken/stue
Pris for hele enheten: **700,-**

For alle enhetene gjelder:
Tillegg for sengetøy: **100,-**
Frokost kan serveres: **100,-**
Priser gyldig for 2008 & 2009
TV tilgjengelig
Hage/terrasse/uteplass
Åpent hele året

'**Loftet**', Wohnung für 2-6 Pers.
Neues Gebäude, hoher Standard
2 Schlafzi., Bad, Küche., WZ, Essz.
Ganze Einheit: **1000,-**

'**Gurihuset**', Haus für 2-8 Pers.
Denkmalgeschütztes Jærenhaus
3 Schlafzi., Bad, Küche., WZ, Essz.
Ganze Einheit: **900,-**

'**Eldhuset**', Haus für 2 Personen
1 Schlafzi., Bad, Küche/Stube
Ganze Einheit: **700,-**

Für alle Einheiten gilt:
Mieten von Bettwäsche: **100,-**
Frühstück auf Bestellung: **100,-**
Preise gültig für 2008 & 2009
Zugang zu TV
Garten/Terrasse/Aussenplatz
Ganzjährig geöffnet
Sprechen Englisch

Your hosts at 'Huset ved havet' (House by the Sea) have been receiving guests for 5-6 years and no longer keep animals on the Ægrå farm. Situated about 500 m from the sea and 3 km from Varhaug. 'Huset ved havet' is near Nordsjøvegen scenery route, and is conveniently located for trips to Kongeparken, Lysefjord, Ryfylke, Dalane and Stavanger.

Vertskapet har drevet med turisme i 5-6 år, og har ikke lengre dyr på gården Ægrå. Beliggenhet ca 500 m fra havet og 3 km fra Varhaug. Huset ved havet ligger ved Nordsjøvegen, og har praktisk nærhet til Kongeparken, Lysefjord, Ryfylke, Dalane og Stavanger.

Seit die Wirtsleute Übernachtungsgäste aufnehmen (5-6 Jahre), gibt es auf dem Hof Aegrå keine Tiere mehr. Reizvolle Lage, ca. 500 m vom Meer und 3 km von der Siedlung Varhaug entfernt. "Huset ved havet" (das Haus am Meer) liegt direkt an der Nordseestraße. Außerdem in der Nähe: Königspark, Lysefjord, Ryfylke, Dalane und Stavanger.

B&B
Level of standard: ♣ ♣

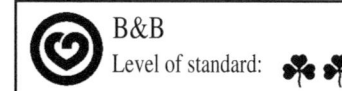

Rogaland

Bjørg's Bed & Breakfast

Your host:
Bjørg Sunde

Address:
Nordsjøveien 1215 B
N - 4343 Orre
Phone: 51 42 87 05
Mobil: 95 91 15 04

Best time to call:
09.00 - 22.00

Double room: **600,-**	Dobbeltrom: **600,-**	Doppelzimmer: **600,-**
1 pers. in double room: **300,-**	1 pers. i dobbeltrom: **300,-**	1 Pers. in Doppelzimmer: **300,-**
No. of rooms: 2	Antall rom: 2	Anzahl Zimmer: 2
Discount for children	Rabatt for barn	Ermässigung für Kinder
Laid breakfast table	Dekket frokostbord	Gedeckter Frühstückstisch
Prices valid for 2008	Priser gyldig for 2008	Preise gültig für 2008
TV available	TV tilgjengelig	Zugang zu TV
Terrace/patio/yard	Terrasse/uteplass/hage	Terrasse/Aussenplatz/Garten
Bike for rent	Sykkelutleie	Fahrrad zu mieten
Commonroom with ocean-view	Loftstue med havutsikt	Dachzimmer mit Meeresaussicht
Open year round	Åpent hele året	Ganzjährig geöffnet
English spoken		Sprechen Englisch

Your hosts at Bjørg's B&B, a couple in their late 50's, are always happy to receive new guests in their newly built home at Vik, near Orre. They were previously full-time farmers and still reside in the middle of the important agricultural region at Jæren. The view from the house is of the sea and up towards the mountains on the other side. The coastline along Jæren and Orre is specially known for its splendid white, sandy beaches and sand dunes. Walking distance to the beach. There is also excellent terrain for walking tours and bicycling.

Vertskapet i Bjørg's B&B, et par i slutten av 50-årene, tar hjertelig imot gjester i sitt nybygde hus på Vik, ved Orre. De har tidligere vært aktive bønder og bor fremdeles midt i det viktige jordbruksområdet på Jæren. Fra huset er det utsikt ut mot havet og opp mot fjellene på andre siden. Kysten langs Jæren og Orre spesielt er kjent for sine storslagne sandstrender med hvit sand og sanddyner. Gangavstand til stranden. Forøvrig fint tur- og sykkelterreng.

Die Gastgeber, ein Paar von ca. Ende 50, freuen sich in ihrem neu erbauten Haus in Vik (bei Orre) auf ihre Gäste. Früher waren sie der Landwirtschaft verbunden und wohnen noch heute gern in Jæren, einer landwirtschaftlich wichtigen norwegischen Region. Vom Haus hat man einen schönen Blick aufs Meer und die Berge auf der gegenüberliegenden Seite. Die Küstenregion um Jæren und Orre ist besonders für ausgezeichnete Strände aus weißem Sand und Dünen bekannt. Kurzer Abstand zum Strand. Darüber hinaus hat man hier gute Wander- und Radelmöglichkeiten.

B&B
Level of standard: 🍀 🍀 🍀

page **118**
Rogaland

Bed, Books & Breakfast

Your host:
Janken Robberstad
& Otto Bjelland

Address:
Byfoged Christensensgate 12
N - 4011 Stavanger
Phone: 51 52 50 50 / 90 82 35 26
E-mail: bioaroma@hotmail.com
Web: www.tilbyder.no

Best time to call:
12.00 - 13.00 / 16.00 - 23.00

Double room:	750,-	Dobbeltrom:	750,-	Doppelzimmer:	750,-
1 pers. in double room:	600,-	1 pers. i dobbeltrom:	600,-	1 Pers. im Doppelzi.:	600,-
Extra bed:	200,-	Ekstraseng:	200,-	Extrabett:	200,-

1 room with bath, kitchen, LR	1 rom med bad, kjøkken, stue	1 Zimmer mit Bad, Küche, Stube
Breakfast tray	Frokostbrett	Frühstückstablett
Selfcatering possible	Selvhushold er mulig	Selbsthaushalt möglich
Prices valid for 2008 & 2009	Priser gyldig for 2008 & 2009	Preise gültig für 2008 & 2009
TV/Internet available	TV/Internett tilgjengelig	Zugang zu TV/Internet
Terrace/patio/yard	Terrasse/uteplass/hage	Terrasse/Aussenplatz/Garten
Open year round	Åpent hele året	Ganzjährig geöffnet
English spoken		Sprechen etwas Deutsch

You're invited to a bed and breakfast with a private library of 400 books and music collection. The hosts enjoy books, music, good food and people from different cultures. Janken is a teacher of aroma therapy and feng shui. Otto is a sociologist and kinesiologist. Together they run a little school in natural therapy. 10-15 min. walk from Stavanger center.

Du inviteres her til en liten utleieleilighet med et eget bibliotek med 400 bøker og en musikksamling. Vertskapet er glad i bøker, musikk, god mat og mennesker fra ulike kulturer. Janken er lærer i aromaterapi og feng shui. Otto er sosiolog og kinesiolog. Sammen driver de en liten skole innen naturterapier.
10 - 15 min. å gå fra Stavanger sentrum.

Seien Sie herzlich eingeladen bei Janken und Otto zu übernachten. Beide sind Buch- und Musikenthusiasten, lieben gutes Essen und freuen sich über Gäste unterschiedlicher Kulturen. Sie besitzen eine Bibliothek mit über 400 Büchern und eine Musiksammlung. Janken ist Lehrerin für Aromatherapie und Feng Shui, Otto ist Soziologe und Kinesiologe. Zusammen betreiben sie eine kleine Schule für Naturtherapie. Bis zum Zentrum von Stavanger sind es nur 10-15 Min. zu Fuss.

"Kindness is the golden key that unlocks the hearts of others."
~ unknown ~

B&B	Rogaland
Level of standard: ♣ & ♣ ♣ ♣	

The Thompsons' Bed & Breakfast

Your host:
Sissel & Roger Thompson

Address:
Musègaten 79
N - 4010 Stavanger
Phone: 51 52 13 29
Mobil: 97 15 05 20
E-mail: sthompso@online.no
Web: www.thompsonsbedand
breakfast.com
Best time to call: 08.00 - 23.00

Double room:	450,-	Dobbeltrom:	450,-	Doppelzimmer:	450,-
Single room:	300,-	Enkeltrom:	300,-	Einzelzimmer:	300,-
No. of rooms: 4		Antall rom: 4		Anzahl Zimmer: 4	
Laid breakfast table		Dekket frokostbord		Gedeckter Frühstückstisch	
Prices valid for 2008		Priser gyldig for 2008		Preise gültig für 2008	
TV in all rooms		TV i alle rom		TV in allen Zimmern	
Terrace/yard/garden		Terrasse/hage		Terrasse/Garten	
Open year round		Åpent hele året		Ganzjährig geöffnet	
English spoken				Sprechen Deutsch	

English/Norwegian couple invites you to a lovely old villa from 1910 about 10 min. walk from city center. Large rooms, high ceiling. 5 min. walk to lovely walking areas. Close to museums, shops, harbor etc. Sissel and Roger are both classic car enthusiasts. They maintain a very hospitable family home. Breakfast is served in family dining room. TV, hairdryer, tea/coffee in rooms. Cyclists welcome.

Directions:
From Stavanger city center to Muségate: Straight up the hill, with Rogaland theater and the Stavanger Museum on your left-hand side. Look for the beige house with green trim, about 800 m from city center.

Engelsk/norsk ektepar ønsker deg velkommen til en nydelig gammel villa fra 1910, ca 10 min. spasertur fra sentrum. Store rom med stor takhøyde. Fem minutter fra vakkert turterreng. Nær museer, butikker, havnen etc. Sissel og Roger er begge veteranbilentusiaster. De driver et meget gjestfritt hjem. Frokost serveres i familiens spisestue. TV, hårtørker og kaffe/te på rommene. Syklister ønskes velkommen.

Veibeskrivelse:
Fra Stavanger sentrum til Muségaten: Opp bakken, med Rogaland Teater og Stavanger Museum på venstre side. Se etter beige hus med grønne lister, ca 800 m fra sentrum.

Das Englisch/Norwegische Gastgeber-Ehepaar heisst seine Gäste in einer gemütlichen alten Villa willkommen, die nur ca. 10 Minuten vom Stadtzentrum liegt. Große Zimmer mit hohen Decken. 5 Minuten bis zu einem schönen Wandergebiet. In der Nähe Museen, Geschäfte, Hafen usw. Sissel u. Roger sind "Oldtimerfans". Sie haben ein sehr gastfreundliches Haus. Frühstück im Esszimmer der Familie. TV, Fön und Kaffee/Tee auf allen Zimmern. Radfahrer willkommen.

Wegbeschreibung:
Stavanger Zentrum bis Muségate: den Hang hinauf (Rogaland Theater und Stavanger Museum linkerhand). Achten Sie auf ein beigefarbenes Haus mit grünen Fensterrahmen, ca. 800 m vom Zentrum entfernt.

B&B
Level of standard: ♣ ♣

Rogaland

Stavanger B&B

Your host:
Michael A. Peck

Address:
Vikedalsgaten 1
N - 4093 Stavanger
Phone: 51 56 25 00
Mobil: 45 41 31 60
Fax: 51 56 25 01
E-mail: post@sbb.no
Web: www.sbb.no

Best time to call:
08.00 - 24.00

Single-/Double-/3-bedded rooms	Enkelt-/dobbelt-/3-sengsrom	Einzel-Doppel-/3-Bettzimmer
Updated prices, go to: www.sbb.no	Oppdaterte priser: se www.sbb.no	Aktualisierte Preise: www.sbb.no
No. of rooms: 14	Antall rom: 14	Anzahl Zimmer: 14
Breakfast buffet	Frokostbufféт	Frühstücksbüfett
TV in all rooms	TV i alle rom	TV in allen Zimmern
Access to telephone/fax/Internet	Tilgang til tlf./fax/Internett	Tlf., Fax und Internet vorhanden
Pets welcome	Kjæledyr velkommen	Haustiere willkommen
VISA, MC accepted	Vi tar VISA, MC	Wir akzeptieren VISA, MC
Open year round	Åpent hele året	Ganzjährig geöffnet
English spoken		Sprechen Deutsch

Stavanger B&B is located about 5 min. walk from the train station, bus, ferry and express boat. 14 newly renovated rooms including: refrigerator, shower, wash basin, TV, laundry service and ample parking. Guests gather each evening at 21.00 (9 pm) to enjoy Norwegian-style waffles served with sour cream, jam and coffee.

Directions:
Exit E-39 towards the town center and drive straight through three roundabouts. Inside the Bergjeland tunnel, turn left in the roundabout and drive straight ahead to the next roundabout. Turn left in this roundabout and drive 600 meter to Vikedalsgaten 1

Ca. 5 min. gange fra jernbane, buss, ferge og hurtigbåt ligger Stavanger B&B. 14 nyoppussede rom med kjøleskap, dusj, håndvask, TV, vaskeriservice og god parkering. Hver kveld kl. 21.00 samles alle til vafler med rømme og syltetøy og kokekaffe.

Veibeskrivelse:
Fra E-39 mot sentrum kjør rett frem gjennom tre rundkjøringer. Inn i Bergjelandstunnelen, ta til venstre i rundkjøring, kjør rett frem til neste rundkjøring. Ta til venstre i denne og kjør 600 meter til Vikedalsgaten 1.

Stavanger B&B liegt nur ca. 5 Min. von Bahn, Bus, Fähre und Schnellboot. Den Gast erwarten 14 renovierte Zimmer mit Kühlschrank, Dusche, Waschbecken, TV und Wäscheservice. Parkmöglichkeiten. Allabendlich treffen sich die Gäste gegen 21.00 Uhr zu Waffeln mit Sauerrahm und Marmelade, dazu wird frisch gebrühter Kaffee serviert.

Wegbeschreibung:
Fahren Sie auf der Str. E-39 immer geradeaus in Richtung Zentrum (3x Kreisverkehr). Sie gelangen zum Tunnel "Bergjelandstunnelen", biegen im Kreisverkehr links ab und erreichen den nächsten Kreisverkehr. Dort zweigen Sie wieder links ab und fahren 600 m bis Vikedalsgaten 1.

B&B
Level of standard: ♣

page **121**
Rogaland

Tone's Bed & Breakfast

Your host:
Tone Bourrec

Address:
Peder Claussønsgate 22
N - 4008 Stavanger
Phone: 51 52 42 07
Mobil: 92 65 65 96
E-mail: ton-bour@online.no
Web: www.tones-bb.net

Best time to call:
09.00 - 22.00

Double-/twin room:	**480,-**	Dobbelt-/tosengsrom:	**480,-**	Doppel-/Zweibettzi.:	**480,-**
Single room:	**300,-**	Enkeltrom:	**300,-**	Einzelzimmer:	**300,-**

No. of rooms: 3
Laid breakfast table
Prices valid for 2008
Internet available
Patio/garden
Open year round
English, French &
some Italian spoken

Antall rom: 3
Dekket frokostbord
Priser gyldig for 2008
Internett tilgjengelig
Uteplass/hage
Åpent hele året

Anzahl Zimmer: 3
Gedeckter Frühstückstisch
Preise gültig für 2008
Zugang zu Internet
Aussenplatz/Garten
Ganzjährig geöffnet
Sprechen etwas Deutsch

'Swiss'-style house from 1894 with a small garden, in the middle of the city. Quiet surroundings.

Sveitserhus fra 1894 med liten hage. Midt i byen. Rolige omgivelser.

Haus im Schweizer Stil aus 1894 mit kleinem Garten. Mitten in der Stadt, doch ruhige Umgebung.

Directions:
Ask for Løkkeveien. Peder Claussønsgate crosses Løkkeveien.

Veibeskrivelse:
Spør etter Løkkeveien. Peder Claussønsgate er en tverrgate til Løkkeveien.

Wegbeschreibung:
Fragen Sie nach der Straße "Løkkeveien". Die "Peder Claussønsgate" kreuzt den Løkkeveien.

"Do all the good you can, by all the means you can,
in all the ways you can,
in all the places you can,
at all the times you can, to all the people you can,
as long as ever you can."

~ John Wesley ~

Boenhet med selvhushold
Selfcatering / Selbsthaushalt

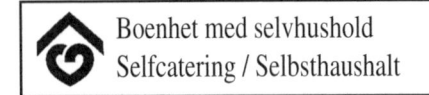

Rogaland

Byhaugen

Your host:
Harald Asche

Address:
**Bruveien 6
N - 4024 Stavanger**
Phone: 51 53 57 85
Mobil: 97 62 12 00
E-mail: booking@byhaugen.no
Web: www.byhaugen.no

Best time to call:
08.00 - 22.00

Apartment for 1-3 persons		Leilighet for 1-3 personer		Wohnung für 1-3 Personen	
2 rooms, bath, kitchen		2 rom, bad, kjøkken		2 Zimmer, Bad, Küche	
Price for 1 pers.:	**550,-**	Pris for 1 pers.:	**550,-**	Preis pro 1 Pers.:	**550,-**
Price for 2 pers.:	**600,-**	Pris for 2 pers.:	**600,-**	Preis pro 2 Pers.:	**600,-**
Price for 3 pers.:	**750,-**	Pris for 3 pers.:	**750,-**	Preis pro 3 Pers.:	**750,-**
Extra bed:	**100,-**	Ekstra seng:	**100,-**	Extrabett:	**100,-**
Prices valid for 2008		Priser gyldig for 2008		Preise gültig für 2008	
TV/Internet available		TV/Internett tilgjengelig		Zugang zu TV/Internet	
Washing machine		Vaskemaskin		Waschmaschine	
Terrace/patio		Terrasse/uteplass		Terrasse/Aussenplatz	
Pets welcome		Kjæledyr velkommen		Haustiere willkommen	
Open year round		Åpent hele året		Ganzjährig geöffnet	
English, some French and Italian				Sprechen etwas Deutsch	

Near both downtown and nature. Your host is glad to assist with reservations for tours, transportation, etc. Member of B&B Circle Stavanger. The unit was built in 2000 and is of high standard. Car parking in yard and bicycle parking i garage.
From the center of Stavanger: Take local bus no. S 25 to Byhaugen or no. 6 to Egenes kolonihage.

Nær både sentrum og naturen. Eieren er behjelpelig med å bestille turer, transport etc. Medlem av B&B Circle Stavanger. Boenheten ble ferdig i 2000 og holder høy standard. Bilparkering i gården og sykkelparkering i garasje.
Fra Stavanger sentrum ta bybuss nr. S 25 til Byhaugen eller nr. 6 til Egenes kolonihage.

Gute Lage in Zentrums- und Naturnähe. Der Besitzer hilft gern beim Transport oder beim Buchen von Touren usw. Mitglied des B&B Circle Stavanger. Die Wohnung bietet einen hohen Standard. Parkplätze im Innenhof und Garage für Fahrräder vorhanden.
Vom Zentrum Stavanger: Nehmen Sie den lokalen Stadtbus Nr. S 25 bis Byhaugen oder Bus Nr. 6 til Egenes kolonihage.

"Live you life while you have it. Life is a splendid gift - there is nothing small about it." ~ Florence Nightingale ~

B&B
Level of standard: ♣ ♣ ♣

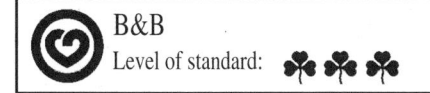

Rogaland

Åmøy Fjordferie

Your host:
Lillian & Jan-Thor Holgersen

Address:
**Varebergveien 47
N - 4152 Vestre Åmøy**
Phone: **51 72 40 77**
Mobil: **97 76 63 50 / 97 76 63 50**
E-mail: **post@amoyfjordferie.no**
Web: **www.amoyfjordferie.no**

Best time to call:
08.00 -19.00

Double-/twin room:	**810,-**	Dobbelt-/tosengsrom:	**810,-**	Doppel-/Zweibettzi.:	**810,-**
Single room:	**650,-**	Enkeltrom:	**650,-**	Einzelzimmer:	**650,-**

No. of rooms: 11
Discount for children
Laid breakfast table
Selfcatering possible
Prices valid for 2008
TV/Internet available
Terrace/patio/yard
Boat for rent
Open year round
English spoken

Antall rom: 11
Rabatt for barn
Dekket frokostbord
Selvhushold er mulig
Priser gyldig for 2008
TV/Internett tilgjengelig
Terrasse/uteplass/hage
Båtutleie
Åpent hele året

Anzahl Zimmer: 11
Ermässigung für Kinder
Gedeckter Frühstückstisch
Selbsthaushalt möglich
Preise gültig für 2008
Zugang zu TV/Internet
Terrasse/Aussenplatz/Garten
Boot zu mieten
Ganzjährig geöffnet
Sprechen etwas Deutsch

Åmøy Fjordferie lies by the sea with a panoramic view of the fjord towards Stavanger. It's possible to fish or tour the small islands in the area. For children it's exciting to hunt for small crabs under the beach rocks. Here one can find balm for the soul on a bicycle tour or from the stillness of an evening walk along the beach. Maybe you'd like to join the host in collecting the crab traps?

Åmøy Fjordferie ligger ved sjøen med panoramautsikt utover fjorden og mot Stavanger. Her er muligheter for å fiske, og turer til holmene i området.
For barna kan det være spennende å gå på jakt etter småkrabber under fjæresteinene. Her kan man oppleve balsam for sjelen på en sykkeltur eller gjennom stillheten på en kveldstur langs stranden. Kanskje ønsker du å være med vertskapet å trekke krabbeteiner?

Åmøy Fjordferie liegt am See mit Panoramaaussicht hinaus auf den Fjord Ri. Stavanger. Sie können angeln und Ausflüge zu den kleinen Inseln in der Umgebung unternehmen. Kinder werden bei der Jagd nach Kleinenkrebsen, die sich unter den Steinen verstecken, viel Spass haben. Eine Fahrradtour oder die Stille während eines Abendspaziergangs entlang des Strandes sind möglich und Balsam für die Seele.

"There is something in every season, in every day,
to celebrate with thanksgiving." ~ unknown ~

B&B
Level of standard: ♣ & ♣♣♣

Rogaland

Høiland Gard

Your host:
Synnøve & Sigbjørn Vadla

Address:
Årdal
N - 4137 Årdal i Ryfylke
Phone: 51 75 27 75
Fax: 51 75 15 05
E-mail: post@hoiland-gard.no
Web: www.hoiland-gard.no

Best time to call:
08.00 - 23.00

Double room: **750,-/850,-**	Dobbeltrom: **750,-/850,-**	Doppelzimmer: **750,-/850,-**
Single room: **450,-/650,-**	Dobbeltrom: **450,-/650,-**	Einzelzimmer: **450,-/650,-**
No. of rooms: 30	Antall rom: 30	Anzahl Zimmer: 30
Breakfast buffet	Frokost bufféт	Frühstücksbüfett
Selfcatering possible	Selvhushold er mulig	Selbsthaushalt möglich
Prices valid for 2008	Priser gyldig for 2008	Preise gültig für 2008
TV/Internet available	TV/Internett tilgjengelig	Zugang zu TV/Internet
Terrace/patio/yard	Terrasse/uteplass/hage	Terrasse/Aussenplatz/Garten
Bike for rent	Sykkelutleie	Fahrrad zu mieten
VISA, MC, DC, AmEx accepted	Vi tar VISA, MC, DC, AmEx	Akzeptieren VISA, MC, DC, AmEx
Open year round	Åpent hele året	Ganzjährig geöffnet
English spoken		Sprechen Deutsch

Høiland Gard lies at the foot of Årdalsheiene with panoramic view of the rural settlements of Årdal and Årdal fjord. These culturally historic buildings are ideally positioned in rural surroundings and together with the characteristic farmyard tree they create a wonderful atmosphere. The Vadla family bought the farmstead in 1995 and have since done restoration work, renovated, moved in a whole building and built from scratch. Today they have 70 sleeping places in assorted categories of accommodations. Høiland Gard lies 30 km from Tou in the direction of Hjelmeland, 2 km from Årdal, look for sign along RV 13.

Høiland Gard ligger ved foten av Årdalsheiene med panoramautsikt over bygda Årdal og Årdalsfjorden. De kulturhistoriske bygningene har en fin beliggenheten i landlige omgivelser, og sammen med det karakteristiske tuntreet, skapes en flott atmosfære. Familien Vadla kjøpte garden i 1995 og har siden den gang restaurert, pusset opp, flyttet et hus til garden og bygget nytt. De har idag ialt 70 sengeplasser i ulike feriehus og hotellrom.
Høiland Gard ligger 30 km fra Tou i retning Hjelmeland, 2 km fra Årdal, godt skiltet fra RV 13.

Høiland Gard liegt am Fuss von Årdalsheien mit Panoramaaussicht auf die Orte Årdal und Årdalsfjorden. Das kulturhistorische Gebäude ist schön gelegen, mit viel Natur ringsherum. Die Familie Vadla hat den Hof 1995 gekauft und seitdem renoviert. Ein ganzes Haus wurde sogar auf dem Hofplatz umgesiedelt und wieder neu aufgebaut. Heute hat Familie Vadla 70 Betten in unterschiedlichen Ferienhäusern und vermietet auch Hotelzimmer.
Høiland Gard liegt 30 km von Tou in Richtung Hjemeland, 2 km von Årdal, gut ausgeschildert von der Str. 13.

B&B
Level of standard: ♣♣ & ♣♣♣

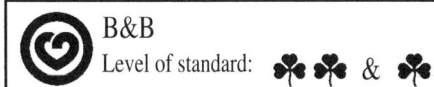

Rogaland

Hotel Nøkling
Hjelmeland Camping

Your host:
Per Anker Bergh Nøkling
& Åse Tone Nøkling

Address:
Hjelmeland
Postboks 4
N - 4148 Hjelmeland
Phone: 51 75 02 30
Fax: 51 75 02 30

Best time to call:
08.00 - 24.00

Double room: 750,-/850,-	Dobbeltrom: 750,-/850,-	Doppelzimmer: 750,-/850,-
Single room: 575,-/650,-	Enkeltrom: 575,-/650,-	Einzelzimmer: 575,-/650,-
No. of rooms: 24	Antall rom: 24	Anzahl Zimmer 24
Discount for children	Rabatt for barn	Ermässigung für Kinder
Laid breakfast table or buffet	Dekket frokostbord el. -buffet	Frühstückstisch oder -büfett
Other meals served on request	Andre måltider serveres	Andere Mahlzeiten nach Vereinb.
Self-catering possible (+ 8 cabins)	Selvhushold er mulig (+ 8 hytter)	Selbsthaushalt mögl. (+ 8 Hütten)
Prices valid for 2008/09 & 2010	Priser gyldig for 2008/09 & 2010	Preise gültig für 2008/09 & 2010
TV available	TV tilgjengelig	Zugang zu TV
Access to telephone/fax	Tilgang på telefon/faks	Zugang zu Telefon/Fax
Terrace/patio/yard/garden	Terrasse/uteplass/hage	Terrasse/Aussenplatz/Garten
Boat and bike for rent	Båt- og sykkelutleie	Boot und Fahrrad zu mieten
Pets welcome	Kjæledyr velkommen	Haustiere willkommen
Open year round	Åpent hele året	Ganzjährig geöffnet
English and French spoken		Sprechen Deutsch

Centrally, yet beautifully situated near the fjord in Hjelmeland. Excellent fishing spots and hiking trails. Row boats, swimming area. Local attractions: Breathtaking Preikestolen, Skomakenibba. Meals served to overnight guests.

Directions:
About 300 m from ferry quay in Hjelmeland along RV 13. Signposts lead to hotel. Travel time from Stavanger via Tau: about 75 min.

Stedet ligger vakkert til ved fjorden sentralt i Hjelmeland. Gode fiskemuligheter og turterreng. Robåter, badestrand. Attraksjoner i nærområdet: Preikestolen, Skomakenibba. Servering for overnattingsgjester.

Veibeskrivelse:
Ca. 300 m fra fergekaien i Hjelmeland ved RV 13. Skiltanvisning til hotellet. Reisetid fra Stavanger via Tau: ca. 75 min.

Landschaftlich reizvolle Lage am Fjord, zentral in Hjelmeland. Gute Angelmöglichkeiten. Wandergebiet, Ruderboote, Badestrand. Sehenswürdigkeiten in der Umgebung: Der Berg Preikestolen und Skomakenibba. Bewirtung für Übernachtungsgäste.

Wegbeschreibung:
Ca. 300 m vom Fähranleger in Hjelmeland entfernt (Str. 13). Der Beschilderung bis zum Hotel folgen. Fahrzeit ab Stavanger über Tau (Fähre!): ca. 75 Minuten.

B&B
Level of standard: ♣

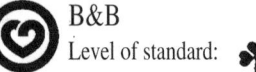

page **126**
Rogaland

Fossane

Your host:
Kari & Sven Egil Sørensen

Address:
Fossane, Vormedalen
N - 4130 Hjelmeland
Phone: 51 75 15 32
Mobil: 92 06 80 96
E-mail: post@fossane.no
Web: www.fossane.no

Best time to call:
08.00 - 23.00

Double room:	600,-
Single room:	300,-
Children:	200,-

No. of rooms: 3
Laid breakfast table
Prices valid for 2008/09 & 2010
Terrace/patio/yard/garden
Open year round
English spoken

Dobbeltrom:	600,-
Enkeltrom:	300,-
Born:	200,-

Antal rom: 3
Dekka frukostbord
Priser gjeld for 2008/09 & 2010
Terrasse/uteplass/hage
Ope heile året

Doppelzimmer:	600,-
Einzelzimmer:	300,-
Kinder:	200,-

Anzahl Zimmer: 3
Gedeckter Frühstückstisch
Preise gültig für 2008/09 & 2010
Terrasse/Aussenplatz/Garten
Ganzjährig geöffnet
Sprechen Deutsch

Rental rooms are available in the main farm dwelling where your hosts live. The farm also features 3 restored houses available for rente on a self-catering basis. The farm is a place that is full of culture and history. There are numerous cascades with old-style and modern hydroelectric stations and a restored grinding mill. The river includes an exciting swimming spot and you can fish in your host's own part of the waterway. Tour the lake in our rowboat or canoe. Fossane is situated in a beautiful wilderness area, near both fjord and mountain. 1.5 hour drive to the starting point for walking tours to Preikestolen.

Rom til leige i gardhuset, der vertskapet bur sjølv. Tre restaurerte hus på garden er også til leige med sjølvhushald.
Garden er fylt med kultur og historie. Her er det fossefall med gamalt og nytt elektrisitetsverk, og eit restaurert kvernhus. I elva er det ein spennande badeplass og tilbod om stangfiske i eigars del av vassdraget. Robåt og kano kan nyttast til turar på vatnet.
Fossane ligg i eit flott naturområde, nært både fjord og fjell. Det er 1,5 time med bil til utgangspunktet for tur til Preikestolen.

Die Zimmer befinden sich im Hauptgebäude des Hofes. Dort wohnen auch die Gastgeber. Darüber hinaus können auf dem Hof 3 renovierte Ferienhäuser gemietet werden. Ein Aufenthalt auf dem Hof ist kulturell und geschichtlich sehr reizvoll. Sehenswürdigkeiten: ein Wasserfall, ein altes und ein neues E-Werk sowie historische, restaurierte Mühlen. Schöne Badestelle. Der dem Besitzer gehörige Flussabschnitt lädt zum Angeln ein, außerdem stehen Ruderboot und Kanu zur Verfügung. Fossane ist in eine sehr reizvolle Landschaft eingebettet, in der Nähe von Fjorden und Gebirgen. Der Ausgangspunkt zur Wanderung auf den Preikestolen ist mit dem Auto nur ca. 1,5 Stunden entfernt.

Bueining med sjølvhushald / Selfcatering / Selbsthaushalt		Rogaland

A: "Johnsenhuset"
Guesthouse for 2-8 persons:
3 bedrooms, bath, kitchen, LR

B: "Folgå"
Guesthouse for 2-6 persons:
3 bedrooms, bath, kitchen, LR

C: "Bjødlandsfolgå"
Guesthouse for 2-4 persons:
2 bedrooms, bath, kitchen, LR

For updated prices:
Go to: www.fossane.no

Applies to all rental units:
Garden/yard/terrace/patio
Boat for rent
Pets welcome
Open year round
English spoken

Directions:
From Stavanger: Take the ferry to Tau, then follow RV 13 to Hjelmeland. Turn toward Vormedalen, you see the sign just before the ferry quay at Hjemeland. To Vormedalen the distance is ca. 20 km drive and turn right over the bridge towards Fundingsland for 1 km or turn right on the 3rd road after the bridge.

A: "Johnsenhuset"
Gjestehus for 2-8 personar:
3 soverom, bad, kjøken, stove

B: "Folgå"
Gjestehus for 2-6 personar:
3 soverom, bad, kjøken, stove

C: "Bjødlandsfolgå"
Gjestehus for 2-4 personar:
2 soverom, bad, kjøken, stove

For oppdaterte priser:
Sjå: www.fossane.no

Gjeld alle einingar:
Hage/terrasse/uteplass
Båtutleige
Kjæledyr velkomen
Ope heile året

Vegforklaring:
Frå Stavanger. Ta ferge til Tau, følg RV 13 til Hjelmeland. Du finn skilt til Vormedalen rett før fergekaia i Hjelmeland. Kjøyr mot Vormedalen, ca. 20 km, veg over bru til høgre (Fundingsland) 1 km mot Fundingsland eller 3dje veg til høgre etter bru.

A: "Johnsenhuset"
Gästehaus für 2-8 Personen
3 Schlafzi., Bad, Küche, Stube

B: "Folgå"
Gästehaus für 2-6 Personen
3 Schlafzi., Bad, Küche, Stube

C: "Bjødlandsfolgå"
Gästehaus für 2-4 Personen:
2 Schlafzi., Bad, Küche, Stube

Aktualisierte Preise finden Sie hier: www.fossane.no

Für alle Einheiten gilt:
Garten/Terrasse/Aussenplatz
Boot zu mieten
Haustiere willkommen
Ganzjährig geöffnet
Sprechen Deutsch

Wegbeschreibung:
Ab Stavanger: Nehmen Sie die Fähre nach Tau, und folgen der Straße 13 nach Hjelmeland. Direkt vor dem Fähranleger ist der Weg nach Vormedalen ausgeschildert (Hjelmeland – Vormedalen: ca. 20 km). Dort geht es über eine Brücke und anschließend nach rechts (Fundingsland). Nach ca. 1 km biegen Sie in die 3. Straße rechts ab (3. Strasse hinter der Brücke).

B&B
Level of standard: ♣♣

Rogaland

Kleivå Gardscamping

Your host:
Svanhild & Sigmund Alvestad

Address:
N - 5561 Bokn
Phone: 52 74 84 24
Fax: 52 74 82 82
Mobil: 99 51 39 72
E-mail: sigmund@kleivaa.no
Web: www.kleivaa.no

Best time to call:
09.00 - 23.00

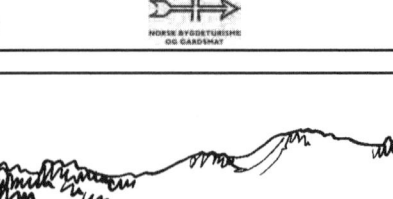

Double room: 665,-	Dobbeltrom: 665,-	Doppelzimmer: 665,-
1 pers. in double room: 540,-	1 pers. i dobbeltrom: 540,-	1 Pers. im Doppelzi.: 540,-
No. of rooms: 2	Antal rom: 2	Anzahl Zimmer: 2
Discount for children	Rabatt for born	Ermässigung für Kinder
Breakfast tray	Frukostbrett	Frühstückstablett
Selfcatering possible	Høve til sjølvhushald	Selbsthaushalt möglich
Prices valid for 2008 & 2009	Prisar gjeld for 2008 & 2009	Preise gültig für 2008 & 2009
TV/Internet available	TV/Internett tilgjengeleg	Zugang zu TV/Internet
Phone/fax available	Tilgang til tlf./fax	Tel./Fax vorhanden
Terrace/patio	Terrasse/uteplass	Terrasse/Aussenplatz
Boat for rent	Båtutleige	Boot zu mieten
Bike for rent	Sykkelutleige	Fahrrad zu mieten
Pets welcome	Kjæledyr velkomen	Haustiere willkommen
Open year round	Ope heile året	Ganzjährig geöffnet
English spoken		Sprechen etwas Deutsch

Kleivå farm is approx. 3.5 km from E-39, on the island of Vestre Bokn.
Plentiful opportunity for hiking, fishing, biking, canoeing, looking after animals, etc. The nearby Haugaland area offers over 30 activities, and it is not far to Skudeneshavn, one of Norway's most unique old town areas.
The farm has cows, pigs, cats, lambs and rabbits.

Kleivå gard finn du 3,5 km frå E-39, på øya Vestre Bokn.
Gode høve til fotturar, kanopadling, fiske, sykkelturar, stell av dyr og anna. Haugalandet rundt kan by på over 30 aktivitetar, og det er kort veg til Skudeneshavn, eit av Noregs mest særprega gamle byområder.
På garden er det kyr, griser, katter, lam og kaniner.

Der Hof Kleivå liegt 3,5 km von der Strasse E-39 auf der Insel Vestre Bokn. Gute Möglichkeiten für Wandern, Kanupaddeln, Angeln, Radfahren, Tierbetreuung u.a. In Haugalandet kann man mehr als 30 verschiedenen Aktivitäten nachgehen. Unweit entfernt liegt Skudeneshavn mit seiner historischen Altstadt, architektonisch eine der interessantesten Städte des Landes.
Auf dem Hof gibt es Kühe, Schweine, Katzen, Lämmer und Kaninchen.

B&B
Level of standard: ♣

page **129**
Rogaland

Dugneberg Bed & Breakfast

Your host:
Jan Arnstein Liknes

Address:
Vestre Karmøyveg 435
N - 4270 Åkrehamn
Phone: 52 81 62 52
Mobil: 48 15 07 87
E-mail: dugneberg@c2i.net
Web:
http://home.c2i.net/dugneberg
Best time to call: 08.00 - 23.00

Double room:	**500,-**	Dobbeltrom:	**500,-**	Doppelzimmer:	**500,-**
Single room:	**250,-**	Enkeltrom:	**250,-**	Einzelzimmer:	**250,-**

No. of rooms: 3
Laid breakfast table
Prices valid for 2008
TV/Internet available
Terrace/patio/yard
Pets welcome
Open year round
English & some French spoken

Antall rom: 3
Dekket frokostbord
Priser gyldig for 2008
TV/Internett tilgjengelig
Terrasse/uteplass/hage
Kjæledyr velkommen
Åpent hele året

Anzahl Zimmer: 3
Gedeckter Frühstückstisch
Preise gültig für 2008
Zugang zu TV/Internet
Terrasse/Aussenplatz/Garten
Haustiere willkommen
Ganzjährig geöffnet
Sprechen Deutsch

Dugneberg B&B is a small farm on Karmøy. From the top of Dugneberg one can see miles and miles of coastline and enjoy fantastic sunsets on clear summer nights. There are fine foot paths through heather purple and only 10 min. walk to the sea. The farm has an inviting look with meadows and fields. Everyone is welcome to putter around or find a bench and read a book. It's allowed to enjoyed the fruit from berry bushes in the old garden.

Directions:
Situated on route RV 47, 13 km. north of Skudesneshavn and 2.5 km. south of Åkrehamn. At the Liknes busstop see the sign 'Rom', pointing to the farm yard.

Dugneberg er et lite gårdsbruk på Karmøy. Fra toppen av Dugneberg kan man se kilometervis langs kystlinjen og nyte en fantastisk solnedgang på klare sommerkvelder. Her er flotte turstier innover lyngheiene og bare 10 min. å gå ned til havet. Gården har et trivelig uteareal med plener og marker der alle er velkomne til å tusle rundt eller finne seg en benk for å lese litt i en bok. Det er også lov å forsyne seg fra bærbuskene i den gamle havnehagen.

Veibeskrivelse:
Langs RV 47, 13 km nord for Skudesneshavn og 2,5 km sør for Åkrehamn; like ved buss-stoppestedet på Liknes, se 'ROM'-skiltet som peker mot tunet.

Dugneberg ist ein kleiner Hof auf Karmøy. Man kann kilometerlang die Küste entlangsehen u. fantastische Sonnenuntergänge geniessen. Schöne Wanderwege führen durch die hügelige Heidelandschaft. Zu Fuss sind es nur 10 Min. bis zum Hafen. Der Hof hat einen gemütlichen Garten. Seien Sie herzlich zu einem Rundgang willkommen und lesen Sie ein Buch auf einer der Gartenbänke. Sie dürfen gerne an den Beerenbüschen im alten Garten naschen.

Wegbeschreibung:
Entlang der Str. 47, 13 km nördlich von Skudesneshavn und 2,5 km südlich vor Åkrehamn; direkt bei der Bushaltestelle in Liknes, sehen Sie das 'ROM'- Schild, das Ri. Hof zeigt.

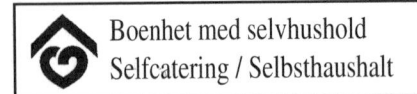

Boenhet med selvhushold
Selfcatering / Selbsthaushalt

Rogaland

Anne Grete's Husrom

Your host:
Anne Grete Gausvik

Address:
**Soldalveien 3
N - 5546 Røyksund**
Phone: 52 83 65 93
Mobil: 90 88 14 35

Best time to call:
08.00 - 22.00

Apartment for 2-4 persons	Leilighet for 2-4 personer	Wohnung für 2-4 Personen
Own bath, sleeping alcove and LR w/kitchen	Eget bad, sovealkove og stue m/kjøkken	Eig. Bad, Schlafalkoven und Stube mit Küche
Price for whole unit: 350,-	Pris for hele enheten: 350,-	Ganze Einheit: 350,-
Bed linen fee: 50,-	Tillegg for sengetøy: 50,-	Mieten von Bettwäsche: 50,-
Discount for children	Rabatt for barn	Ermässigung für Kinder
Prices valid for 2008/09 & 2010	Priser gyldig for 2008/09 & 2010	Preise gültig für 2008/09 & 2010
TV available	TV tilgjengelig	Zugang zu TV
Yard/terrace/patio	Hage/terrasse/uteplass	Garten/Terrasse/Aussenplatz
Suitable for handicapped	Handikaptilgjengelig	Behindertengerecht
Pets welcome	Kjæledyr velkommen	Haustiere willkommen
Open May - October	Åpent mai - oktober	Geöffnet Mai - Oktober
Some English & Spanish spoken		Sprechen etwas Deutsch

Anne Grete is an experienced hostess, and you find her on the mainland, 12 km south of Haugesund. The house has a lovely view of the fjord and neighboring wilderness. Good hiking opportunities, abundant seasonal berry and mushroom picking, swimming and fishing. motorized rowboat for rent.
From Anne Grete's you can venture on day trips to visit the quaint villages of Skudenes and Kopervik with their historical wooden buildings, visit Avaldsnes Church, or take the boat from Haugesund to Utsira, an ocean island, Norway's most western point.

Anne Grete har tatt imot turister i mange år. Du finner stedet på fastlandet 12 km sør for Haugesund. Huset har fin utsikt over fjord og friområde.
I området er det fint turterreng, bra med skogsbær og sopp. Fine steder for bading og fisking i fjorden.
Fra Anne Gretes husrom kan man legge ut på dagsturer for å besøke de idylliske småstedene Skudenes og Kopervik med gammel trehusbebyggelse, beskue Avaldsnes kirke eller ta båten fra Haugesund til Utsira, et lite samfunn på ei øy ute i havgapet som er Norges vestligste bosetning.

Anne Grete nimmt seit vielen Jahren Gäste auf. Gausvik liegt 12 km südlich von Haugesund. Das Haus hat eine schöne Aussicht über Fjord und Umgebung. Reizvolles Wandergelände, reich an Waldbeeren und Pilzen. Schöne Stellen zum Baden und Angeln im Fjord. Ausflüge nach Skudenes oder Koppervik, kleine idyllische Orte mit Holzhäusern. Zu empfehlen sind der Besuch der Avaldsnes-Kirche und Fahrt mit Schiff von Haugesund nach Utsira, der westlichsten Siedlung von Norwegen auf einer Insel in der Nordsee.

B&B
Level of standard: ♣

Rogaland/Hordaland

Eide Gard

Your host:
Johanne Marie Heggebø

Address:
Eide
N - 5580 Ølen
Phone: 53 76 82 23
Mobil: 90 19 53 10
E-mail:
johanne.marie@eidegard.no
Web: www.eidegard.no

Best time to call:
09.00 - 22.00

Double-/twin room: **1000,-**	Dobbelt-/tosengsrom: **1000,-**	Doppel-/Zweibettzimmer: **1000,-**
1 pers. in double room: **750,-**	1 pers. i dobbeltrom: **750,-**	1 Pers. im Doppelzimmer: **750,-**
No. of rooms: 3	Antal rom: 3	Anzahl Zimmer: 3
Laid breakfast table	Dekka frukostbord	Gedeckter Frühstückstisch
Prices valid for 2008	Priser gjeld for 2008	Preise gültig für 2008
TV available	TV tilgjengeleg	Zugang zu TV
Terrace/patio/yard	Terrasse/uteplass/hage	Terrasse/Aussenplatz/Garten
Boat for rent.	Båtutleige	Boot zu mieten
Open year round	Ope heile året	Ganzjährig geöffnet
English spoken		Sprechen etwas Deutsch

Eide Gard is the place for anyone who is seeking the uncomplicated, original atmosphere of Western Norway. Farm facilities dating from around 1800 are restored in the traditional Norwegian style. Here you will find an old cookhouse with a hearth and an old woodshed that has been converted for use as an old-style gathering hall.
Eide Gard has been awarded "Olavsrosa" for its historic quality.
Fjord view from the rooms, walking distance to Ølen town center, marked walking trails.

Eide Gard er staden for deg som søkjer den enkle og tradisjonelle stemninga frå Vestlandet. Gardstunet, som stammer frå rundt år 1800 er satt i stand i tradisjonell norsk stil. På garden finn du óg eit eldhus med grue, og eit vedskjul som er omgjort til gildeskål (trad. selskapslokale).
Eide gard er tildelt Olavsrosa for sin historiske miljøkvalitet.
Fjordutsikt frå romma, gangavstand til Ølen sentrum, merka turløyper.

Der Hof Eide Gard ist genau der richtige Ort für alle Gäste, die die einfache und ursprüngliche Atmosphäre Westnorwegens mögen. Der Hof stammt ca. von 1800, die Gebäude sind im traditionellen norwegischen Stil erbaut und eingerichtet. Unter anderem gibt es ein altes Backhaus mit Feuerstelle sowie einen Holzschuppen, der zu einem sogenannten "Gildeskål" umgebaut wurde, einem trad. Gesellschaftsraum. Der Hof wurde aufgrund seiner historischen Milieuqualität mit der Olavsrose ausgezeichnet. Fjordblick aus den Zimmern, Fußweg zum Ølen Zentrum, markierte Wanderwege.

B&B
Level of standard: ♣ ♣ ♣

page **132**
Hordaland

Guddalstunet

Your host:
Kirsten & Johannes Guddal

Address:
N - 5470 Rosendal
Phone: 53 48 11 27
Mobil: 91 69 60 21
Fax: 53 48 47 42
E-mail: post@guddalstunet.no
Web: www.guddalstunet.no

Best time to call:
08.00 - 22.00

Double room: **800,-**	Dobbeltrom: **800,-**	Doppelzimmer: **800,-**
1 pers. in double room: **600,-**	1 pers. i dobbeltrom: **600,-**	1 Pers. im Doppelzimmer: **600,-**
No. of rooms: 2	Antall rom: 2	Anzahl Zimmer: 2
Laid breakfast table	Dekket frokostbord	Gedeckter Frühstückstisch
Cabins for 2-6 persons (selfcatering)	Hytter for 2-6 pers. (selvhushold)	Hütten f. 2-6 Pers. (Selbsthaushalt)
Own bath, kitchen, LR	Eget bad, kjøkken, stue	Eig. Bad, Küche, Stube
Price per cabin: **900,-**	Pris pr. hytte: **900,-**	Preis pro Hütte: **900,-**
Bed linen fee: **90,-**	Tillegg for sengetøy: **90,-**	Mieten von Bettw.: **90,-**
Prices valid for 2008 & 2009	Priser gyldig for 2008 & 2009	Preise gültig für 2008 & 2009
TV available	TV tilgjengelig	Zugang zu TV
Terrace/patio/yard	Terrasse/uteplass/hage	Terrasse/Aussenplatz/Garten
Boat for rent	Båtutleie	Boot zu mieten
Open year round	Åpent hele året	Ganzjährig geöffnet
English spoken		Sprechen Deutsch

In old and new houses and huts you will be welcomed to a generation farm with traditions. The farm has been awarded the "Olavsrosa" by the national cultural foundation for the historic environmental quality which the place represents, through careful restoration.
Rosendal is known for its renaissance/baroque chateau from the 17th century barony, which is now a museum.
Guddals lies just off the RV 13 on the southern side of the Hardangerfjord. Drive off at Seimsfoss, 3 km south of Rosendal.

I gamle og nye hus og hytter ønskes du velkommen til en generasjonsgård med tradisjoner. Guddalstunet er tildelt Olavsrosa fra den nasjonale kulturminnestiftelsen for den historiske miljøkvaliteten som anlegget representerer, gjennom pietetsfullt restaureringsarbeide.
Rosendal er kjent for sitt renessanse/barokkslott Baroniet, fra 1600-tallet, som nå er museum.
Guddal ligger på en avstikker fra RV 13 på sørsiden av Hardangerfjorden. Ta av ved Seimsfoss, 3 km sør for Rosendal.

Auf dem traditionsreichen Erbhof werden Gäste in alten und neuen Häusern und Hütten willkommen geheissen.
Der Hof wurde vom nationalen Kulturdenkmalsfond für pietätsvolle Restaurierung und geschichtliche Milieuqualität ausgezeichnet. Das Renaissance/Barock Schloss Rosendal aus 1600 ist jetzt ein Museum.
Guddal liegt an der Südseite des Hardangerfjords auf der Str. 13. Abfahrt Seimsfoss, 3 km südlich von Rosendal.

Bueining med sjølvhushald
Selfcatering / Selbsthaushalt

NBG

page **133**
Hordaland

Nestunet

Your host:
Anne-Karin L. & Kåre Nes
Address:
Mundheim
N - 5632 Omastrand
Phone: 56 55 47 52
Fax: 56 55 78 10
E-mail: post@nestunet.com
Web: www.nestunet.com
Best time to call:
08.00 - 23.00

A: 'Idneståvå'
House with 2 apt. for 4-6 persons
Each apt. contains:
2 bedrooms, bath, kitchen, LR
Price for whole unit: **650,-**

B: Cabin for 2-4 persons
LR w/kitchen-nook, bath, loft
Price for whole unit: **450,-**

C: House for 8-10 persons
2 double bedrooms, bath, WC
2 LRs, kitchen
Price for whole unit: **800,-**

Bed linen fee: **75,-**
Prices valid for 2008
Terrace/patio/yard
Boat for rent
Pets welcome
Open year round
English spoken

The naturally attractive and idyllically located Nestunet is near Mundheim in Hardanger. The hosts run a farm with cows, sheep and forestry in addition to the rental business. In May/June it's especially beautiful with the blooming fruit trees. In the fall: autumn colors and clear fresh air. Several private beaches to enjoy in the summer. Private trout lake.

A: 'Idneståvå'
Hus med 2 bueiningar for 4-6 pers.
Kvar bueining inneheld:
2 soverom, bad, stove og kjøken
Pris for heile eininga: **650,-**

B: Hytte for 2-4 personer
Stove m/kjøkenkrok, bad, sovehems
Pris for heile eininga: **450,-**

C: Hus for 8-10 personer
4 doble soverom, bad, WC
2 stover og kjøken
Pris for heile eininga: **800,-**

Tillegg for sengeklede: **75,-**
Priser gjeld for 2008
Terrasse/uteplass/hage
Båt kan leigast
Kjæledyr velkomen
Ope heile året

Naturskjønt og idyllisk ligg Nestunet ved Mundheim i Hardanger. Her vert det dreve vanleg gardsbruk med kyr, sau og skogbruk ved sida av utleigeverksemda. I mai/juni kan det vera særs vakkert med fruktbløming. Om hausten: nydelege fargar og den klare lufta. Høve til bading frå fleire små private strender om sommaren. Privat aurevatn for fiske.

A: 'Idneståvå'
Haus mit 2 Wohng. für 4-6 Pers.
Jede Wohnung beinhaltet:
2 Schlafzi., Bad, Küche, Stube
Ganze Einheit: **650,-**

B: Hütte für 2-4 Pers.
Stube m. kl. Kü., Bad, Schlafboden
Ganze Einheit: **450,-**

C: Haus für 8-10 Pers.
4 Doppelzimmer, Bad, WC
2 Wohnstuben, Küche
Ganze Einheit: **800,-**

Mieten von Bettwäsche: **75,-**
Preise gültig für 2008
Terrasse/Aussenplatz/Garten
Boot zu mieten
Haustiere willkommen
Ganzjährig geöffnet
Sprechen Deutsch

Idyllisch und umgeben von wunderschöner Natur liegt Nestunet bei Mundheim in Hardanger. Der Hof wird mit Kühen, Schafen und Holzwirtschaft betrieben. Im Mai/Juni sind die blühenden Obstbäume sehenswert! Geniessen Sie im Herbst bei klarer Luft die schönen Farben der Natur und im Sommer die kleinen Privatbadestrände. Privatsee zum Fischen vorhanden.

B&B
Level of standard: ♣ ♣

NBG

page **134**
Hordaland

Heradstveit Herberge

Your host:
An Riemslag

Address:
Heradstveitvegen 244
N - 5620 Tørvikbygd
Phone: 56 55 81 39
Mobil: 97 54 92 40
E-mail: an.riemslag@myhome.no
Web:
www.heradstveit-herberge.no
Best time to call: 08.00 - 22.00

Double-/twin room: **900,-**	Dobbelt-/tosengsrom: **900,-**	Doppel-/Zweibettzi.: **900,-**
1 pers. in double room: **500,-**	1 pers. i dobbeltrom: **500,-**	1 Pers. im Doppelzi.: **500,-**
No. of rooms: 5	Antal rom: 5	Anzahl Zimmer: 5
Laid breakfast table	Dekka frukostbord	Gedeckter Frühstückstisch
Prices valid for 2008 & 2009	Priser gjeld for 2008 & 2009	Preise gültig für 2008 & 2009
TV/Internet available	TV/Internett tilgjengeleg	Zugang zu TV/Internet
Terrace/patio/yard	Terrasse/uteplass/hage	Terrasse/Aussenplatz/Garten
Suitable for handicapped	Tilhøve for gjester med handikap	Behindertengerecht
Pets welcome	Kjæledyr velkomen	Haustiere willkommen
Open year round	Ope heile året	Ganzjährig geöffnet
English, Dutch & French spoken		Sprechen Deutsch

At 250 meters above sea level with a great view lies Heradstveit Herberge, a family farm with active operations including forestry, sawmill, woodwork, a storehouse museum and more. The hostess is from Netherlands and welcome travelers.
Guests can hike mountains up to 1000 m. altitude and wander to romantic forest lake; go horseback riding or use the neighborhood fitness center. Good food and a friendly atmosphere with culture and history.
Heradstveit Herberge is also suitable for courses, meetings, surprise trips and other group activities.

På ei høgde 250 m.o.h. med fint utsyn ligg Heradstveit Herberge, ein slektsgard i aktiv drift med skog, sagbruk, treverkstad, stabbursmuseum og anna. Vertinna er frå Nederland og ynskjer reisande velkomen.
Fine høve til fjellturar opp til over 1000 m, turar til romantisk skogsvatn, hesteridning, treningsstudio i nærleiken. God mat i ein venskapeleg atmosfære prega av kultur og historie.
Heradstveit Herberge er óg egna til kurs, møter, blåturer, og andre gruppesamankomster.

Auf einer Höhe von 250 m ü.NN, mit schöner Aussicht, befindet sich der Familienhof Heradstveit Herberge. Der Hof wird voll betrieben mit Forstwirtschaft, Sägewerk, Holzwerkstatt, Speicher-Museum u.v.m. Die Gastgeberin kommt aus den Niederlanden und heisst ihre Gäste herzlich willkommen. Hier können Sie vielen Aktivitäten nachgehen: eine Bergtour bis auf 1000 m Höhe unternehmen, zum romantischen Waldsee fahren, Reiten gehen und auch ein Sportstudio ist in der Nähe. Geniessen Sie gutes Essen in einer gastfreundlichen Atmosphäre voller Kultur und Geschichte. Der Hof eignet sich auch für Kurse, Treffen, Überraschungstrips und andere Gruppenaktivitäten.

B&B
Level of standard: ♣ ♣

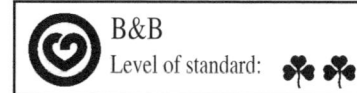

Bergen area, Hordaland

Lyseklostervegen Bed & Breakfast

Your host:
Gerd & Knut Fredriksen

Address:
Lyseklosterveien 235
N - 5215 Lyseklostrer
Phone: 56 30 91 50
Mobil: 97 40 64 69
E-mail: egfredri@online.no

Best time to call:
09.00 - 12.00 / 15.00 - 21.00

Double room:	**550,-**	Dobbeltrom:	**550,-**	Doppelzimmer:	**550,-**
Single room:	**350,-**	Enkeltrom:	**350,-**	Einzelzimmer:	**350,-**

No. of rooms: 3
Breakfast buffet
Prices valid for 2008
Yard/garden
Open year round
Some English spoken

Antall rom: 3
Frokostbufféten
Priser gyldig for 2008
Hage
Åpent hele året

Anzahl Zimmer: 3
Frühstücksbüfett
Preise gültig für 2008
Garten
Ganzjährig geöffnet
Sprechen etwas Englisch

Here you can find countryside atmosphere, 25 km from Bergen center. Opportunities for walks in forest surroundings.
Close by you can visit national cultural treasures like the ruins of Lyseklostrer Convent and the villa of Ole Bull at Lysøen.
Driving time is 30 min. to Bergen, 10 min. to Os and by passenger boat you can easily get to Rosendal in Hardanger.
Farm in operation breeding Kashmir goats.

Her kan du bo i landlige omgivelser. Huset ligger 25 km fra Bergen sentrum. Turmuligheter i skog og mark. I nærheten finner du nasjonale kulturskatter som Lyseklostrer ruiner og Ole Bulls villa på Lysøen.
Det tar 30 min. med bil til Bergen, 10 min. til Os, og det går hurtigbåt til Rosendal i Hardanger.
Vertskapet driver gårdsdrift med karsmirgeiter.

Hier wohnen Sie in ländlicher Umgebung. 25 km bis zum Zentrum in Bergen. Wandermöglichkeiten in Wald und Flur. Nationale Kulturschätze wie die Klosterruine Lyseklostrer und die Villa des Künstlers Ole Bull in Lysøen befinden direkt in der Nähe.
Bis Bergen sind es 30 Min. mit dem Auto, bis Os 10 Min., ausserdem fährt ein Schnellboot bis Rosendal in Hardanger. Die Gastbeber betreiben eine Zucht von Kaschmir-Ziegen.

Some men see things as they are and say "Why?"
I dream things that never were, and say "Why not?"
~ George Bernard Shaw ~

B&B
Level of standard: ♣

page **136**
Bergen area, Hordaland

Ekergarden

Your host:
Christa-Lis Devangel
& Irene Evensen

Address:
Kyrkjeledvegen 7
Nordre Ekerhovd
N - 5353 Straume
Phone: 56 33 03 34 / 56 32 15 10
Mobil: 95 05 19 61 / 93 22 84 34
E-mail: devangel@online.no
irene.evensen@online.no
Web: www.ekergarden.com
Best time to call: 09.00 - 22.00

Twin room:	600,-	Tosengsrom:	600,-	Zweibettzimmer:	600,-
Single room:	350,-	Enkeltrom:	350,-	Einzelzimmer:	350,-
3-bedded room:	900,-	3-sengsrom:	900,-	Dreibettzimmer:	900,-

No. of rooms: 6	Antall rom: 6	Anzahl Zimmer: 6
Discount for children	Rabatt for barn	Ermässigung für Kinder
Laid breakfast table or self-service	Dekket frokostbord eller selvbetjening	Gedeckter Frühstückstisch oder Selbstbedienung
Other meals available	Andre måltider tilgjengelig	Andere Mahlzeiten auf Anfrage
Selfcatering possible	Selvhushold er mulig	Selbsthaushalt möglich
Prices valid for 2008	Priser gyldig for 2008	Preise gültig für 2008
Internet available	Internett tilgjengelig	Zugang zu TV/Internet
Terrace/patio/yard	Terrasse/uteplass/hage	Terrasse/Aussenplatz/Garten
Open year round	Åpent hele året	Ganzjährig geöffnet
English & some French spoken		Sprechen etwas Deutsch

Ekergarden lies snugly in natural and peaceful surroundings on the east side of Sotra. Near mountains and coast. Ekergarden is an oasis to visit when you need a holiday, to relax or recharge.
Besides a place to stay the hosts offer good home-made vegetarian food and services such as massage, healing and guiding. Ekergarden is operated by two women who are experienced therapists and educators.

Ekergarden ligger nydelig til i fin natur og rolige omgivelser på østsiden av Sotra. Nært fjell og sjø.
Ekergarden er en oase å besøke når du trenger ferie, et sted å slappe av, eller når du trenger påfyll.
I tillegg til overnatting tilbyr vertskapet god hjemmelaget vegetarisk mat, behandlinger som massasje, healing og veiledning. De driver også med kurs og foredrag.
Ekergarden drives av to kvinner som også bor på stedet, begge er erfarne terapeuter og undervisere.

Ekergarden liegt, von herrlicher Natur umgeben, auf der Ostseite von Sotra. Die Berge und das Meer befinden sich in unmittelbarer Umgebung. Ekergarden ist eine Oase für alle Urlauber. Hier kann man sich erholen und neue Kräfte tanken. Auf Ekergarden heissen Sie die beiden Gastgeberinnen herzlich willkommen. Beide sind erfahrene Therapeuten und Lehrer. Es erwartet Sie hausgemachtes vegetarisches Essen, Massagen, Kurse und Vorträge.

B&B
Level of standard: ♣♣ & ♣♣♣

Bergen area, Hordaland

Lerkebo

Your host:
Klausen

Address:
**Sætervegen 40
N - 5236 Rådal**
Phone: 55 13 62 44
Mobil: 40 40 21 53 / 41 14 68 98
Fax: 55 13 38 50
E-mail: solveig@lerkebo.no
Web: www.lerkebo.no

Best time to call:
08.00 - 23.00

Double room:	**550,-/850,-**	Dobbeltrom:	**550,-/850,-**	Doppelzimmer:	**550,-/850,-**
Room for 3 pers.:	**700,-/850,-**	Rom for 3 pers.:	**700,-/850,-**	Zimmer für 3 Pers.:	**700,-/850,-**
Single room:	**350,-/450,-**	Enkeltrom:	**350,-/450,-**	Einzelzimmer:	**350,-/450,-**
Extra bed:	50,- up to **175,-**	Ekstraseng:	50,- opp til **175,-**	Extrabett:	50,- bis zu **175,-**

No. of rooms: 5	Antall rom: 5	Anzahl Zimmer: 5
Discount for children	Rabatt for barn	Ermässigung für Kinder
Breakfast buffet	Frokostbufféet	Frühstücksbüfett
Selfcatering possible	Selvhushold er mulig	Selbsthaushalt möglich
Prices valid for 2008/09 & 2010	Priser gyldig for 2008/09 & 2010	Preise gültig für 2008/09 & 2010
TV/Internet available	TV/Internett tilgjengelig	Zugang zu TV/Internet
Terrace/patio/yard	Terrasse/uteplass/hage	Terrasse/Aussenplatz/Garten
Bike for rent	Sykkelutleie	Fahrrad zu mieten
Suitable for handicapped	Handikaptilgjengelig	Behindertengerecht
BBQ and pool in the garden	Grill og basseng i hage	Grill und Pool im Garten
Weekly rate on request	Ukepris på forespørsel	Wochenpreis auf Anfrage
Open year round	Åpent hele året	Ganzjährig geöffnet
English & French spoken		Sprechen Deutsch

Lerkebo - where chirping birds may be heard during light summer nights - is a modern and spacious detached home that is located in a quiet, suburban area on a private cul-de-sac 12 km from downtown Bergen. Your hosts love to meet people and take pride in making conditions optimal for their guests. Here you are welcome to just relax after a hectic day of running between Bergen's many attractions.

Lerkebo - kanskje med litt fuglekvitter gjennom lyse sommernetter - er en moderne og romslig enebolig som ligger i et stille forstadsområde i en privat blindvei 12 km fra Bergen sentrum. Vertskapet liker å møte mennesker, og setter sin stolthet i å gjøre det best mulig for gjestene. Her er du velkommen til å slappe av etter en hektisk dag løpende mellom Bergens mange attraksjoner.

Lerkebo -mit Vogelgezwitscher in hellen Sommernächten- ist ein modernes und geräumiges Einfamilienhaus in einer privaten Sackgasse eines ruhigen Vororts. Nur 12 km bis Bergen. Die aufgeschlossenen Gastgeber legen sehr viel Wert auf das Wohl ihrer Gäste. Nach dem Besuch vieler Sehenswürdigkeiten in Bergen kann man sich hier bestens erholen.

Boenhet med selvhushold
Selfcatering / Selbsthaushalt

Bergen

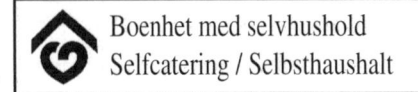

Kjellersmauet Gjestehus

Your host:
Sonja Krantz

Address:
Kjellersmauet 22
N - 5011 Bergen
Phone: 55 96 26 08
Mobil: 90 52 34 33
E-mail: kj-gj@online.no
Web: www.gjestehuset.com

Best time to call:
10.00 - 19.00

Apartments for 1-5 persons	Leiligheter for 1-5 personer	Wohnungen für 1-5 Personen
No. of apt.: 7	Antall leiligheter: 7	Anzahl Wohnungen: 7
Applies to all rental units:	For alle enhetene gjelder:	Für alle Einheiten gilt:
Price per pers.: from **400,-** to **600,-**	Pris pr. pers: fra **400,-** til **600,-**	Preis pro Pers.: von **400,-** bis **600,-**
Extra bed: **150,-**	Ekstraseng: **150,-**	Extrabett: **150,-**
Bed linen included	Sengetøy er inkludert	Inkl. Bettwäsche
Discount for children	Rabatt for barn	Ermässigung für Kinder
Prices valid for 2008	Priser gyldig for 2008	Preise gültig für 2008
TV/Internet available	TV/Internett tilgjengelig	Zugang zu TV/Internet
Terrace/patio	Terrasse/uteplass	Terrasse/Aussenplatz
VISA, MC accepted	Vi tar VISA, MC	Wir akzeptieren VISA, MC
Open all year	Åpent hele året	Ganzjährig geöffnet
English, Italian & some French		Sprechen etwas Deutsch

Popular area in the midst of downtown Bergen with idyllic, narrow passages and the old, small wooden houses that are so characteristic of Bergen. Kjellersmauet Gjestehus is a newly renovated house with 6 separate rental apartments and its central location means only a two-minute walk to Den Nasjonale Scene: Bergen's theatre. Bryggen (the Wharf) and Akvariet (the Aquarium) are also within walking distance. Welcome to popular and charming apartments in the heart of the city!

Populært område midt i Bergen sentrum, med idylliske trange smau og gamle små trehus som er så typisk for Bergen. Kjellersmauet Gjestehus er et ny-oppusset hus med 6 selvstendige utleieleiligheter, og ligger sentralt plassert med bare to minutter til Den Nasjonale Scene; teateret i Bergen. Bryggen og Akvariet er også innen gangavstand. Velkommen til populære og sjarmerende leiligheter i hjertet av byen!

Beliebte Gegend im Zentrum Bergens mit idyllischen engen Gassen und den für die Stadt so typischen kleinen Holzhäusern. Ein frisch renoviertes Haus, das 6 Ferienwohnungen bietet. Zentrale Lage, nur zwei Minuten bis zum bekannten Bergenser Theater "Den Nasjonale Scene". Hanse-viertel "Bryggen" und Aquarium sind ebenfalls nicht weit entfernt. Willkommen in unseren schönen Ferienwohnungen im Herzen der Stadt!

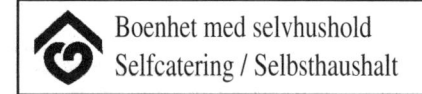

Boenhet med selvhushold
Selfcatering / Selbsthaushalt

Bergen

Klosteret 5 Gjestehus

Your host:
Elisabet Kaltenborn

Address:
Klosteret 5
N- 5005 Bergen
Phone: 55 31 55 50
Mobil: 95 05 14 30
E-mail: ekaltenb@online.no
Web: www.klosteret5.com

Best time to call:
08.00 - 23.00

Apartment for 5 persons	Leilighet for 5 personer	Wohnung für 5 Personen
2 bedrooms and bath	2 soverom og bad	2 Schlafzimmer und Bad
Kitchenette and LR w/fireplace	Tekjøkken og stue med peis	Teeküche und Stube mit Kamin
Price for whole unit: **1200,-**	Pris for hele enheten: **1200,-**	Ganze Einheit: **1200,-**
3 nights or more, per night: **1000,-**	3 netter eller mer, pr. natt: **1000,-**	3 Nächte oder mehr, pro N.: **1000,-**
Double room: **500,-**	Dobbeltrom: **500,-**	Doppelzimmer: **500,-**
Single room: **400,-**	Enkeltrom: **400,-**	Einzelzimmer: **400,-**
Bed linen included	Sengetøy inkl.	Inkl. Bettwäsche
Tea and coffe available	Te og kaffe tilgjengelig	Tee und Kaffee erhältlich
Prices valid for 2008/09 & 2010	Priser gyldig for 2008/09 & 2010	Preise gültig für 2008/09 & 2010
TV/Internet	TV/Internett	TV/Internet
Pets welcome by agreement	Kjæledyr velkommen etter avtale	Haustiere n. Vereinbarung willk.
Open year round	Åpent hele året	Ganzjährig geöffnet
English spoken		Sprechen Englisch

Klosteret 5 is situated in a cozy, old alley among old wooden houses on Nordnes, the peninsula that makes up part of downtown Bergen. Walking distance to all facilities. Parks, aquarium and swimming pool are nearby. Several good restaurants in the neighborhood.

Directions:
All routes into Bergen: Follow the signs towards "Akvariet", and continue back around towards downtown. Look for Klosteret 5, 100 m past the avenue which has trees along each side.

Klosteret 5 ligger i et koselig smau i gammel bebyggelse på Nordnes, en halvøy som utgjør en del av Bergen sentrum. Gangavstand til alle fasiliteter. Park, akvarium og svømmebasseng like i nærheten. Flere gode restauranter i nabolaget.

Veibeskrivelse:
Alle innkjørsler til Bergen: følg skilt til Akvariet, fortsett tilbake mot sentrum, se etter Klosteret 5, 100 m etter alléen.

Klosteret 5 liegt in Nordnes, inmitten enger, reizvoller Gassen in der Altstadt von Bergen. Nordnes ist eine Halbinsel, die einen Teil des Stadtzentrums ausmacht. Kurze Entfernung zu allen Angeboten wie: Stadtpark, Aquarium und Schwimmbad. Mehrere gute Restaurants befinden sich in der Nachbarschaft.

Wegbeschreibung:
Folgen Sie der Beschilderung zum Aquarium, anschließend geht es zurück Richtung Zentrum. Achten Sie 100 m hinter der Allee auf Klosteret 5.

Boenhet med selvhushold
Selfcatering / Selbsthaushalt

Bergen

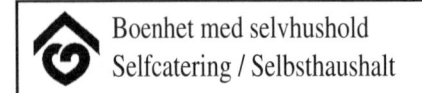

Skiven Gjestehus

Your host:
Elisabeth Kvale
& Alf Magne Heskja

Address:
Skivebakken 17
N - 5018 Bergen
Phone: 55 31 30 30
Mobil: 90 05 30 30
E-mail: skiven@skiven.no
Web: www.skiven.no

Best time to call:
08.00 - 22.00

Double room:	550,-
1 pers. in double room:	400,-
Extra bed:	120,-

Shared: bath, 2 WC and kitchen
No. of double rooms: 4
Bed linen included
Prices valid for 2008 & 2009
TV/Internet available
VISA, MC accepted
Open year round
English and some Italian spoken

Dobbeltrom:	550,-
1 pers. i dobbeltrom:	400,-
Ekstraseng:	120,-

Deles: bad, 2 WC og kjøkken
Antall dobbeltrom: 4
Sengetøy er inkludert
Priser gyldig for 2008 & 2009
TV/Internett tilgjengelig
Vi tar VISA, MC
Åpent hele året

Doppelzimmer:	550,-
1 Pers. im Doppelzi.:	400,-
Extrabett:	120,-

Gemeins.: Bad, 2 WC u. Küche
Anzahl Dobbelzimmer: 4
Inkl. Bettwäsche
Preise gültig für 2008 & 2009
Zugang zu TV/Internet
Wir akzeptieren VISA, MC
Ganzjährig geöffnet
Sprechen etwas Deutsch

Skiven Gjestehus is conveniently located in the centrum of Bergen. Charming area with old wooden houses and small paved streets. A quiet street, without through traffic. It is said to be one of the most painted streets in Bergen by artists who captured on canvas the charm of this lane and the view across its rooftops. The host family of 4 lives on the 2nd floor and guest rooms on the 1st.
Walking distance to Torgallmenningen, Bryggen and fish market. The railway station is within 5-10 minute walk.

Skiven Gjestehus ligger fint til i Bergen sentrum, i et sjarmerende boligområde med gammel trehusbebyggelse og smale brosteinsbelagte gater. Skivebakken er en rolig gate uten gjennomgangstrafikk, og sies å være Bergens mest malte gate. Her har kunstnere stått med sine staffelier og fanget bygatens idyll og den flotte utsikten over husrekkene. Utleierommene er i 1. etasje og vertskapet, en familie på fire, bor i 2. etasje. Kort gangavstand til Torgallmenningen, Bryggen og fisketorget. Jernbanestasjonen er bare 5-10 minutter unna.

Skiven Gjestehus finden Sie günstig gelegen im Zentrum von Bergen. Zauberhaftes Wohngebiet mit alten Holzhäusern und schmalen Pflastersteinstrassen. Skivebakken ist eine ruhige Strasse ohne Durchgangsverkehr. Es ist die am häufigsten gemalte Strasse in Bergen. Hier standen Maler, um die Idylle der Stadt und den herrlichen Blick über die Häuserreihen einzufangen. Die Mieträume befinden sich im Erdgeschoss, während die Gastgeber, eine vierköpfige Familie, den 1. Stock bewohnen. Kurzer Fussweg zum Torgallmenningen, Bryggen und Fischmarkt. HBF nur 5-10 Minuten entfernt.

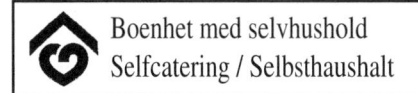

Boenhet med selvhushold
Selfcatering / Selbsthaushalt

Bergen

Skuteviken gjestehus

Your host:
Solveig & Eivind Rongved

Address:
Skutevikens smalgang 11
N - 5035 Bergen
Mobil: 93 46 71 63

E-mail:
solveig_rongved@hotmail.com

Web:
www.skutevikenguesthouse.com

Best time to call: 09.00 - 19.00

Apartment for 1-5 persons
1 bedroom, bath, minikitchen, LR
Price per pers.: from **350,-** to **500,-**
No. of apt.: 5
Bed linen included
Prices valid for 2008
Internet available
Open year round
English spoken

Leilighet for 1-5 personer
1 soverom, bad, minikjøkken, stue
Pris pr. pers.: fra **350,-** til **500,-**
Antall leiligheter: 5
Sengetøy er inkludert
Priser gyldig for 2008
Internett tilgjengelig
Åpent hele året

Wohnung für 1-5 Personen
1 Schlafzi., Bad, kl. Küche, Stube
Preis pro Pers.: von **350,-** bis **500,-**
Anzahl Wohnungen: 5
Inkl. Bettwäsche
Preise gültig für 2008
Zugang zu Internet
Ganzjährig geöffnet
Sprechen Englisch

Skuteviken guesthouse lies in the Skuteviken neighborhood in Bergen. The area has developed through several centuries with small wooden houses snugly situated in the topography along cobbled alleys. Skuteviken guesthouse is among many protected wooden structures in the neighborhood. It has undergone extensive restoration work. The apartments are within walking distance of historic Bryggen and Bergen center.

Skuteviken gjestehus ligger i bydelen Skuteviken i Bergen. Husene her har utviklet seg gjennom flere hundre år med små terrengtilpassede trehus, trange smug og gater belagt med brostein. Skuteviken gjestehus er et av mange bevaringsverdige trehus i nabolaget, og har gjennomgått et omfattende restauseringsarbeid. Leilighetene ligger i gangavstand fra Bryggen og Bergen sentrum.

Skuteviken gjestehus liegt im Bergener Stadtteil Skuteviken. Die Häuser hier haben sich durch viele Jahrhunderte hindurch entwickelt; kleine Holzhäuser, die in das Stadtbild passen, enge Gassen und Strassen mit Kopfsteinpflaster. Skuteviken gjestehus ist ein erhaltenswertes Holzhaus in dem umfassende Restaurierungsarbeiten durchgeführt wurden. Es ist nur ein kurzer Fussweg bis Bryggen und dem Bergener Zentrum.

Hvis du hele livet har hatt en ren samvittighet,
trenger du ikke frykte
når det banker på døren ved midnatt.

~ Kinesisk ordspråk ~

B&B
Level of standard: ♣ ♣

Bergen area, Hordaland

Bøketun overnatting

Your host:
Kari Daae

Address:
**Postboks 73
N - 5326 Ask**

Norske henvendelser Tlf.: **56 14 90 28**
Mobil: **98 42 44 57**
Reservations in English: **boketun@online.no**
or by textmessage to: **98 42 44 57**
Best time to call: **09.00 - 23.00**

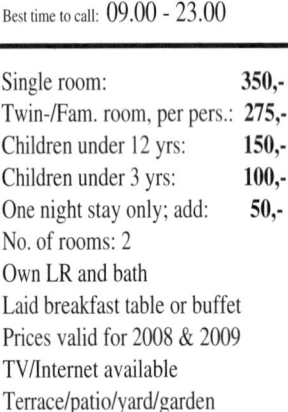

Single room: **350,-**	Enkeltrom: **350,-**	Einzelzimmer: **350,-**
Twin-/Fam. room, per pers.: **275,-**	Tosengs-/fam.rom, pr. pers.: **275,-**	Zweibett-/Fam. zi., pro Pers.: **275,-**
Children under 12 yrs: **150,-**	Barn under 12 år: **150,-**	Kinder unter 12 J.: **150,-**
Children under 3 yrs: **100,-**	Barn under 3 år: **100,-**	Kinder unter 3 J.: **100,-**
One night stay only; add: **50,-**	Ettdøgnstillegg: **50,-**	Zuschlag für nur eine Nacht: **50,-**
No. of rooms: 2	Antall rom: 2	Anzahl Zimmer: 2
Own LR and bath	Egen stue og bad	Eigene Stube u. Bad
Laid breakfast table or buffet	Dekket frokostbord el. bufféT	Gedeckter Frühstückstisch o. -büfett
Prices valid for 2008 & 2009	Priser gyldig for 2008 & 2009	Preise gültig für 2008 & 2009
TV/Internet available	TV/Internett tilgjengelig	Zugang zu TV/Internet
Terrace/patio/yard/garden	Terrasse/uteplass/hage	Terrasse/Aussenplatz/Garten
Open year round	Åpent hele året	Ganzjährig geöffnet
Very little English spoken		Sprechen etwas Englisch

Bøketun guest house is on Askøy island, about 30 minutes by car from Bergen. You'll find a big house with a big garden that includes outoor bonfire and play area and playhouse for children. Patios outside the rooms.
Askøy offers sightseeing through forested roads and mountain trails with a grand view toward Bergen. Fine swimming places by the seashore. Shop and postal service nearby. Nine km to shopping center at Kleppestø. It's 20 km. to the historical island of Herdla. There you find golfcourse with equipment rental and also boat rental.

Bøketun overnatting ligger på Askøy, ca. 30 min. med bil fra Bergen. Her finner du et stort hus med stor hage hvor det er utepeis og lekehus. Terrasser utenfor rommene.
Askøy kan by på mange turmuligheter på skogsveier, stier og fjell med flott utsikt inn mot Bergen. Fine badeplasser ved sjøen. Butikk og post like ved. 9 km til kjøpesenteret på Kleppestø. Det er 20 km til den historiske øyen Herdla. Der er det golfbane med utleie av golfutstyr og båtutleie.

Bøketun overnatting liegt auf Askøy, ca. 30 Min. mit dem Auto von Bergen entfernt. Großes Haus mit riesigem Garten (Außenkamin und Spielhaus f. Kinder). Terrassen vor den Zimmern.
Askøy bietet schöne Wandermöglichkeiten durch Wald und Gebirge mit einer reizvollen Aussicht auf Bergen. Schöne Badestellen am See. Geschäft und Post in unmittelbarer Nähe. 9 km zum Einkaufszentrum in Kleppestø. 20 km bis zur historischen Insel Herdla. Ausserdem Golfplatz mit mit Zubehörverleih. Ausleihe von Booten.

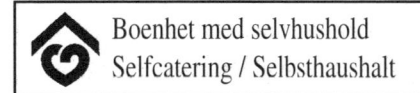

Boenhet med selvhushold	page **143**
Selfcatering / Selbsthaushalt	**Bergen area, Hordaland**

Fjordside Lodge

Your host:
Rita Ripman

Address:
Steinestøvegen 745
N - 5108 Hordvik
Phone: 55 19 08 12
Mobil: 99 25 52 41
E-mail: post@fjordside.no
Web: www.fjordside.no

Best time to call:
08.00 - 23.00

Apartments for 4 persons	Leiligheter for 4 personer	Wohnungen für 4 Personen
2 bedrooms, own bath, LR, kitchen	2 soverom, eget bad, stue og kjk	2 Schlafzi., Eig.Bad, Stube, Küche
Price per pers.: **300,-** to **800,-**	Pris pr. person: **300,-** til **800,-**	Preis pro Person: **300,-** bis **800,-**
Extrabed in annex for 2 persons	Ekstraseng i anneks for 2 personer	Extrabett in Annex für 2 Personen
Per person: **200,-**	Pris pr. person: **200,-**	Preis pro Person: **200,-**
No. of apartments.: 2 + annex	Antall leiligheter: 2 + anneks	Anzahl Wohnungen: 2 + Annex
Bed linen included	Sengetøy inkludert	Inkl. Bettwäsche
Breakfast available: **50,-**	Frokost på forespørsel: **50,-**	Frühstück auf Bestellung: **50,-**
Discount for longer stay	Rabatt ved lengre opphold	Ermäßigung b. längerem Aufenth.
Prices valid for 2008	Priser gyldig for 2008	Preise gültig für 2008
TV/Internet available	TV/Internett tilgjengelig	Zugang zu TV/Internet
Boat for rent	Båtutleie	Boot zu mieten
Open year round	Åpent hele året	Ganzjährig geöffnet
English spoken		Sprechen Englisch

Property with a magnificent view at a height over the fjord with its panorama. Property of a red house with turf roof. Enclosed by hedge and trees. On the front yard, cats and free ranging chickens. Family farm cultivates ecologically grown vegetables. Hosts are experienced with lodgers and like meeting people.
Place lies in the midst of nature area which borders on the sea. Bathing beach, fishing and marina close by. Many hiking trails in the area.

Eiendommen ligger praktfullt til på en høyde med nydelig utsikt til fjorden og øyene rundt. Eiendommen består av rødmalte hus med torvtak. Den er omkranset av hekk og trær. På tunet er det katter og frittgående høner. Familien driver dyrking av økologiske grønnsaker. Vertskapet er vant med innlosjerende og liker å møte mennesker.
Stedet ligger midt i et friluftsområde som grenser til sjøen. Badeplass, fiskeplass og marina like ved. Mange turstier i området.

Das Grundstück liegt sehr idyllisch auf einer Anhöhe und bietet eine prachtvolle Aussicht auf den Fjord und die Inseln ringsum. Die Anlage besteht aus mehreren rot angestrichenen Hütten mit Naturdach. Es ist umgeben von Hecken und Bäumen. Auf dem Hof gibt es Katzen und freilaufende Hühner. Die Wirtsfamilie betreibt ökologischen Anbau von Gemüse. Die Anlage befindet sich mitten in einem Erholungsgebiet und grenzt ans Wasser. Badestelle, Angelplatz und Gästehafen befinden sich direkt nebenan. Viele Wanderwege in der Umgebung.

Boenhet med selvhushold	NBG	page 144
Selfcatering / Selbsthaushalt		Bergen area, Hordaland

Skjerping Gård

Your host:
Elinor Skjerping
& Jan Inge Wold

Address:
Skjerping
N - 5282 Lonevåg
Phone: 56 39 02 91
Fax: 56 39 25 67
Mobil: 91 34 99 25
E-mail: info@skjerping.net
Web: www.skjerping.net

Best time to call:
08.00 - 23.00

A: Guesthouse for 2-5 persons
2 bedrooms, bath, kitchen, LR
Price for whole unit: **650,-/750,-**

B: Apartment for 2-5 persons
Own bath and LR/kitchen

C: Apartment for 2-4 persons
No. of bedrooms: 3
Kitchen, LR, bath, shared toilet
Price for unit B&C: **550,-/650,-**
Large sleeping loft, unit B: **200,-**

Bed linen fee: **50,-**
Breakfast service available
Prices valid for 2008/09 & 2010
TV/Internet available
Patio/yard
Bike and canoes for rent
Open year round
English spoken

A: Gjestehus for 2-5 personer
2 soverom, bad, kjøkken, stue
Pris for hele enheten: **650,-/750,-**

B: Leilighet for 2-5 personer
Eget bad og stue/kjøkken

C: Leilighet for 2-4 personer
Antall soverom: 3
Kjøkken, stue, bad, delt WC
Pris for enhet B&C: **550,-/650,-**
Stor sovehems i leil. B: **200,-**

Tillegg for sengetøy: **50,-**
Frokost kan serveres
Priser gyldig for 2008/09 & 2010
TV/Internett tilgjengelig
Uteplass/hage
Sykkel- og kanoutleie
Åpent hele året

A: Gästehaus für 2-5 Personen
2 Schlafzi., Bad, Küche, Stube
Ganze Einheit: **650,-/750,-**

B: Wohnung für 2-5 Personen
Eigenes Bad und Stube/Küche

C: Wohnung für 2-4 Personen
Anzahl Schlafzimmer: 3
Küche, Stube, Bad, gemeins. WC
Preis für Einheit B&C: **550,-/650,-**
Gr. Schlafboden in Einh. B: **200,-**

Mieten von Bettwäsche: **50,-**
Frühstück auf Bestellung
Preise gültig für 2008/09 & 2010
Zugang zu TV/Internet
Aussenplatz/Garten
Fahrrad- u. Kanuvermietung
Ganzjährig geöffnet
Sprechen etwas Deutsch

The farm is located on Osterøya, 30 min. from Bergen, Norway's largest landlocked island surrounded by fjords. Three generations live on the farm.
The farm hosts many animals also: sheep, horse, calves, goats, hens, ducks, rabbits, dogs and cats. Lovely hiking areas with freshwater fishing and a salmon river. Nice farm village museum and other cultural attractions.

Gården ligger på Osterøya, 30 min. fra Bergen, Norges største innlandsøy omgitt av fjorder. Det bor tre generasjoner på gården. Det er også mange dyr på gården; sauer, hest, kalver, geiter, høns, ender, kaniner, hund og katt. Stor trampoline i hagen. Nydelig turterreng med fiskemuligheter i fjellvann og lakseelv. Flott bygdemuseum og andre kulturtilbud.

Der Hof liegt auf Osterøya, 30 Min. von Bergen, der größten Binneninsel des Landes umgeben von Fjorden. 3 Generationen leben gemeinsam auf dem Hof. Eine Vielzahl von Tieren beherbergt der Hof; Schafe, Pferde, Kälber, Ziegen, Hühner, Enten, Kaninchen, Hunde und Katzen. Schönes Wandergebiet; Angeln in Bergseen und Lachsflüssen. Interessantes Freilichtmuseum sowie weitere kulturelle Angebote.

Bueining med sjølvhushald
Selfcatering / Selbsthaushalt

Hordaland

Vikinghuset

Your host:
**Olaug Fagerbakke
& Helge Terje Fosse**

Address:
**Lid i Bergsdalen
N - 5722 Dalekvam**
Phone: 56 59 89 34
Mobil: 945 52 592
E-mail: post@vikinghuset.no
E-mail: www.vikinghuset.no

Best time to call:
08.00 - 22.00

Guesthouse for 2-9 persons	Gjestehus for 2-9 personar	Gästehaus für 2-9 Personen
No. of bedrooms: 3	Antal soverom: 3	Anzahl Schlafzimmer: 3
Own bath, kitchen, DR, LR	Eige bad, kjøken, spisestove, stove	Eig. Bad, Küche, Esszi., Stube
Price per pers., 1-2 pers.: **300,-**	Pris pr. pers., 1-2 personar: **300,-**	Preis pro Pers., 1-2 Pers.: **300,-**
Price for whole unit, 3-5 p.: **800,-**	Pris for heile eininga, 3-5 p.: **800,-**	Ganze Einheit, 3-5 Pers.: **800,-**
Surcharge per pers. over 5p.: **100,-**	Tillegg pr. pers. over 5p.: **100,-**	Zuschlag pro pers. über 5 P.: **100,-**
Bed linen fee: **60,-**	Tillegg for sengeklede: **60,-**	Mieten von Bettwäsche: **60,-**
Breakfast service available: **75,-**	Frukost kan serverast: **75,-**	Frühstück auf Bestellung: **75,-**
Prices valid for 2008	Priser gjeld for 2008	Preise gültig für 2008
Yard/terrace/patio	Terrasse/uteplass	Terrasse/Aussenplatz/Garten
Boat and bike for rent	Båt- og sykkelutleige	Boot u. Fahrrad zu mieten
No pets from other countries	Norske kjæledyr velkomen	Keine Haustiere aus dem Ausland
Suitable for handicapped	Tilhøve for gjester med handikap	Behindertengerecht
Open year round	Ope heile året	Ganzjährig geöffnet
Some English spoken		Sprechen etwas Deutsch

Lid in Bergsdalen valley is situated between Dale and Voss. The farm is about 450 meters above sea level. The house was renovated and expanded in 1998. High standard. A family of six lives on the farm and there are sheep and cows here, too. Child-friendly outdoor environment. Excellent terrain for mountain excursions by foot or bicycle. Fishing in rivers or lakes. Good skiing areas.

Lid i Bergsdalen ligg mellom Dale og Voss, og garden Lid ligg ca. 450 meter over havet. Huset er bygd ca. 1930, og vart restaurert og påbygd i 1998. Høg standard. På Lid bur det ein familie på seks, og det er sau og kyr på garden. Bornevennleg utemiljø. Gode høve til turar i fjellet, til fots eller på sykkel. Fiske i elvar og vatn. Godt skiterreng.

Das ca. 1930 erbaute Gehöft Lid liegt auf 450 m Höhe in Bergsdalen zwischen Dale und Voss. 1998 wurde die Anlage renoviert, außerdem hat man angebaut. Hoher Standard. Lid beherbergt eine 6-köpfige Famile, darüber hinaus sind dort Schafe und Kühe anzutreffen. Kinderfreundliche Umgebung. Möglichkeiten zum Bergwandern und Radfahren. Angeln in Flüssen und Seen. Gutes Skigebiet.

Bueining med sjølvhushald
Selfcatering / Selbsthaushalt

page 146
Hordaland

Bergagarden

Your host:
Turid & Karl Magne Bolstad

Address:
Øyravegen 30
N - 5723 Bolstadøyri
Phone: 56 52 11 19
E-mail: post@bergagarden.no
Web: www.bergagarden.no

Best time to call:
09.00 - 22.00

A: Room for 2 persons: **480,-**
1 pers. in dbl. room: **300,-**
Shared kitchen, LR, DR, own bath
Bed linen included

B: Guesthouse for up to 10 pers.
No. of bedrooms: 5
3 baths, kitchen, LR, DR
Price for whole unit: min.: **1000,-**
Price per additional pers.: **100,-**

Bed linen fee: **75,-**
 -obligatory for up to 5 nights
Prices valid for 2008 & 2009
TV, yard/patio, rowboat available
For rent:: outboard motor & canoe
Open 15 Febr. - 1 Nov.
English spoken

A: Rom for 2 pers.: **480,-**
1 pers. i dobbeltrom: **300,-**
Delt kjk., stove, sp.stove, eige bad
Sengetøy er inkludert

B: Feriehus for opptil 10 personar
Antal soverom: 5
3 bad, kjøken, stove, spisestove
Pris for heile eininga: min.: **1000,-**
Pris pr. pers. over 6 pers.: **100,-**

Tillegg for sengeklede: **75,-**
 -obligatorisk for inntil 5 døgn
Priser gjeld for 2008 & 2009
TV tilgjengeleg, hage/uteplass
Fri robåt, utleige av påh.motor/kano
Ope 15. febr. - 1. nov.

A: Zimmer für 2 Pers.: **480,-**
1 Pers. im Doppelzi.: **300,-**
Gem.Küche, Stube, Esszi., eig.Bad
Inkl. Bettwäsche

B: Gästehaus für bis zu 10 Pers.
Anzahl Schlafzimmer: 5
3 Bäder, Küche, Stube, Esszi.
Ganze Einheit: Min.: **1000,-**
Preis pro Pers. bei über 6: **100,-**

Mieten von Bettwäsche: **75,-**
 -obligatorisch für bis zu 5 Nächte
Preise gültig für 2008 & 2009
Zugang z. TV, Garten/Aussenplatz
Ruderboot inkl., Motor/Kanu zu m.
Geöffnet 15. Febr. - 1. Nov.
Sprechen Englisch

Tourists have been visiting the farm since 1910, and were mostly British salmon fishermen. The holiday house available for rental use is a traditional two-story, Western Norwegian farmhouse built in 1895. The house is literally surrounded by breathtakingly beautiful Norwegian landscapes. Walking trips in the mountains and hills among waterfalls and rapids, and good facilities for getting out on the fjord. Boathouse and rowboat for guest use. Fishing and hunting for small game.

På garden har det vore turistar sidan 1910, den gongen engelske lakseturistar. Feriehuset som no leigast ut er eit tradisjonelt vestlandsk gardshus i to etasjar, bygt i 1895. Her er det flott vestlandsnatur heilt inntil dørene. Fotturar i fjell og hei, her er fossar og stryk, jettegryter i elver og gode høve til å komma seg ut på fjorden. Garden har eige naust med robåt for gjestane. Høve til både småviltjakt og laksefiske.

Seit 1910 bietet der Hof Touristen ein Quartier, damals vorwiegend engl. Lachsanglern. Das Ferienhaus ist ein traditionelles westnorwegisches Bauernhaus mit 2 Etagen, 1895 gebaut. Direkt vor der Haustür beginnt die großartige westnorw. Landschaft. Wanderungen im Gebirge und in der Heide mit Wasserfällen u. Stromschnellen, Gletschermühlen in Flüssen sowie guten Verbindungen zu den nahen Fjorden. Bootshaus mit Ruderboot für die Gäste. Kleinwildjagd und Lachsfischen möglich.

B&B
Level of standard: ♣ ♣

page **147**
Hordaland

Skjelde Gård

Your host:
Bitten Linde

Address:
Bulken
N - 5700 Voss
Phone: 56 51 42 90
Mobil: 99 25 34 86

Orders prefered by post; host is not always available by telephone in the winter.

Double room:	**800,- to 900,-**	Dobbeltrom:	**800,- til 900,-**	Doppelzimmer:	**800,- bis 900,-**
Twin room:	**800,- to 900,-**	Tosengsrom:	**800,- til 900,-**	Zweibettzimmer:	**800,- bis 900,-**
Single room:	**550,- to 650,-**	Enkeltrom:	**550,- til 650,-**	Einzelzimmer:	**550,- bis 650,-**

No. of rooms: 7
Discount for children
Breakfast buffet
Selfcatering possible
Prices valid for 2008 & 2009
TV available
Terrace/patio/garden
Bike for rent in the area
Open ca.15 May - ca. 10 Sept.
English spoken

Antall rom: 7
Rabatt for barn
Frokostbufféт
Selvhushold er mulig
Priser gyldig for 2008 & 2009
TV tilgjengelig
Terrasse/uteplass/hage
Sykkelutleie i nærheten
Åpent ca. 15. mai - ca. 10. sept

Anzahl Zimmer: 7
Ermässigung für Kinder
Frühstücksbüfett
Selbsthaushalt möglich
Preise gültig für 2008 & 2009
Zugang zu TV
Terrasse/Aussenplatz/Garten
Fahrradverleih in der Nähe
Geöffnet ca. 15. Mai - ca. 10. Sept.
Sprechen Deutsch

Skjelde gård is beautifully situated by the Vang lake in the pretty village of Voss. This old farm has been in the family for many generations. Finds from the Viking period show that people have been living here way back in history. The hostess has been receiving bed and breakfast guests since 1949. Wonderful hiking country, lots to see in the village.

Skjelde gård ligger vakkert til ved Vangsvatnet i den vakre Vossebygden. Det er en gammel slektsgård som har vært i familien i mange generasjoner. Funn fra vikingtiden viser at det har vært bosetning her langt tilbake i historien.
Vertskapet har drevet pensjonat på gården siden 1949.
Ypperlig turterreng, rikelig med severdigheter i bygden.

Skjelde gård liegt sehr reizvoll am See Vangsvatn in der schönen Gegend von Voss. Der alte Erbhof befindet sich seit vielen Generationen in dieser Familie. Funde aus der Wikingerzeit beweisen eine ganz frühe Besiedlung. Die Besitzer haben seit 1949 eine Pension auf dem Hof betrieben. Ausgezeichnetes Wandergelände und viele Sehenswürdigkeiten in der Gegend.

"Love is a fruit in season at all times, and within the reach of every hand." ~ Mother Teresa ~

Bueining med sjølvhushald / Selfcatering / Selbsthaushalt
NBG
page 148
Hordaland

Haugo Utleige

Your host:
Mona & Knut Haugo

Address:
Gamle Bordalsvei 54
N - 5700 Voss
Mobil: 97 56 29 52
E-mail: post@haugo.net
Web: www.haugo.net

Best time to call:
08.00 - 22.00

A: Rooms in large house	**A:** Rom i stort utleigehus	**A:** Zimmer im grossen Mietshaus
12 rooms, 4 baths, 2 LR, sauna	12 rom, 4 bad, 2 stover, badstove	12 Zi., 4 Bäder, 2 Stuben, Sauna
Large communal kitchen	Stort felleskjøken	Grosse gemeinsame Küche
Double room: **450,-**	Dobbeltrom: **450,-**	Doppelzimmer: **450,-**
Single room: **300,-**	Enkeltrom: **300,-**	Einzelzimmer: **300,-**
B: Cabin for 2-5 persons	**B:** Hytte for 2-5 personar	**B:** Hütte für 2-5 Personen
2 bedrooms, bath, kitchen, LR	2 soverom, bad, kjøken, stove	2 Schlafzi., Bad, Küche, Stube
Whole unit, 2 pers.: **600,-**	Heile eininga, 2 pers.: **600,-**	Ganze Einheit, 2 Pers.: **600,-**
Whole unit, 3 pers.: **800,-**	Heile eininga, 3 pers.: **800,-**	Ganze Einheit, 3 Pers.: **800,-**
Whole unit, 4-5 pers.: **1000,-**	Heile eininga, 4-5 pers.: **1000,-**	Ganze Einheit, 4-5 Pers.: **1000,-**
Applies to all rental units:	For alle einingar gjeld:	Für alle Einheiten gilt:
Bed linen fee: **45,-**	Tillegg for sengeklede: **45,-**	Mieten von Bettwäsche: **45,-**
Prices valid for 2008	Priser gjeld for 2008	Preise gültig für 2008
TV/Internet available	TV/Internett tilgjengeleg	Zugang zu TV/Internet
Large terrace	Stor terrasse	Grosse Terrasse
Pets welcome	Kjæledyr velkomen	Haustiere willkommen
Open year round	Ope heile året	Ganzjährig geöffnet
English spoken		Sprechen etwas Deutsch

Haugo Utleige is 1.5 km from Voss center. Here it's rural, quiet and sunny with beautiful scenery. At Voss you'll have many experiences with nature and culture, many possible outdoor activities in summer and winter: alpine skiing and walking areas, horseback riding, air sports and mountain climbing.

Haugo Utleige ligg 1,5 km frå Voss sentrum. Her er det landleg og roleg, solrikt og med flott utsikt. På Voss møter du eit mangfald av opplevingar basert på natur og kultur, mange tilbod for utandørs aktiviteter både sommar og vinter; alpinanlegg, turløyper, rafting, hesteridning, luftsportsenter, fjellvandring m.m.

Hier können Sie in ländlicher und ruhiger Umgebung mit schöner Aussicht entspannen. Nur 1,5 km bis ins Zentrum von Voss. In Voss erwartet Sie ein reichhaltiges Angebot an kulturellen Aktivitäten und viel Natur.
Im Sommer wie im Winter kann man sich hier im Freien aufhalten: Alpinanlage, Langlaufrouten, Rafting, Reiten, Luftsportcenter, Bergwanderungen etc.

Boenhet med selvhushold Selfcatering / Selbsthaushalt		page **149** **Hordaland**

Sollia

Your host:
Judith & Arnljot Møster

Address:
N - 5730 Ulvik
Phone: 56 52 63 87
Mobil: 90 95 65 57
E-mail: arnmoster@ulvik.org

Best time to call:
08.00 - 21.00

A: Apartment for 2-4 persons	**A:** Leilighet for 2-4 personer	**A:** Wohnung für 2-4 Personen
LR w/convertable double bed sofa	Stue med dobbel sovesofa	Stube mit Doppelsofa
Bunkbeds in kichen	Køysenger på kjøkkenet	Kojenbetten in der Küche
Own bath	Eget bad	Eigenes Bad
Price for 2 pers.: **550,-**	Pris for 2 pers.: **550,-**	Preis für 2 Pers.: **550,-**
3-4 pers.: price per pers.: **230,-**	3-4 pers.: pris pr. pers.: **230,-**	3-4 Pers.: Preis pro Pers.: **230,-**
B: Room for 2 pers.: **500,-**	**B:** Rom for 2 pers.: **500,-**	**B:** Zimmer für 2 Pers.: **500,-**
Room for 1 pers.: **350,-**	Rom for 1 pers.: **350,-**	Zimmer für 1 Pers.: **350,-**
Shared bath and kitchen	Delt bad og kjøkken	Gemeins. Bad u. Küche
No. of rooms: 4	Antall rom: 4	Anzahl Zimmer: 4
Bed linen included	Sengetøy er inkludert	Inkl. Bettwäsche
Handbasin w/H&C water in rooms	Vask m/V&K vann på rommene	Handwaschbecken im Zi. (W&K)
Prices valid for 2008 & 2009	Priser gyldig for 2008 & 2009	Preise gültig für 2008 & 2009
TV available	TV tilgjengelig	Zugang zu TV
Terrace/patio/yard	Terrasse/uteplass/hage	Terrasse/Aussenplatz/Garten
Open 15 May - 15 Sept.	Åpent 15. mai - 15. sept.	Geöffnet 15. Mai - 15. Sept.
English spoken		Sprechen etwas Deutsch

You will find Ulvik at the end of the Hardangerfjord, and 10 km from the ferry quay in "Bruravik." The main road runs through a tunnel from Bruravik and westward. Ulvik is therefore quietly situated between the mountains and the fjord. Marked hiking trails. Boat and bicycle rentals at local Tourist Office. Ulvik Church is worth a visit.
The Møster's have had summer guests in their home for over 30 years.

Innerst i Hardangerfjorden ligger Ulvik, 10 km fra fergekaien i Bruravik. Hovedveien er lagt i tunnel vestover. Ulvik ligger derfor skjermet og fredelig til med fjell og fjord tett på.
Det er fint turterreng med skiltede turstier og muligheter for leie av sykler og båt ved det lokale turistkontoret. Ulvik kirke er verd et besøk.
Familien Møster har tatt imot gjester i sitt hjem i over 30 somre.

Weit drinnen im Hardangerfjord liegt Ulvik, 10 km vom Fährkai Bruravik. Von hier aus verläuft die Hauptstr. nach Bergen im Tunnel. Ulvik liegt daher abgeschirmt und ruhig zwischen Berg und Fjord. Schönes Ausflugsgebiet mit markierten Pfaden Sie können Fahrräder und Boote im örtlichen Touristenbüro mieten. Besuchen Sie die Kirche in Ulvik. Fam. Møster empfängt seit über 30 Jahren Sommergäste.

B&B
Level of standard: ♣♣

page 150
Hordaland

Brandseth Fjellstove

Your host:
Erling Brandseth
Address:
Haugsvik,
N - 5713 Vossestrand
Phone: 56 53 05 00
Fax: 56 53 05 01
Mobil: 93 20 67 51
E-mail: mail@brandseth.no
Web: www.brandseth.no
Best time to call:
09.00 - 21.00

Twin room: **700,-/850,-**	Tosengsrom: **700,-/850,-**	Zweibettzimmer: **700,-/850,-**
1 pers. in dbl. room: **450,-/550,-**	1 pers. i dobbeltrom: **450,-/550,-**	1 Pers. im Doppelzi: **450,-/550,-**
No. of rooms: 7	Antal rom: 7	Anzahl Zimmer: 7
Discount for children	Rabatt for born	Ermäßigung für Kinder
Breakfast buffet	Frukostbuffét	Frühstücksbüfet
Other meals served upon request	Andre måltid kan bestellast	Andere Mahlzeiten nach Vereinb.
Prices valid for 2008/09 & 2010	Priser gjeld for 2008/09 & 2010	Preise gültig für 2008/09 & 2010
TV/Internet available	TV/Internett tilgjengeleg	Zugang zu TV/Internet
Access to telephone/fax	Adgang til telefon/faks	Zugang zu Telefon/Fax
Terrace/patio	Terrasse/uteplass	Terrasse/Aussenplatz
VISA, MC accepted	Vi tek VISA, MC	Wir akzeptieren VISA, MC
Open 15 Febr. - 25 April and 15 June - 30 Aug.	Adgang til telefon/faks/Internett Ope 15. feb. - 25. april og 15. juni - 30. aug.	Geöffnet 15. Febr. - 25. April und 15. Juni - 30. Aug.
English spoken		Sprechen Deutsch

Charming mountain lodge halfway between Voss and Flåm, in the heart of fjord country, 2.5 km from E-16 and the "Norway in a Nutshell"-route. The Brandseth Fjellstove lodge is nicely situated with a view of the town and near good terrain for walks. An excellent starting point for fjord tours. The lodge kitchen is known for its tasty home-style cooking. All rooms include shower and WC.

Directions:
From Voss: Look for the sign to Brandseth Fjellstove after you pass Haugsvik.

Triveleg fjellstove midt mellom Voss og Flåm, i hjartet av fjord-Norge, 2,5 km frå E-16 og "Norway in a Nutshell"-ruta. Fjellstova ligg fint til med utsyn over bygda og med flott turterreng. Godt utgangspunkt for turar til fjordane. Kjøkenet er kjend for god heimelaga mat. Alle rom har dusj og WC.

Vegforklaring:
Frå Voss: Etter Haugsvik; sjå etter skilt til Brandseth Fjellstove. Frå Flåm: Sjå etter skiltet etter tunnellane ved Stalheim.

Gemütlicher Berggasthof im Herzen Fjordnorwegens, auf halbem Weg zwischen Voss und Flåm. Nur 2,5 km zur Hauptstraße E-16 und der bekannten Rundreise "Norway in a Nutshell". Der Berggasthof bietet eine sehr schöne Aussicht über die Siedlung und das reizvolle Wandergebiet. Guter Ausgangspunkt für Touren zu den Fjorden. Der Gasthof ist bekannt für seine gute Küche. Alle Zimmer mit Dusche und WC.

Wegbeschreibung:
Ab Voss: Achten Sie hinter Haugsvik auf die Beschilderung "Brandseth Fjellstove".

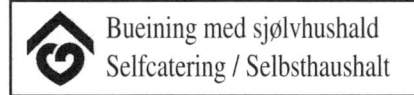

Bueining med sjølvhushald
Selfcatering / Selbsthaushalt

NBG

Sogn & Fjordane

Fretheim Fjordhytter

Your host:
Sue & Anders Fretheim

Address:
**Fretheim
N - 5743 Flåm**
Phone: **57 63 22 45**
Mobil: **91 72 79 69**
E-mail: **f-fjord@online.no**
Web: **www.fretheimhytter.com**

Best time to call:
08.00 - 22.00

'Rorbu' (Cabin) for 2-6 persons	Rorbu for 2-6 personar	'Rorbu' (Hütte) für 2-6 Personen
3 bedrooms, bath, kitchen, LR	3 soverom, bad, kjøken, stove	3 Schlafzi., Bad, Küche, Stube
Price per pers.: **300,-**	Pris pr. pers.: **300,-**	Preis pro Pers.: **300,-**
Min. price for whole unit: **900,-**	Min. pris for heile eininga: **900,-**	Min. Preis für ganze Einh.: **900,-**
Bed linen fee: **75,-**	Tillegg for sengeklede: **75,-**	Mieten von Bettwäsche: **75,-**
Prices valid for 2008 & 2009	Priser gjeld for 2008 & 2009	Preise gültig für 2008 & 2009
TV available	TV tilgjengeleg	Zugang zu TV
Terrace/patio/yard	Terrasse/uteplass/hage	Terrasse/Aussenplatz/Garten
Boat for rent	Båtutleige	Boot zu mieten
Open 1 April - 1 Nov.	Ope 1. april - 1. nov.	Geöffnet 1. April - 1. Nov.
English spoken		Sprechen Deutsch

The Fretheim farm is beautifully situated over the station/port area of Flåm. The farm has been in the Fretheim family since the 1600's. Sue and Anders have since 1992 been running the farm, together with their four children. Sue is from Melbourne, Australia and first met Anders in 1986 when she was travelling around Europe. This farm has raised Debio certified ecological products for 15 years including Aberdeen Angus and Dexter beef cattle with especially high quality of meat and good disposition. The cows are outside all year, and spend summers on mountain grazing.

Fretheim gard ligg innst i Aurlandsfjorden med ei storslagen utsikt over fjorden og fjella. Garden har vore i Fretheim-slekta sidan 1600-talet. Sue og Anders har sidan 1992 drive garden saman med dei fire ungane sine. Sue er opprinneleg frå Melbourne, Australia, og treffte Anders i 1986 på ein Europatur. Garden har dei siste femten åra vore driven økologisk (Debio godkjent) med Aberdeen Angus kjøtt-fe og Dexter kyr med sin særdeles gode kjøttkvalitet og sitt gode lynne. Kyrne går ute heile året, om sommaren er dei på fjellbeite.

Der Hof Fretheim Gard befindet sich oberhalb des Zentrums von Flåm und bietet eine phantastische Aussicht über den Aurlandsfjord. Der Hof ist seit dem 17. Jahrhundert in Besitz der Familie Fretheim. Seit 1992 bewirtschaftet Anders Fretheim den Hof gemeinsam mit seiner Ehefrau Sue und seinen vier Kindern. Sue kommt gebürtig aus Melbourne, Australien, und hat Anders 1986 bei einer Europareise kennengelernt. Gemeinsam betreiben sie seit 15 Jahren ökologische Landwirtschaft mit Aberdeen-Angus und Dexter-Kühen. Die Kühe sind das ganze Jahr draussen, im Sommer grasen sie in den Bergen.

Bueining med sjølvhushald
Selfcatering / Selbsthaushalt

Sogn & Fjordane

Eri Gardshus

Your host:
Anlaug Eri & Rolf Jakobsen

Address:
N - 6887 Lærdal
Phone: 57 66 65 14
Mobil: 91 34 44 18
Fax: 57 66 61 81
E-mail: rolja@online.no
Web:
www.mamut.com/erigardshus

Best time to call:
08.00 - 21.00

A: 'Jesastova'	A: 'Jesastova'	A: 'Jesastova'
Guesthouse for 2-9 persons	Gjestehus for 2-9 personar	Gästehaus für 2-9 Personen
No. of bedrooms: 3	Antal soverom: 3	Anzahl Schlafzimmer: 3
Own bath, kitchen, LR	Eige bad, kjøken, stove	Eig. Bad, Küche, Stube
Whole unit, 1-3 pers.: 600,-	Heile eininga, 1-3 pers.: 600,-	Ganze Einheit, 1-3 Pers.: 600,-
Price per additional pers.: 200,-	Pris pr. tilleggspers.: 200,-	Preis für jede weitere Pers.: 200,-
B: 'Kvitastova'	B: 'Kvitastova'	B: 'Kvitastova'
Guesthouse for 2-13 persons	Gjestehus for 2-13 personar	Gästehaus für 2-13 Personen
No. of bedrooms: 5	Antal soverom: 5	Anzahl Schlafzimmer: 5
Own kitchen and two baths	Eige kjøken og to bad	Eig. Küche und zwei Bäder
Whole unit, 1-3 pers.: 600,-	Heile eininga, 1-3 pers.: 600,-	Ganze Einheit, 1-3 Pers.: 600,-
Price per additional pers.: 200,-	Pris pr. tilleggspers.: 200,-	Preis für jede weitere Pers.: 200,-
Bed linen fee: 60,-	Tillegg for sengeklede: 60,-	Mieten von Bettwäsche: 60,-
Discount for children	Rabatt for born	Ermässigung für Kinder
Prices valid for 2008/09 & 2010	Priser gjeld for 2008/09 & 2010	Preise gültig für 2008/09 & 2010
TV available	TV tilgjengeleg	Zugang zu TV
Yard/terrace/patio	Hage/Terrasse/uteplass	Garten/Terrasse/Aussenplatz
Boat for rent	Båtutleige	Boot zu mieten
Open year round	Ope heile året	Ganzjährig geöffnet
English spoken		Sprechen etwas Deutsch

The hosts of Eri Gardshus are involved in pork and milk production. The Eri farm is located 3.5 km from Lærdal city center. The rental cottage is situated 1 km from the main farm and has its own courtyard.

Vertskapet på Eri Gardshus driv med svin- og mjølkeproduksjon. Garden Eri ligg 3,5 km frå Lærdal sentrum. Utleigehusa ligg i eit eige tun 1 km frå garden.

Die Gastgeber betreiben Schweine- und Milchproduktion. Der Hof liegt 3,5 km vom Ort Lærdal entfernt. Das Ferienhaus liegt ca. 1 km entfernt auf einem eigenen Hofgrundstück.

B&B
Level of standard: ♣ ♣ ♣

Sogn & Fjordane

Sognefjord Gjestehus

Your host:
Kirsten & Odd E. Vangsnes

Address:
N - 6894 Vangsnes
Phone: 5769 6722 Fax: 5769 6275
Mobil: 97 16 16 05
E-mail: vangpens@online.no
Web: www.sognefjord-gjestehus.com
Best time to call:
08.00 - 22.00

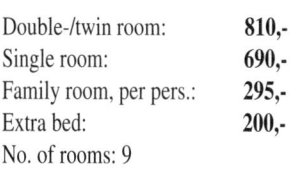

Double-/twin room: **810,-**	Dobbelt-/tosengsrom: **810,-**	Doppel-/Zweibettzi.: **810,-**
Single room: **690,-**	Enkeltrom: **690,-**	Einzelzimmer: **690,-**
Family room, per pers.: **295,-**	Familierom, pr. pers.: **295,-**	Familienzi., pro Pers.: **295,-**
Extra bed: **200,-**	Ekstraseng: **200,-**	Extrabett: **200,-**

No. of rooms: 9
Discount for children
Breakfast buffet
Prices valid for 2008 & 2009
TV available
Boat for rent
VISA, MC, AmEx accepted
Open year round
Some English spoken

Antall rom: 9
Rabatt for barn
Frokostbuffét
Priser gyldig for 2008 & 2009
TV tilgjengelig
Båtutleie
Vi tar VISA, MC, AmEx
Åpent hele året

Anzahl Zimmer: 9
Ermässigung für Kinder
Frühstücksbüfett
Preise gültig für 2008 & 2009
Zugang zu TV
Boot zu mieten
Wir akzept. VISA, MC, AmEx
Ganzjährig geöffnet
Sprechen etwas Deutsch

Sognefjord Guesthouse is situated near the ferry dock at Vangsnes with views out towards Sognefjord and Kvinnefossen waterfall on the opposite side. Sognefjord Guesthouse is a good base for visiting the many attractions along the Sognefjord. Among others, you can enjoy stave churches, glacier tours and day-trips by express boat to Flåm and Fjærland (the Jostedalsbreen glacier). The Guesthouse has a full liquor license.

Sognefjord gjestehus ligger ved Vangsnes fergekai med utsikt mot Sognefjorden og Kvinnefossen på andre siden av fjorden. Sognefjord gjestehus er et godt utgangspunkt for å besøke de mange attraksjonene langs Sognefjorden. Her kan det nevnes blant annet stavkirker, brevandring og dagsturer med ekspressbåt til Flåm og Fjærland (Jostedalsbreen). Gjestehuset har alle serveringsrettigheter.

Das Sognefjord Gjestehus liegt am Kai in Vangsnes und bietet eine schöne Aussicht auf den Sognefjord und den Wasserfall Kvinnefossen am anderen Fjordufer. Das Gästehaus ist ein guter Ausgangspunkt, um die vielen Sehenswürdigkeiten am Sognefjord mitzuerleben. Man kann z.B. Stabkirchen besichtigen, Gletscherwanderungen unternehmen oder eine Tagestour mit dem Schnellboot nach Flåm oder Fjærland buchen (Abstecher zum Gletscher Jostedalsbreen). Das Gästehaus verfügt über alle Schankrechte.

B&B
Level of standard: ♣ ♣ ♣

Sogn & Fjordane

Flesje Gard

Your host:
Rune Andersen

Address:
**Flesje
N - 6899 Balestrand**
Mobil: 41 50 72 48
Fax: 57 69 16 82
E-mail: ruande5@online.no

Best time to call:
08.00 - 10.00 / 16.00 - 22.00

Double room:	850,-/900,-
Extra bed:	200,-

No. of rooms: 1
Laid breakfast table
Prices valid for 2008
Large yard/garden
Bike for rent
Open 1 June - 20 August
English spoken

Dobbeltrom:	850,-/900,-
Ekstraseng:	200,-

Antal rom: 1
Dekka frukostbord
Priser gjeld for 2008
Stor hage
Sykkelutleige
Ope 1. juni - 20. august

Doppelzimmer:	850,-/900,-
Extrabett:	200,-

Anzahl Zimmer: 1
Gedeckter Frühstückstisch
Preise gültig für 2008
Grosser Garten
Fahrrad zu mieten
Geöffnet 1. Juni - 20. August
Sprechen etwas Deutsch

Balestrand has been popular with tourists and artists for over 100 years; choose an active or relaxing visit.
Flesje is located 4 km from Balestrand city center. The farm dates from the 1700s and is idyllically and peacefully situated on the banks of the Sognefjord. Flesjehas been the residence of both the county bailiff and various military men. There are 9 old structures on the farm property including a restored millhouse. There is only limited farming today: mostly vegetables and berries for personal consumption. Your room is on the second floor of the main farmhouse with private bath and beautiful view of the fjord. A family of four welcomes you: father and three children.

Balestrand har vore besøkt av turistar og kunstnerar i over 100 år, og her kan du ha både eit aktivt og eit roleg opphald.
Flesje ligg 4 km frå Balestrand sentrum. Garden er frå 1700-talet og ligg idyllisk og fredeleg til, heilt nede ved Sognefjorden. Flesje har vore bustad for både futar og militærfolk.
Det er 9 gamle hus på garden, blant dei eit restaurert kvernhus. No er det lite gardsdrift att; berre grønsaker og bær til eige bruk. Utleierommet ligg i 2. høgda på hovudhuset, har eige bad og flott utsikt mot fjorden.
Familien på fire ynskjer dykk velkommen; far og tre born.

Balestrand wird seit über 100 Jahren von Touristen und Künstlern besucht. Besucher können selbst bestimmen, ob sie einen Aktiv- oder Erholungsurlaub verleben möchten. Flesje liegt 4 km von Balestrand Zentrum entfernt. Der Hof stammt aus dem 18. Jahrhundert und liegt idyllisch und friedlich direkt am Sognefjord. Unter den 9 Gebäuden befindet sich auch ein restauriertes Mühlenhaus. Heute wird kaum mehr Landwirtschaft betrieben (nur Gemüse und Beeren für den Eigenbedarf). Das zu vermietende Zimmer befindet sich im 1. Stock des Haupthauses, mit eigenem Bad und eine schöne Aussicht auf den Fjord. Die vierköpfige Familie (Vater und 3 Kinder) heißt sie herzlich willkommen!

B&B
Level of standard: ♣ ♣

NBG

Sogn & Fjordane

Urnes Gard

Your host:
Britt & Odd John Bugge

Address:
N - 6870 Ornes

Phone: **57 68 39 44**
Fax: **57 68 37 19**
Mobil: **93 42 63 99 / 90 60 02 18**
E-mail: urnes-gard@urnes.no
Web: www.urnes.no

Best time to call:
08.00 - 22.00

Double room: **500,-/700,-**	Dobbeltrom: **500,-/700,-**	Doppelzimmer: **500,-/700,-**
1 pers. in double room: **250,-/350,-**	1 pers. i dobbeltrom: **250,-/350,-**	1 Pers. im Doppelzi.: **250,-/350,-**
No. of rooms: 4	Antal rom: 4	Anzahl Zimmer: 4
Discount for children under 10 yrs.	Rabatt for born under 10 år	Ermässigung für Kinder unter 10 J.
Breakfast buffet	Frukostbufffét	Frühstücksbüfett
Selfcatering possible	Sjølvhushald er mogeleg	Selbsthaushalt möglich
Prices valid for 2008	Priser gjeld for 2008	Preise gültig für 2008
Terrace/patio	Terrasse/uteplass	Terrasse/Aussenplatz
Boat for rent	Båtutleige	Boot zu mieten
Open 1 June - 1 Sept.	Ope 1. juni - 1. sept.	Geöffnet 1. Juni - 1. Sept.
English spoken		Sprechen etwas Deutsch

Urnes Gard lies on the south side of Lusterfjorden and is adjacent to the Urnes Stave Church, which is Norway's oldest. Your hosts use the farm for berry production including raspberry, strawberry, cherry and blueberry, in addition to having sheep, two horses and two dogs. In short, there is a lot of activity! Britt and Odd John also run a farm cafe and a farm shop where they sell farm products and handicrafts.

Urnes Gard ligg på sørsida av Lusterfjorden, og er næraste nabo til Urnes stavkyrkje som er den eldste i Noreg. På garden driv vertskapet bærproduksjon med bringebær, jordbær, moreller og blåbær, og i tillegg har dei sauer, to hestar og to hundar. Så her kan det gå livleg for seg.
I tillegg driv Britt og Odd John ein gardskafé og ein gardsbutikk med utsal av gardsprodukt og husflid.

Der Hof liegt an der Südseite des Lusterfjords, als unmittelbarer Nachbar der Urnes Stabkirche, der ältesten Norwegens. Die Gastgeber betreiben Beerenproduktion (Himbeeren, Erdbeeren, Kirschen und Blaubeeren) und man kann auf dem Hof Schafe, zwei Pferde und zwei Hunde erleben. Es geht hier also durchaus lebhaft zu.
Darüber hinaus betreiben Britt und Odd John ein Bauernhofcafé sowie ein kleines Geschäft (Lebensmittel aus eigenem Anbau; Kunsthandwerk).

B&B		NBG	page 156
Level of standard:	❧❧ & ❧❧❧		Sogn & Fjordane

Nes Gard

Your host:
Mari & Asbjørn Månum
Address:
N - 6875 Høyheimsvik
Phone: **57 68 39 43**
Mobil: **95 23 26 94**
E-mail: **post@nesgard.no**
Web: **www.nesgard.no**
Best time to call:
08.00 - 22.00

Double room w/bath:	**800,-/980,-**	Dobbeltrom m/bad:	**800,-/980,-**	Doppelzi. m. Bad:	**800,-/980,-**
Double room, sh/bath:	**680,-/800,-**	Dobbeltrom u/bad:	**680,-/800,-**	Doppelzi. ohne Bad:	**680,-/800,-**
Twin room, sh/bath:	**680,-/800,-**	Tosengsrom u/bad:	**680,-/800,-**	Zweibettzi. ohne Bad:	**680,-/800,-**
1 pers. in dbl. room:	**550,-/650,-**	1 pers. i dobbeltrom:	**550,-/650,-**	1 Pers. im Doppelzi.:	**550,-/650,-**
No. of rooms: 11		Antall rom: 11		Anzahl Zimmer: 11	
Breakfast buffet		Frokostbuffét		Frühstücksbüfett	

Nes Gard is situated with a view of Lusterfjorden and Feigumfossen waterfall. The beautiful farmyard is from 1850. The farm has been in the family for 200 years, currently operated by the seventh generation. Apples, pears, plums and cherries are grown here. The hosts offer accommodations in the main building on the farm. The house has recently been expanded to accommodate guests with new bathrooms.
There are unique possibilities for mountain hikes, guided glacier tours and bicycling. Down by the fjord one can swim or use a rowboat or motorboat to explore the fjord.
Among the cultural highlights: Urnes Stave Church, which is on Unesco's heritage list; Muntheshuset and Gallery Walaker. Consider taking trips to Jostedalen, Nærøyfjorden and Fjærland.

Nes Gard ligger fint til med utsikt utover Lusterfjorden og Feigumfossen. Det vakre tunet er fra 1850. Gården har vært i familiens eie i 200 år. Det er 7. generasjon som nå driver den. Her dyrkes epler, pærer, plommer og moreller. Vertskapet tilbyr overnatting i hovedbygningen på gården. Huset ble nylig ombygget for å gi et bedre tilbud for gjestene med bl.a. flere nye bad.
Stedet byr på unike muligheter for fotturer i fjellet, brevandring med guide og sykkelturer. Nede ved fjorden kan man bade og med robåt eller motorbåt kan man komme seg utpå fjorden.
Kulturperler i området; Urnes Stavkirke som står på Unesco's liste, Munthehuset og Galleri Walaker. La deg friste til å ta utflukter til Jostedalen, Nærøyfjorden og Fjærland.

Der charmante Hof Nes Gard ist aus dem Jahre 1850. Schön gelegen mit Aussicht auf den Lusterfjorden und den Feigumfossen Wasserfall ist der Hof seit 200 Jahren und sieben Generationen in Familienbesitz. Auf dem Hof wird Obst angebaut, z.B. Äpfel, Birnen, Pflaumen und Kirschen. Die Gastgeber empfangen ihre Gäste im Haupthaus, das kürzlich umgebaut wurde, um den Gästen einen besseren Komfort zu bieten.
Der Ort bietet unzählige Aktivitäten: Bergtouren, geführte Gletscherwanderungen und Fahrradausflüge. Im Fjord kann man schwimmen und mit dem Ruderoder Motorboot hinausfahren.
Verschiedene Kulturhighlights befinden sich in der Gegend, z.B. das Munthehuset, die Galerie Walaker und die Urnes Stabkirche, welche zum Unesco-Weltkulturerbe gehört.

Boenhet med selvhushold
Selfcatering / Selbsthaushalt
Sogn & Fjordane

A: Apartment for 2-4 persons	**A:** Leilighet for 2-4 personer.	**A:** Wohnung für 2-4 Personen
1 bedrooms, bath, kitchen, LR	1 soverom, bad, kjøkken, stue	1 Schlafzi., Bad, Küche, Stube
Private veranda, view of the fjord	Egen veranda, utsikt til fjorden	Eig. Veranda, Aussicht. a. d. Fjord
Price for whole unit: **580,-/720,-**	Pris for hele enheten: **580,-/720,-**	Ganze Einheit: **580,-/720,-**
Bed linen fee: **60,-**	Tillegg for sengetøy: **60,-**	Mieten von Bettwäsche: **60,-**
Breakfast service available: **90,-**	Frokost kan serveres: **90,-**	Frühstück auf Bestellung: **90,-**
B: Apartment for 2-5 persons	**B:** Leilighet for 2-5 personer	**B:** Wohnung für 2-5 Personen
No. of bedrooms: 2	Antall soverom: 2	Anzahl Schlafzimmer: 2
Bath, LR with kitchen nook	Bad, stue med kjøkkenkrok	Bad, Stube mit Küchenecke
View to the fjord	Utsikt til fjorden	Aussicht auf den Fjord
Price for whole unit: **750,-/960,-**	Pris for hele enheten: **750,-/960,-**	Ganze Einheit: **750,-/960,-**
Bed linen fee: **60,-**	Tillegg for sengetøy: **60,-**	Bed linen fee: **60,-**
Breakfast service available: **90,-**	Frokost kan serveres: **90,-**	Breakfast service available: **90,-**
Applies to all rooms and apt.:	Gjelder alle rom og leiligheter:	Für alle Zi. und Wohnungen gilt:
Prices valid for 2008	Priser gyldig for 2008	Preise gültig für 2008
Discount for children	Rabatt for barn	Ermässigung für Kinder
Dinner available, every night 19.00	Middag serv. hver kveld kl.19.00	Abendessen mögl., täglich 19.00
TV/Internet available	TV/Internett tilgjengelig	Zugang zu TV/Internet
Patio w/ grill, lawn furniture	Uteplass i hagen med grill	Aussenplatz im Garten m. Grill
Rowing boat available	Robåt kan lånes	Ruderboot auszuleihen
Boat with outboard motor for rent	Utleie av båt med påhengsmotor	Kl. Motorboot zu mieten
Bike for rent	Sykkelutleie	Fahrrad zu mieten
VISA, MC, AmEx accepted	Vi tar VISA, MC, AmEx	VISA, MC, AmEx
Open 15 May - 30 Sept.	Åpent 15. mai - 30. sept.	Geöffnet 15. Mai - 30. Sept.
English and some French spoken		Sprechen etwas Deutsch

Directions:	Veibeskrivelse:	Wegbeschreibung:
From E-16 in Lærdal take RV 5 to Sogndal. Continue on RV 55. Nes Gard is along the road 34 km from Sogndal.	Fra E-16 i Lærdal, ta RV 5 til Sogndal. Ta videre RV 55. Nes Gard ligger langs veien, 34 km fra Sogndal.	Von der E-16 in Lærdal, nehmen die Str. 5 bis Sogndal. Fahren Sie weiter auf der Str. 55. Nes Gard liegt auf dieser Str., 34 km von Sogndal entfernt.

"All sunny skies would be too bright,
all morning hours mean too much light,
all laughing days too gay a strain;
there must be clouds, and night, and
rain, and shut-in days,
to make us see the beauty of life's tapestry!"

~ unknown ~

B&B
Level of standard: ♣♣ & ♣♣♣

Sogn & Fjordane

Nesøyane Gjestegard

Your host:
Jens Nes & Marit Vøien Nes

Address:
Veitastrond
N - 6878 Veitastrond
Phone: 57 68 78 19
Mobil: 91 19 31 57 / 97 58 85 02
E-mail: vo-ne@online.no
Web: www.nesoyane.com

Best time to call:
10.00 - 22.00 (mobil)

Double room:	700,-
Twin room:	600,-
Single room:	400,-

No. of rooms: 3
Laid breakfast table or self-service
Selfcatering possible
Prices valid for 2008 & 2009
TV available
Terrace/patio/yard
Boat and bike for rent
Pets welcome
Open Easter - November
English spoken

The guest rooms are in "Knutstova", a modern picturesque little house at one end of a lake called Veitastrondvatnet. Here is a fine view of the lake and mountains. Driving here gives your soul the experienece of nature. Your hosts, Jens and Marit pluss Knut Fredrik, run a dairy farm in the village of Veitatsrond. You'll be enchanted by the inviting farm buildings. There's a store, a museum and a little cafe in "Gamlefjosen", the old cow barn.
Beautiful mountainous landcape and glacial hiking in the Jostedalsbreen National Park.

Dobbeltrom:	700,-
Tosengsrom:	600,-
Enkeltrom:	400,-

Antal rom: 3
Dekka frukostbord el. sjølvbetj.
Høve til sjølvhushald
Priser gjeld for 2008 & 2009
TV tilgjengeleg
Terrasse/uteplass/hage
Båt- og sykkelutleige
Kjæledyr velkomen
Ope påske - november

Utleigeromma ligg i 'Knutstova', eit moderne lite hus som ligg vakkert til ved enden av Veitastrondvatnet. Her er det flott utsyn til vatn og fjell. Å køyre vegen inn her kan i seg sjøl vera ei naturoppleving.
Vertskapet, Jens og Marit pluss Knut Fredrik, driv gard med mjølkeproduksjon og kyr i bygda Veitastrond. Du må gjerne kome innom garden som har eit triveleg gardstun. Her er butikk, museum og ein liten café i 'Gamlefjøsen'.
Flott fjellandskap rundt og turterreng i Jostedalsbreen Nasjonalpark.

Doppelzimmer:	700,-
Zweibettzimmer:	600,-
Einzelzimmer:	400,-

Anzahl Zimmer: 3
Frühstückstisch o. Selbstbedienung
Selbsthaushalt möglich
Preise gültig für 2008 & 2009
Zugang zu TV
Terrasse/Aussenplatz/Garten
Boot u. Fahrrad zu mieten
Haustiere willkommen
Geöffnet Ostern - November
Sprechen Deutsch

Die Zimmer befinden sich im 'Knutstova', einem modernen kleinen Haus, hübsch gelegen, am Ende des Veitastrondvatnet Flusses. Schöner Ausblick auf den See und die Berge. Der Weg zum Gjestegard ist bereits ein Naturerlebnis. Die Gastgeber Jens und Marit sowie Knut Fredrik haben Kühe und betreiben den Hof mit Milchproduktion. Sie sind hier auf dem Hof und dem wunderschönen Hofplatz herzlich willkommen. Es gibt ein Geschäft, ein Museum und ein kleines Cafè in 'Gamlefjøsen'. Schöne Berglandschaft ringsherum und ein Ausflugsgebiet im Jostedalsbreen Nationalpark.

Boenhet med selvhushold
Selfcatering / Selbsthaushalt

page **159**
Sogn & Fjordane

Osberg Osen Bru

Your host:
Corelli Stegink

Address:
**Ytreåstunet 6
N - 6800 Førde**
Phone: **57 82 34 49**
Mobil: **91 14 16 26**
E-mail: **cstegink@hotmail.com**

Best time to call:
08.00 - 23.00

Guesthouse for 2-7 persons	Gjestehus for 2-7 personer	Gästehaus für 2-7 Personen
3 bedrooms, bath, kitchen, LR	3 soverom, bad, kjøkken, stue	3 Schlafzi., Bad, Küche, Stube
Price for whole unit: **800,-**	Pris for hele enheten: **800,-**	Ganze Einheit: **800,-**
Price per pers.: **150,-**	Pris pr. pers.: **150,-**	Preis pro Pers.: **150,-**
Bed linen included	Sengetøy er inkludert	Inkl. Bettwäsche
Breakfast service available: **50,-**	Frokost kan serveres: **50,-**	Frühstück auf Bestellung: **50,-**
Discount for children	Rabatt for barn	Ermässigung für Kinder
Prices valid for 2008/09 & 2010	Priser gyldig for 2008/09 & 2010	Preise gültig für 2008/09 & 2010
Terrace/patio/yard	Terrasse/uteplass/hage	Terrasse/Aussenplatz/Garten
Boat and bike for rent	Båt- og sykkelutleie	Boot und Fahrrad zu mieten
Pets welcome	Kjæledyr velkommen	Haustiere willkommen
Open year round	Åpent hele året	Ganzjährig geöffnet
English and Dutch spoken		Sprechen etwas Deutsch

This timber house from the 1950s was renovated in 2007. The house lies near a forest pasture and marked trails, the salmon river Gaula and near waterfalls, fjord and wharf. There's a soccer field close by.
Osen bridge is at the intersection of RV 57 and RV 610, at the end of Dalsfjorden, 3 km from Bygstad, 15 km from Sande and 30 km from Førde.

Tømmerhus fra 1950-tallet som ble renovert i 2007. Huset ligger nær utmark og merket tursti, lakseelven Gaula og nær foss, fjord og brygge. Idrettsbane like ved.
Osen bru ligger i krysset mellom RV 57 og RV 610, i enden av Dalsfjorden, 3 km fra Bygstad, 15 km fra Sande og 30 km fra Førde.

Das Holzhaus Osberg Osen bru, erbaut im Blockhütten-Stil aus den 50er Jahren wurde 2007 renoviert. In unmittelbarer Umgebung des Hauses finden Sie den Fjord, markierte Wanderwege, Weiden, einen Wasserfall, einen Bootssteg, eine Sportanlage und den Fluss Gaula mit guter Möglichkeit Lachse zu angeln.
Osen bru liegt an der Kreuzung zwischen der Str. 57 und der Str. 610. Am Ende vom Dals-Fjord, 3 km von Bygstad, 15 km von Sande und 30 km von Førde entfernt.

B&B
Level of standard: ♣ ♣

Sogn & Fjordane

Von Bed & Breakfast

Your host:
Anny Eikås Strømmen

Address:
Michael Sarsgate 23
N - 6900 Florø

Phone: 57 74 14 46
Mobil: 90 93 26 08
E-mail: eleikas@online.no

Best time to call:
09.00 - 21.00

Twin room:	500,-
1 pers. in twin room:	300,-

No. of rooms: 3
Discount for children
Laid breakfast table
Prices valid for 2008/09 & 2010
TV/Internet available
Terrace/patio
Open year round
English spoken

Tosengsrom:	500,-
1 pers. i tosengsrom:	300,-

Antal rom: 3
Rabatt for born
Dekka frukostbord
Priser gjeld for 2008/09 & 2010
TV/Internett tilgjengeleg
Terrasse/uteplass
Ope heile året

Zweibettzimmer:	500,-
1 Pers. im Zweibettzi.:	300,-

Anzahl Zimmer: 3
Ermässigung für Kinder
Gedeckter Frühstückstisch
Preise gültig für 2008/09 & 2010
Zugang zu TV/Internet
Terrasse/Aussenplatz
Ganzjährig geöffnet
Sprechen etwas Deutsch

Florø, a city community where visitors can enjoy the smell of salt water and coastal Norway. Here you are close to the majestic ocean, inviting you from just beyond the small islands and skerries. Anny welcomes guests to her row house built in 1994. The house is easily found 10 min. walk from the bus station and 2 min. from city center. A beautiful setting and an old neighborhood give the area its special character. We recommend visitors to Florø to take a day-trip by boat to the island Kinn west of Florø. Here you can see Kinnakyrkja, a Romanesque stone church from the middle ages and connected to the legend of St. Sunniva and the Selje men.

Florø; bysamfunnet som får besøkande til å kjenne lukta av saltvatn og norsk hav. Her ligg sjølvaste "storhavet" rett utanfor holmane og skjæra og lurer. Anny tek imot gjester i sitt rekkjehus bygd i 1994. Huset finn du i 10 minutters gange frå buss-stasjonen, og 2 min. frå sentrum. Vakre omgjevnader og eit gamalt villastrøk pregar området rundt. Er du i Florø, kan vi anbefale ein dagstur med båt til øya Kinn vest for Florø. Her finn du Kinnakyrkja, ei romansk steinkyrkje frå middelalderen knytta til legenden om St. Sunniva og Seljumennene.

Florø ist genau der richtige Ort für alle Urlauber, die Meeresluft und die norwegische Küste mögen. Genau hier, jenseits der Schären und kleinen Inseln, beginnt der Nordatlantik. Die Gastgeberin Anny empfängt ihre Gäste in einem Reihenhaus von 1994. Das Haus liegt nur 10 Minuten Fußweg von der Bushaltestelle entfernt (2 Min. z. Zentrum). Die Umgebung ist von reizvollen alten Villen geprägt. Wer Florø besucht, sollte eine Tagestour mit dem Boot zur Insel Kinn westlich der Stadt nicht versäumen. Hier steht die "Kinnakyrkja", eine romantische Steinkirche aus dem Mittelalter, an der die Legende von der Heiligen Sunniva und den Seljemännern anknüpft.

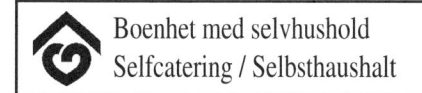

Boenhet med selvhushold
Selfcatering / Selbsthaushalt

page 161
Sogn & Fjordane

Skinlo Farm B&B

Your host:
Celia Engstedt

Address:
Skinlo
N - 6827 Breim
Phone: **57 86 83 38**
Mobil: **95 20 04 96**
Fax: **57 86 63 41**
E-mail: olavskinlo@hotmail.com

Best time to call:
09.00 - 22.00

A: Apartment for 2-6 persons
3 bedrooms, bath, kitchen, LR
Whole unit, 4-6 pers.: **850,-**
Price for 2-3 pers. by agreement

B: Cabin for 2-4 persons
Sleeping alcove and loft with bed
Own bath, kitchenette, LR
Whole unit up to 4 pers.: **550,-**

Applies to both rental units:
Bed linen fee: **70,-**
Breakfast service available: **60,-**
Discount for children
Prices valid for 2008/09 & 2010
Internet available
Terrace/patio/yard
Pets welcome, ask host
Open May - September
English and some French spoken

A: Leilighet for 2-6 personer
3 soverom, bad, kjøkken, stue
Hele enheten, 4-6 pers.: **850,-**
Pris for 2-3 pers. etter avtale

B: Hytte for 2-4 personer
Sovealkove og sovehems
Eget bad, kjøkkenkrok, stue
Hele enheten inntil 4 pers.: **550,-**

For begge enhetene gjelder:
Tillegg for sengetøy: **70,-**
Frokost kan serveres: **60,-**
Rabatt for barn
Priser gyldig for 2008/09 & 2010
Internett tilgjengelig
Terrasse/uteplass/hage
Kjæledyr - spør
Åpent mai - september

A: Wohnung für 2-6 Personen
3 Schlafzi., Bad, Küche, Stube
Ganze Einheit, 4-6 Pers.: **850,-**
Preis für 2-3 Pers. nach Absprache

B: Hütte für 2-4 Personen
Schlafalkoven u. Schlafboden
Eig. Bad, Küchenecke, Stube
Ganze Einheit bis 4 Pers.: **550,-**

Für beide Einheiten gilt:
Mieten von Bettwäsche: **70,-**
Frühstück auf Bestellung: **60,-**
Ermässigung für Kinder
Preise gültig für 2008/09 & 2010
Zugang zu Internet
Terrasse/Aussenplatz/Garten
Haustiere willk. - Bitte nachfragen
Geöffnet Mai - September
Sprechen Englisch u. etwas Franz.

Skinlo farm, 340 meters above sea level, has a beautiful view. The hostess, formerly a professional musicians, is now operating the local library. The farmer raise sheep and have a separate lathe operation on the farm. The community features three music festivals each summer: Glopperock in June, Norwegian Country in July and Gloppen classical music in August. There is much nature to experience, from glacier to fjord.

Skinlo gård ligger på 340 m.o.h. med flott utsikt. Vertinnen har tidligere hatt musikk som yrke og styrer nå det lokale biblioteket. Bonden driver med sau og har eget dreieverksted på gården. Tre musikkfestivaler finner sted i kommunen hver sommer; Glopperock i juni, Norsk Country festival i juli og Gloppen Musikkfest (klassisk) i august.
Mye natur å oppleve, fra bre til fjord.

Mit wunderbarer Aussicht liegt Skinlo Farm 340 m über dem Meeresspiegel. Die Gastgeberin war früher Musikerin und leitet jetzt die örtliche Bibliothek. Der Bauernhof wird u.a. mit Schafen betrieben. Im Sommer sollte man sich die Festivals im Ort nicht entgehen lassen: Glopperock im Juni, Norwegisches Country Festival im Juli und Gloppen Musikkfest (Klassik) im August. Die Natur ist hier ein Erlebnis.

B&B
Level of standard: ♣ ♣

Sogn & Fjordane

Trollbu

Your host:
Signe Aabrekk

Address:
N - 6791 Oldedalen
Phone: 57 87 38 38
Mobil: 91 38 25 69
Fax: 57 87 34 96
E-mail: sign-aab@online.no
Web: www.trollbuonline.no

Best time to call:
09.00 - 23.00

2008: Twin room:	550,-	2008: Tosengsrom:	550,-	2008: Zweibettzi.:	550,-
2009/10: Twin room:	600,-	2009/10: Tosengsrom:	600,-	2009/10: Zweibettzi.:	600,-
1 pers. in double room:	400,-	1 pers. i dobbeltrom:	400,-	1 Pers. im Doppelzi.:	400,-
No. of rooms: 2		Antal rom: 2		Anzahl Zimmer: 2	
Laid breakfast table		Dekka frukostbord		Gedeckter Frühstückstisch	
Terrace/patio/yard		Terrasse/uteplass/hage		Terrasse/Aussenplatz/Garten	
Boat for rent		Båtutleige		Boot zu mieten	
Open year round		Ope heile året		Ganzjährig geöffnet	
Some English spoken				Sprechen etwas Deutsch	

Trollbu is on the Aabrekk farm in Oldedalen, Stryn. Three generations live on the dairy and meat farm, Signe and Rune, five children and grandparents.
The courtyard has 3 houses, one from 1992 and 2 newly restored houses from the 1700's and 1800's. The farm cafe sells coffee, traditional food and local handicrafts.
Guests are welcome to visit the farm and ride ponies. Take horse and cart rides to Briksdal glacier, hikes on Jostedal glacier, or go fishing or mountain hiking.

Trollbutunet ligg på garden Aabrekk i Oldedalen, Stryn. På garden bur tre generasjonar, Signe og Rune, fem born og besteforeldre.
Garden er i full drift med mjølke- og kjøtproduksjon. Trollbutunet består av tre hus, eitt frå 1992 og to eldre hus frå 1700- og 1800- talet som er nyrestaurerte.
Gardskafé med sal av tradisjonsrik mat, kaffi og husflid produsert i dalen.
Familien Aabrekk tek imot gjester på gardsbesøk; vitjing i fjøset og høve til å ri på fjordhest. Tur med hest og kjerre til Briksdalsbreen, bretur på Jostedalsbreen, fiske i vatn og merka turstier i fjellheimen.

Trollbutunet besteht aus zwei völlig restaurierten Häusern aus dem 18. und 19. Jhd., sowie einem Haus von 1992. Die Häuser liegen auf dem Hof Aabrekk in Oldedalen, bei Stryn. Drei Generationen leben auf dem mit Milch- und Viehwirtschaft betriebenen Hof. Kaffee und Traditionskost, sowie Heimkunst werden im Café auf dem Hof angeboten. Die Familie bietet Hofbesichtigung, Reiten auf Fjordpferden, Ausflüge mit Pferd und Wagen zum Briksdals- Gletscher, sowie Touren auf dem Jostedalsgletscher an. Angeln in Bergseen und markierte Wanderstrecken in den Bergen.

B&B		
Level of standard: ♣♣ & ♣♣♣		Sogn & Fjordane

Loen pensjonat

Your host:
Erik & Åsta Bødal

Address:
N - 6789 Loen
Phone: 57 87 76 24
Mobil: 48 29 00 22
Fax: 57 87 76 78
E-mail: post@loen-pensjonat.com
Web: www.loen-pensjonat.com

Best time to call:
08.00 - 12.00 / 17.00 - 23.00

Double-/twin room: 590,-/730,-	Dobbelt-/tosengsrom: 590,-/730,-	Doppel-/Zweibettzi.: 590,-/730,-
Single room: 370,-/490,-	Enkeltrom: 370,-/490,-	Einzelzimmer: 370,-/490,-
No. of rooms: 10	Antal rom: 10	Anzahl Zimmer: 10
Discount for children	Rabatt for born	Ermässigung für Kinder
Breakfast buffet	Frukostbuffét	Frühstücksbüfett
Prices valid for 2008	Priser gjeld for 2008	Preise gültig für 2008
TV available	TV tilgjengeleg	Zugang zu TV
Terrace/patio/yard	Terrasse/uteplass/hage	Terrasse/Aussenplatz/Garten
Boat and bike for rent	Båt- og sykkelutleige	Boot u. Fahrrad zu mieten
Open 1 June - 1 Sept.	Ope 1. juni - 1. sept.	Geöffnet 1. Juni - 1. Sept.
English spoken		Sprechen Deutsch

Loen Pensjonat is 400 m from the centre of Loen, with a wonderful view of the fjord. The main building dates back to 1910 with several modern additions. There was an inn here from 1910-1940, and from 1956 until the present. A large garden surrounds the house. Beautiful hiking country and good fishing. There are sheep on the farm. Possibilities for glacier trekking.

Directions:
Loen is located 10 km from Stryn - towards Førde. Exit towards Lodalen in Loen and drive about 500 m. The guest house is situated just near the church in Loen.

Loen Pensjonat ligg 400 m frå sentrum, med fin utsikt over fjorden. Hovudbygninga er frå 1910 med fleire nyare tilbygg. Her har det vore dreve pensjonat i åra 1910-1940 og frå 1956 og fram til i dag. Ein stor hage ligg ikring huset.
På garden driv dei sauehald. Flott turterreng og gode høve for fiske. Høve til brevandring.

Vegforklaring:
Loen ligg 10 km frå Stryn i retning Førde. I Loen ta av mot Lodalen og køyr ca. 500 m. Pensjonatet ligg like ved kyrkja i Loen.

Loen Pensjonat liegt 400 m vom Zentrum Loens. Schöne Aussicht auf den Fjord. Die Pension ist von einem großen Garten umgeben. Das Hauptgebäude stammt von 1910. Schafzucht auf dem Hof. Herrliches Wandergelände. In der Nähe gute Möglichkeiten zum Angeln und zu Gletscherwanderungen.

Wegbeschreibung:
Loen liegt 10 km von Stryn entfernt in Richtung Førde. Biegen Sie dort in Richtung "Lodalen" ab und folgen Sie der Straße ca. 500 m geradeaus. Die Pension liegt in unmittelbarer Nähe der Kirche von Loen.

B&B
Level of standard: ♣♣

Sogn & Fjordane

Skipenes Gard

Your host:
Sigdis Skipenes
& Arild Andersen

Address:
N - 6770 Nordfjordeid
Phone: 57 86 08 24
Fax: 57 86 00 89
Mobil: 40 20 09 26
E-mail: aria@online.no
Web: www.skipenes-gard.com

Best time to call:
17.00 - 22.00

Double-/twin room: **650,-**	Dobbelt-/tosengsrom: **650,-**	Doppel-/Zweibettzi.: **650,-**
1 pers. in double room: **500,-**	1 pers. i dobbeltrom: **500,-**	1 Pers. im Doppelzi.: **500,-**
Single room: **450,-**	Enkeltrom: **450,-**	Einzelzimmer: **450,-**
No. of rooms: 8	Antal rom: 8	Anzahl Zimmer: 8
Laid breakfast table	Dekka frukostbord	Gedeckter Frühstückstisch
Applies to B&B and selfcatering:	Gjeld for både B&B & sjølvhushald:	Für beides B&B u. Selbsth. gilt:
Prices valid for 2008	Priser gjeld for 2008	Preise gültig für 2008
Discount for children	Rabatt for born	Ermässigung für Kinder
TV available	TV tilgjengeleg	Zugang zu TV
Terrace/deck access/yard	Terrasse/uteplass/hage	Terrasse/Aussenplatz/Garten
Jacuzzi with water jets	Badestamp m/boblebad	Whirlpool
BBQ-hut	Grillhytte	Grillhütte
Boat and bike for rent	Båt- og sykkelutleige	Boot und Fahrrad zu mieten
VISA accepted	Vi tek VISA	Wir akzeptieren VISA
Open year round	Ope heile året	Ganzjährig geöffnet
English spoken		Sprechen Englisch

An old farm typical of the West Coast of Norway, with the dwelling house dating back to the 18th and 19th centuries. Breakfast is served in the formal dining room which has been restored to the old style. The farm is home to lama, goats, dwarf hens and cats. You are welcome to come along and get acquainted with the animals. Horseback riding can also be arranged. Skipenes Gard lies 800 m from Nordfjordeid city center, close to the salmon river Eidselva.

Ein gamal vestlandsgard med hus frå 1700- og 1800-talet. Frukost serverast i bestestova som er restaurert i gamal stil.
På garden har dei lama, geit, dverghøner og katt. Du kan få vere med og helse på dyra. Tur med hest kan også formidlast. Skipenes Gard ligg 800 meter frå Nordfjordeid sentrum, like ved den lakseførande Eidselva.

Ein alter Vestlands-Hof mit Gebäuden aus dem 18. und 19. Jh. Frühstück wird in der "guten Stube" serviert, die in altem Stil restauriert ist.
Auf dem Hof sind Lamas, Ziegen, Zwerghühner und Katzen. Sie dürfen die Tiere mit begrüßen gehen. Darüber hinaus können Reittouren organisiert werden. Skipenes Gard liegt 800 m von Nordfjordeid Zentrum entfernt, direkt am Lachsfluß Eidselva.

Boeining med sjølvhushald
Selfcatering / Selbsthaushalt

Sogn & Fjordane

A: Apartment for 2-4 persons No. of bedrooms: 2 Own bath, kitchen, LR Price for whole unit: **900,-**	**A:** Husvære for 2-4 personar Antal soverom: 2 Eige bad, kjøken, stove Pris for heile eininga: **900,-**	**A:** Wohnung für 2-4 Pers. Anzahl Schlafzimmer: 2 Eig. Bad, Küche, Stube Ganze Einheit: **900,-**
B: 2 Cabins for 2-5 persons No. of bedrooms: 2 Own bath, kitchen, LR Price for whole unit: **1200,-**	**B:** 2 Hytter for 2-5 personar Antal soverom: 2 Eige bad, kjøken, stove Pris for heile eininga: **1200,-**	**B:** 2 Hütten für 2-5 Personen Anzahl Schlafzimmer: 2 Eig. Bad, Küche, Stube Ganze Einheit: **1200,-**
Applies to all rental units: Bed linen included Discount for unused bed: **-50,-** Breakfast service available: **75,-**	For alle einingar gjeld: Sengeklede er inkludert Avslag pr. seng ikkje i bruk: **-50,-** Frukost kan serverast: **75,-**	Für alle Einheiten gilt: Inkl. Bettwäsche Ermäss.f. nicht gebrauch. Bett **-50,-** Frühstück auf Bestellung: **75,-**

Directions:
From Førde: The distance to Nordfjordeid is 108 km. Take E-39 northward to the ferry dock for Anda - Lote. Continue from Lote and drive through a tunnel. After the downgrade following the tunnel, make a right turn before coming to the bridge. Skipenes Gard is 100 m from the bridge on the left side.

Vegforklaring:
Frå Førde: Køyr E-39 nordover. Avstand til Nordfjordeid er 108 km. Turen inkluderer fergestrekninga Anda - Lote. Etter Lote køyrer du gjennom ein tunell, så kjem ei nerstigning etter tunellen. Etter bakkane ser du ei bru, sving til høgre før brua. Skipenes Gard ligg 100 m frå brua, på venstre side av vegen.

Wegbeschreibung:
Von Førde aus sind es 108 km bis Nordfjordeid. Fahren Sie auf der E-39 in Richtung Norden. Von Anda nach Lote verkehrt eine Fähre. Von Lote aus führt die Strecke durch einen Tunnel. Nach dem Gefälle hinter dem Tunnel biegen Sie vor der Brücke rechts ab. Ca. 100 m weiter liegt auf der linken Seite Skipenes Gard.

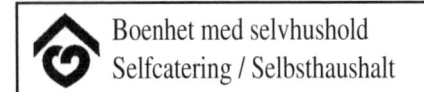

Boenhet med selvhushold
Selfcatering / Selbsthaushalt

Møre & Romsdal

Hellesylt Ferie-Hytter

Your host:
Anne Marie & Paul Stadheim

Address:
N - 6218 Hellesylt
Phone: 70 26 18 02
Mobil: 92 49 70 70

E-mail:
paul.stadheim@combitel.no

Best time to call:
09.00 - 22.00

Cabin for 2-8 persons	Hytte for 2-8 personer	Hütte für 2-8 Personen
Own bath, kitchen, LR, DR	Eget bad, kjøkken, stue, spisestue	Eig. Bad, Küche, Stube, Esszi.
Price per pers.: **250,-**	Pris pr. pers.: **250,-**	Preis pro Pers.: **250,-**
No. of units: 4	Antall enheter: 4	Anzahl Einheiten: 4
Bed linen fee: **90,-**	Tillegg for sengetøy: **90,-**	Mieten von Bettwäsche: **90,-**
Prices valid for 2008	Priser gyldig for 2008	Preise gültig für 2008
Terrace/patio/yard	Terrasse/uteplass/hage	Terrasse/Aussenplatz/Garten
Boat for rent	Båtutleie	Boot zu mieten
Open year round	Åpent hele året	Ganzjährig geöffnet
English spoken		Sprechen etwas Deutsch

'Hellesylt Holiday Cabins' are 2.5 km. from Hellesylt. Follow the signs. Cabins range in size and have 4-8 sleeping places. They're in peaceful surroundings, each with a west-facing veranda. Here you can rent a boat and try your luck at fishing with the possibility of catching salmon. And it's great for people who like to walk in the mountains. In the winter there is Sunnmørsalpane Ski-arena, only 30 minutes by car. And the mountains are good for both telemark skiing and loose-snow skiing.
From Hellesylt city center it's 50 min. by ferry over Geirangerfjord to Geiranger, a tour you don't want to miss.

Hellesylt feriehytter finner du 2,5 km fra Hellesylt sentrum. Følg skilting. Hyttene varierer i størrelse og har fra 4 til 8 sengeplasser. De ligger i rolige omgivelser, hver med egen vestvendt veranda. Her kan du leie båt og prøve fiskelykken, også muligheter for å prøve seg på laksefiske. Her er det fint for deg som liker å gå i fjellet. For vintersport er Sunnmørsalpane Skiarena det nærmeste, bare 30 min. med bil fra hyttene. Fjellheimen passer også godt for løssnøkjøring og telemarkkjøring. Fra Hellesylt sentrum tar det 50 min. med ferge inn Geirangerfjorden, til Geiranger, en tur du ikke bør gå glipp av.

Die Hellesylt Ferienhütten liegen 2,5 km vom Zentrum entfernt und sind ausgeschildert. Die Hütten sind unterschiedlich gross und haben 4 bis 8 Schlafplätze. Sie liegen in einer ruhigen Umgebung, mit jeweils eigener nach Westen gerichteten Terrasse. Man kann hier Boote mieten und sein Angelglück versuchen. Schöne Umgebung für Ausflüge in die Berge. Für Wintersport ist die Sunnmørs Alpen Skiarena das Nächstgelegene, nur 30 Min. Autofahrt. Die Berge eignen sich ebenfalls gut für Tiefschneeabfahrten u. d. Telemarktechnik. 50 Min. dauert es, mit der Fähre vom Zentrum Hellesylts in den Geirangerfjord bis Geiranger hinein zu fahren, ein Ausflug, den Sie sich nicht entgehen lassen sollten.

Bueining med sjølvhushald
Selfcatering / Selbsthaushalt

page 167
Møre & Romsdal

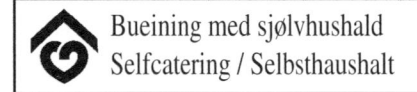

Knutegarden Norangdal

Your host:
Edith & Jon Arne Nordang

Address:
Norangdal
N - 6196 Norangsfjorden
Mobil: 99 27 94 43
Phone: 70 06 21 02
E-mail: efn_4@hotmail.com
Web: www.hjorundfjord.no/
overnatting/knutegarden
Best time to call: 09.00 - 22.00

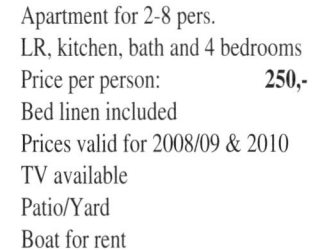

Apartment for 2-8 pers.	Bueining for 2-8 pers.	Wohnung für 2-8 Pers.
LR, kitchen, bath and 4 bedrooms	Stove, kjk, bad og 4 soverom	Stube, Küche, Bad u. 4 Schlafzi.
Price per person: **250,-**	Pris pr. pers.: **250,-**	Preis pro Pers.: **250,-**
Bed linen included	Sengeklede er inkludert	Inkl. Bettwäsche
Prices valid for 2008/09 & 2010	Priser gjeld for 2008/09 & 2010	Preise gültig für 2008/09 & 2010
TV available	TV tilgjengeleg	Zugang zu TV
Patio/Yard	Uteplass/hage	Aussenplatz/Garten
Boat for rent	Båtutleige	Boot zu mieten
Open year round	Ope heile året	Ganzjährig geöffnet
English spoken		Sprechen Englisch

Knutegard is a farm fully operational with a busy farmyard. The farm is about 250 m. from Norangsfjorden. There are many animals: fjord horses, rabbits, fox, cattle and cats.
Guest stay is the Old Farmer apt. in the main building, with separate entrance and yard. There are other farms and homes in the area.
Fishers find ocean fish in the fjord or trout and char in the lake, and salmon in the river. Diving in Lygnstølsvatnet Lake.
Knutegarden-Norangdal is a great departure point for mountain hikes. Slogen (altitude: 1,564 m.) is the best-known mountain.
"We have fantastic and wild nature in all directions, and that's no bragging."

Knutegarden-Norangdal er ein gard i full drift med aktivitet i tunet. Garden ligg ca. 250 m frå Norangsfjorden. Her er mange dyr; fjordhest, kanin, rev, storfe og katt.
Bueininga er ein "kårbustad" i hovudhuset, med eigen inngang og eigen hage. Det ligg fleire gardsbruk og bustader rundt.
Høve til sjøfiske i fjorden eller aure og røyr i vatn, og laksefiske i elva. Dykking i Lygnstølsvatnet.
Knutegarden-Norangdal er eit glimrande utgangspunkt for fjellturar. Slogen (1564 m.o.h.) er det mest kjende fjellet.
"Vi har ein fantastisk vill og vakker natur rundt oss på alle kantar, og det er ikkje skryt!"

Knutegarden-Norangdal ist ein voll betriebener Hof und liegt ca. 250 m vom Norangs-Fjord entfernt. Hier gibt es viele Tiere; Fjordpferde, Kaninchen, Füchse, Rinder und Katzen. Die Wohneinheit liegt im Haupthaus, mit eigenem Eingang und Garten. Landwirtschaftliche Betriebe und Häuser ringsherum. Gute Angelmöglichkeiten im Fjord, im See und im Fluss. Tauchen im 'Lygnstøls'-See. Knutegarden-Norangdal ist ein hervorragender Ausgangspunkt für Bergtouren. Der 'Slogen' ist der bekannteste Berg (1564 m.ü.NN). "Ringsherum in unserer Gegend haben wir eine fantastische wilde, schöne Natur und das ist keine Übertreibung".

B&B	page 168
Level of standard: ♣ ♣	Møre & Romsdal

Rønneberg Gard

Your host:
Astrid Ytreeide

Address:
Rønneberg
N - 6215 Eidsdal
Phone/Fax: 70 25 90 18
Mobil: 90 67 20 89

Best time to call:
07.00 - 12.00 / 20.00 - 23.00

Double- twin- and single rooms	Dobbelt- tosengs- og enkeltrom	Doppel- Zweibett- u.Einzelzimmer
Price per person: 300,-	Pris pr. pers.: 300,-	Preis pro Pers.: 300,-
No. of rooms: 4	Antall rom: 4	Anzahl Zimmer: 4
Laid breakfast table	Dekket frokostbord	Gedeckter Frühstückstisch
Prices valid for 2008/09 & 2010	Priser gyldig for 2008/09 & 2010	Preise gültig für 2008/09 & 2010
TV available	TV tilgjengelig	Zugang zu TV
Terrace/patio/yard	Terrasse/uteplass/hage	Terrasse/Aussenplatz/Garten
Open 1 May - 20 August	Åpent 1. mai - 20. aug.	Geöffnet 1. Mai - 20. Aug.
English spoken		Sprechen etwas Deutsch

Rønneberg Farm is located 8 km from Eidsdal city center along the highway to Geiranger. This mountain farm lies 420 meters above sea level and enjoys plenty of sunlight. The farm is situated on a side-trail 3 km from the spectacular "Golden Route" between Åndalsnes and Geiranger. Excellent hiking on un-crowded trails. Nearby lakes for fishing and small game hunting. Hunting license sold on the farm. Nordal church from 1782. Norwegian Fjordmuseum in Geiranger. Large hydro electric station in Tafjord close by, with a museum and an outdoor swimming pool. Welcome to the Rønneberg's red house.

Rønneberg gard ligger 8 km fra Eidsdal sentrum på veien mot Geiranger. Fjellgården ligger 420 m.o.h. og det er ingen fjell som stenger for sola. Gården ligger på en 3 km avstikker fra den spektakulære turistruten "The Golden Route" mellom Åndalsnes og Geiranger. Det er fine turmuligheter i et terreng lite brukt av turister. Gode fiskevann og småviltjakt. Jaktkort selges på garden. Nordal kirke fra 1782. Norsk Fjordmuseum i Geiranger. I Tafjord finner du ellers en kraftstasjon med museum og utendørs svømmebaseng. Velkommen til det røde huset på Rønneberg.

Der Hof befindet sich 8 km von Eidsdal Zentrum entfernt in Richtung Geiranger. Der Gebirgshof liegt auf 420 m Meereshöhe; kein Bergrücken versperrt den Blick auf die Sommersonne. Rønneberg liegt 3 km abseits der Touristenstraße "The Golden Route" zwischen Åndalsnes und Geiranger. Schöne Wandermöglichkeiten in einem wenig touristischen Gebiet. Reizvolle Angelseen; Niederwildjagd. Jagderlaubnis auf dem Hof erhältlich. Nordal Kirche von 1782. Norwegisches Fjordmuseum in Geiranger. E-Werk mit Museum und Schwimmbad (28 Grad) in Tafjord. Willkommen im roten Haus von Rønneberg.

Boenhet med selvhushold
Selfcatering / Selbsthaushalt

page **169**
Møre & Romsdal

Cabins for 2-5 persons	Hytter for 2-5 personer	Hütten für 2-5 Personen
No. of bedrooms: 2-3	Antall soverom: 2-3	Anzahl Schlafzimmer: 2-3
Own bath, kitchen, LR	Eget bad, kjøkken, stue	Eig. Bad, Küche, Stube
Price for whole unit: **600,-**	Pris for hele enheten: **600,-**	Ganze Einheit: **600,-**
No. of cabins: 2	Antall hytter: 2	Anzahl Hütten: 2
Bed linen included	Sengetøy er inkludert	Inkl. Bettwäsche
TV available	TV tilgjengelig	Zugang zu TV
Yard/terrace/patio	Hage/Terrasse/uteplass	Garten/Terrasse/Aussenplatz
Boat for rent	Båtutleie	Boot zu mieten
Breakfast service available: **70,-**	Frokost kan serveres: **70,-**	Frühstück auf Bestellung: **70,-**
Open 1 May - 30 Aug.	Åpent 1. mai - 30. aug.	Geöffnet 1. Mai - 30. Aug.

Directions:
Drive 25 km from Geiranger towards Eidsdal on Ørneveien. Look for a sign marked "Rønneberg/ Kilsti". 3 km from main road to the farm. Look for the red house. From Eidsdal: about 8 km to the exit point "Rønneberg/Kilsti".

Veibeskrivelse:
Kjør 25 km fra Geiranger mot Eidsdal over Ørneveien. Se etter skiltet "Rønneberg/Kilsti". Det er 3 km fra riksvegen opp til gården. Se etter det røde huset. Fra Eidsdal er det ca. 8 km til avkjøring "Rønneberg/Kilsti".

Wegbeschreibung:
Fahren Sie von Geiranger aus auf dem Ørneveien 25 km in Richtung Eidsdal. Achten Sie auf das Schild "Rønneberg/Kilsti". Von der Hauptstraße aus geht es 3 km zum Hof. Halten Sie Ausschau nach einem roten Haus. Von Eidsdal aus sind es ca. 8 km bis zur Abzweigung "Rønneberg/Kilsti".

| B&B Level of standard: ♣ | NBG | page 170 Møre & Romsdal |

Trollstigen
Camping & Gjestegård

Your host:
Milouda & Edmund Meyer

Address:
N - 6300 Åndalsnes
Phone: 71 22 11 12
Mobil: 91 39 01 05
Fax: 71 22 22 48
E-mail: ed-mey@online.no
Web: www.trollstigen.no

Best time to call:
09.00 - 22.00

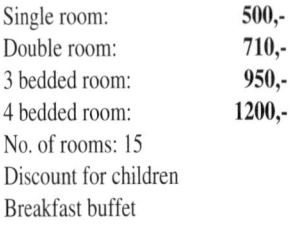

Single room: **500,-**	Enkeltrom: **500,-**	Einzelzimmer: **500,-**
Double room: **710,-**	Dobbeltrom: **710,-**	Doppelzimmer: **710,-**
3 bedded room: **950,-**	3-sengsrom: **950,-**	3-Bettzimmer: **950,-**
4 bedded room: **1200,-**	4-sengsrom: **1200,-**	4-Bettzimmer: **1200,-**
No. of rooms: 15	Antall rom: 15	Anzahl Zimmer: 15
Discount for children	Rabatt for barn	Ermässigung für Kinder
Breakfast buffet	Frokostbuffé	Frühstücksbüfett
For both B&B and Selfcatering:	For både B&B og selvhushold:	Sowohl B&B als auch Selbsthaush.:
Restaurant, fully-licensed	Restaurant, alle rettigheter	Restaurant, alle Schankrechte
Prices valid for 2008	Priser gyldig for 2008	Preise gültig für 2008
TV available	TV tilgjengelig	Zugang zu TV
Terrace/patio/garden	Terrasse/uteplass/hage	Terrasse/Aussenplatz/Garten
BBQ in garden	Grillplass	Grillplatz
Playground	Lekeplass	Spielplatz
Canoe for rent	Kanoutleie	Kanu zu mieten
Souvenirshop (taxfree)	Souvenirbutikk	Souvenirgeschäft (taxfree)
VISA, MC accepted	Vi tar VISA, MC	Wir akzeptieren VISA, MC
Open year round	Åpent hele året	Ganzjährig geöffnet
English, Arabic and some French		Sprechen etwas Deutsch

Trollstigen Camping & Gjestegård is at Istedalen, along Route 63 in the direction of Trollstigen. The farm has a dairy and cattle herds along with potatoe and Christmas tree production. River fishing: Your hosts have their own salmon/trout river including an outdoor shelter and boat. Canoe rental, fjord fishing by boat and rent of hunting rights.

Trollstigen Camping & Gjestegård ligger i Istedalen, 10 km fra Åndalsnes langs RV 63 mot Trollstigen. På gården er det produksjon av kjøtt, melk, poteter og juletrær. Elvefiske, utleier har egen laks- og ørretelv med gapahuk og båt. Utleie av jaktrettigheter, og kanoutleie. Fjordfiske fra båt er også mulig.

Trollstigen Camping & Gjestegård liegt in Istedalen, an der Strasse 63 Richtung Trollstigen. Auf dem Hof gibt es Milchwirtschaft, Viehzucht, Kartoffeln und Christbaumpflanzungen. Flussangeln möglich. Der Gastgeber ist Besitzer eines eigenen Lachs- und Forellenflusses mit Schutzhütte und Boot. Jagdrechte, Kanuvermietung. Ebenfalls möglich:

Boenhet med selvhushold / Selfcatering / Selbsthaushalt

NBG — Møre & Romsdal

A: Cabins for 2-5 persons Trollstigen Camping & Gjestegård 1 bedroom, bath, kitchen, LR No. of cabins: 8	**A:** Hytter for 2-5 personer Trollstigen Camping & Gjestegård 1 soverom, bad, kjøkken, stue Antall hytter: 8	**A:** Hütten für 2-5 Personen Trollstigen Camping & Gjestegård 1 Schlafzi., Bad, Küche, Stube Anzahl Hütten: 8
B: Apartment for 2-4 persons Trollstigen Gjestegård - Meyer 2 bedrooms, bath, kitchen, LR	**B:** Leilighet for 2-4 personer Trollstigen Gjestegård - Meyer 2 soverom, bad, kjøkken, stue	**B:** Wohnung für 2-4 Personen Trollstigen Gjestegård - Meyer 2 Schlafzi., Bad, Küche, Stube

Applies to all rental units above:
- Single room: 350,-
- Double room: 410,-
- 3 bedded room: 500,-
- 4 bedded room: 600,-
- Bed linen fee: 80,-
- Breakfast service available: 70,-

For alle enhetene over gjelder:
- Enkeltrom: 350,-
- Dobbeltrom: 410,-
- 3-sengsrom: 500,-
- 4-sengsrom: 600,-
- Tillegg for sengetøy: 80,-
- Frokost kan serveres: 70,-

Für alle o.g. Einheiten gilt:
- Einzelzimmer: 350,-
- Doppelzimmer: 410,-
- 3-Bettzimmer: 500,-
- 4-Bettzimmer: 600,-
- Mieten von Bettwäsche: 80,-
- Frühstück: 70,-

The units A is located in Istedalen, 10 km from Åndalsnes, direction Trollstigen. The name here is "Trollstigen Camping og Gjestegård". There is also a restaurant that serves both breakfast and dinner, plus a sauna and canoe rental.
Unit B, Trollstigen Gjestegård, is where your hosts live and is located at Sogge, 6 km from Åndalsnes towards Trollstigen.

Directions:
The facility is located 10 km from Åndalsnes along highway E-136. Take RV 63 towards Trollstigen and drive 5 km. Look for an exit sign marked "Trollstigen Gjestegård".
From Geiranger: Look for the first tourist facility after descending from Trollstigen.

Enhetene A ligger i Istedalen, 10 km fra Åndalsnes, retning Trollstigen. Navnet her er Trollstigen Camping og Gjestegård. Her er det også restaurant med frokost og middagservering, badstu og kanoutleie.
Enhet B, Trollstigen Gjestegård hvor vertskapet selv bor, ligger på Sogge, 6 km fra Åndalsnes mot Trollstigen.

Veibeskrivelse:
Anlegget ligger 10 km fra Åndalsnes langs E-136. Ta RV 63 mot Trollstigen og kjør 5 km. Se etter avkjørselsskiltet som er merket med "Trollstigen Gjestegård".
Fra Geiranger er det det første turistanlegget etter at du kommer ned fra Trollstigen.

Die Wohneinheit A befindet sich im Istedalen, 10 km von Åndalsnes entfernt in Richtung Paßstraße "Trollstigen". Gasthof mit Campingplatz. Frühstück und Abendessen werden angeboten, außerdem Sauna und Kanuvermietung.
Die Wohneinheit B - hier wohnen die Gastgeber selbst - liegt in Sogge, 6 km von Åndalsnes entfernt in Richtung Paßstraße Trollstigen.

Wegbeschreibung:
Der Gasthof befindet sich 10 km von Åndalsnes entfernt an der E-136. Folgen Sie der Straße 63 Richtung Trollstigen 5 km lang. Achten Sie auf das Schild mit der Aufschrift "Trollstigen Gjestegård".
Aus Richtung Geiranger ist es die erste Ferienanlage nach der Abfahrt von Trollstigen.

"Life is a network of invisible threads!" ~ unknown ~

Boenhet med selvhushold
Selfcatering / Selbsthaushalt

NBG

page 172
Møre & Romsdal

Malmestranda Romutleie

Your host:
Siv Aashild Malme

Address:
Malmestranda
N - 6445 Malmefjorden
Mobil: 93 69 48 85
E-mail: sivmalme@gmail.com
Best time to call:
12.00 - 22.00

Double room: 550,-	Dobbeltrom: 550,-	Doppelzimmer.: 550,-
1 pers. in double room: 400,-	En pers. i dobbeltrom: 400,-	1 Pers. im Doppelzi..: 400,-
Single room: 350,-	Enkeltrom: 350,-	Eizelzimmer: 350,-
One night stay only; add: 50,-	Ett-døgnstillegg: 50,-	Zuschlag für nur eine Nacht: 50,-
No. of rooms: 4	Antall rom: 4	Anzahl Zimmer: 4
Shared bath, kitchen and LR	Delt bad, kjøkken og stue	Gemeins. Bad, Küche u. Stube
Bed linen included	Sengetøy er inkludert	Inkl. Bettwäsche
Breakfast service on request	Frokost kan serveres v/avtale	Frühstück auf Bestellung
Prices valid for 2008	Priser gyldig for 2008	Preise gültig für 2008
Kayak available	Kajak tilgjengelig	Kajak ausleihbar
Patio/yard	Uteplass/hage	Aussenplatz/Garten
Open year round	Åpent hele året	Ganzjährig geöffnet
English spoken		Sprechen etwas Deutsch

Malmestranda Romutleie is idyllically located on the inner Malmefjord in Fræna township, a 15-min. drive from Molde. There are numerous possible day trips. One can follow footpaths up the mountain to view the fjord or further to the mouth of the fjord. A 15-min. drive takes you to the path to Trollkyrkjagrotten, a limestone cave with waterfall that leads to a pool of white lime. A visit to Malmestranda Romutleie can be combined with a tour of Atlanterhavsveien (Atlantic Ocean Road) and /or a trip to Ona lighthouse.

Malmestranda Romutleie ligger idyllisk til innerst i Malmefjorden, i Fræna kommune, 15 min. kjøring fra Molde. Her er utallige muligheter for dagsturer. Man kan følge tursti opp på fjellet og få utsikt over hele Malmefjorden og helt ut i havgapet. 15 min. med bil til tursti som fører til Trollkyrkjagrotten, en kalksteinshule med fossefall som styrter ned i et basseng av hvit kalkstein. Et besøk ved Malmestranda Romutleie kan kombineres med turistruten Atlanterhavsveien og/eller en tur til Ona fyr.

Malmestranda Romutleie liegt idyllisch im Innersten des Malmefjords, in der Kommune Fræna, 15 Automin. von Molde entfernt. Unzählige Möglichkeiten für Tagesausflüge. Man kann dem Wanderweg hinauf auf den Berg folgen und erhält eine Aussicht über den ganzen Malme-Fjord und hinab auf den Meeresschlund. 15 Min. mit dem Auto bis zum Wanderweg, der zur 'Trollkyrkja-Grotte' führt, einer Kalksteinhöhle mit Wasserfall, welcher in ein Becken aus weissem Kalkstein mündet. Ein Besuch hier kann mit den Touristenrouten Atlanterhavsveien und einem Ausflug bis zum Ona Leuchtturm kombiniert werden.

B&B
Level of standard: ♣

page **173**
Møre & Romsdal

Øyastuo

Your host:
Merethe Hansen Singsdal

Address:
N - 6620 Ålvundeid
Phone: 71 69 79 50
E-mail: singsdal@hotmail.com

Best time to call:
09.00 - 23.00

Double room:	**550,-**	Dobbeltrom:	**550,-**	Doppelzimmer:	**550,-**
Single room:	**350,-**	Enkeltrom:	**350,-**	Einzelzimmer:	**350,-**
4 bedded room:	**1000,-**	4-sengsrom:	**1000,-**	4-Bettzimmer:	**1000,-**

No. of rooms: 3
Discount for children
Laid breakfast table
S elfcatering possible Oct. - April
Prices valid for 2008
Patio/yard
Open year round
English spoken

Antal rom: 3
Rabatt for born
Dekka frukostbord
Høve til sjølvhushald okt. - april
Priser gjeld for 2008
Uteplass/hage
Ope heile året

Anzahl Zimmer: 3
Ermässigung für Kinder
Gedeckter Frühstückstisch
Selbsthaushalt möglich Okt. - Apr.
Preise gültig für 2008
Aussenplatz/Garten
Ganzjährig geöffnet
Sprechen etwas Deutsch

Øyastuo is a cofter's log cabin from 1744. The house is a part of an active farm complex. The hosts are farmers with dairy cows, sheep and sale outlet of local art and craft.
The farm is located at the foot of Trollheimen and 2 km from the protected nature area of Innerdalen. Opportunities for easy and challenging mountain hikes summer and winter. Marked trails. Various wintersport equipped area.
One can enjoy free trout fishing possibilities in river and lakes. After a day in beautiful nature one can enjoy a relaxing evening in front of the fireplace.

Øyastuo er ei husmannsstove frå 1744 med tømmervegger. Stova er ein del av eit levande gardsmiljø der vertsfolket driv med kyr og sauer og sal av lokal kunst- og handverk. Garden ligg ved foten av Trollheimen og 2 km frå landskapsvernområdet i Innerdalen. Her er gode høve for både lette og krevjande fjellturar sommar og vinter. Det er merka turistløyper i fjellet. Fin bakke for telemarkskøyring på fjellet Dronninga. 10 km til skitrekk på Ålvundeid.
Ein kan nytta seg av fritt fiske etter småaure i elv og vatn. Etter rekreasjon i fin natur kan ein kosa seg ved grua om kvelden.

Die Blockhütte Øyastuo ist das ehemalige Gehöft eines Kleinbauern aus dem Jahre 1744. Die Hütte ist Teil einer einmaligen Bauernhof-Atmosphäre. Die Gastgeber betreiben Milchwirtschaft und Schafzucht, außerdem wird regionales Kunsthandwerk angeboten. Der Hof liegt zu Füßen des mächtigen Trollheimen-Gebirges, nur 2 km vom geschützten Innerdalen entfernt. Im Sommer/Winter sehr gute Wandermöglichkeiten für Anfänger/Fortgeschrittene (markierte Wanderwege). Wintersportmöglichkeiten in der Nähe. Kostenloses Forellenangeln in Flüssen und Seen. Nach einem ereignisreichen Tag in der Natur lässt es sich am Abend beim offenen Feuer herrlich entspannen!

B&B
Level of standard: ♣ ♣

Møre & Romsdal

Brattset Gard

Your host:
Nancy Aalmo

Address:
Brattset Gard
N - 6693 Mjosundet
Phone: 71 64 88 50
Mobil: 98 03 62 88
E-mail: na-aalmo@online.no
Web: www.brattsetgard.no

Best time to call:
09.00 - 22.00

Double-/twin room: **550,-**	Dobbelt-/tosengsrom: **550,-**	Doppel-/Zweibettzi.: **550,-**
Single room: **350,-**	Enkeltrom: **350,-**	Einzelzimmer: **350,-**
1 pers. in double room: **300,-**	1 pers. i dobbeltrom: **300,-**	1 Pers. in Doppelzimmer: **300,-**
Sleeping loft for 1 pers.: **200,-**	Sovehems for 1 pers: **200,-**	Schlafboden für 1 Pers.: **200,-**
Extra bed: **250,-**	Ekstraseng: **250,-**	Extrabett: **250,-**
Surcharge for one night stay: **50,-**	En-nattstillegg: **50,-**	Zuschlag für nur eine Nacht: **50,-**
No. of rooms: 2 + loft-bedroom	Antall rom: 2 + sovehems	Anzahl Zimmer: 2 + Schlafboden
Laid breakfast table	Dekket frokostbord	Gedeckter Frühstückstisch
Selfcatering possible	Selvhushold er mulig	Selbsthaushalt möglich
Other meals available	Andre måltider kan bestellast	Andere Mahlzeiten auf Anfrage
Prices valid for 2008	Priser gyldig for 2008	Preise gültig für 2008
TV available	TV tilgjengelig	Zugang zu TV
Yard/patio, boat for rent	Hage/uteplass, båtutleie	Garten/Aussenpl., Boot zu mieten
Suitable for handicapped	Handikaptilgjengelig	Behindertengerecht
Open year round	Åpent hele året	Ganzjährig geöffnet
English, Spanish & Portugese		Sprechen Englisch

The farm Brattset is ecologically operated rearing sheep. There are also poultry and llama. The main house is from 1872. The location is peaceful and quiet with possibilities for hiking and fishing in the fjord and mountain lakes. The hosts also have a cabin for rent on the mountain. A place for recreation and rest in beautiful nature surroundings. The hosts can guide you on tours of the summer farm and vicinity.
On the farm they sell sheep skins and horns, meat and berries.

På garden Brattset driver de økologisk gardsdrift med sau. Det er også høner og lama på garden. Hovedhuset er fra 1872. Det er et stille og rolig sted med muligheter for fotturer og ikke minst fisking både på fjorden og i fiskevann på fjellet. Vertskapet har også ei seterbu på fjellet som man kan leie. Det er et sted for rekreasjon og hvile i naturskjønne omgivelser. Vertskapet kan være guide på turer til setra og omegn.
På garden har de salg av saueskinn, horn, kjøtt og bær.

Ökologischer Bauernhof mit Schafzucht, Hühnern und Lamas. Das Haupthaus ist von 1872. Es ist ein stiller und friedlicher Platz mit Möglichkeiten zum Wandern, Angeln im Fjord und den Gebirgsseen. Im Gebirge vermieten die Gastgeber auch eine kleine Almhütte. Es ist ein schöner Ort zum Entspannen und Ausruhen in naturschöner Umgebung. Führungen auf dem Almhof und Umgebung durch die Gastgeber möglich.
Verkauf von Schaffellen, Horn, Fleisch und Beeren.

B&B
Level of standard: ♣

page 175
Sør-Trøndelag

Flanderborg overnatting

Your host:
Anne Margrethe Wessel &
Tor Einar Sæther

Address:
Flanderborg 3
N - 7374 Røros
Phone: 72 41 23 40
Mobil: 92 25 08 83 / 92 81 68 65
E-mail: post@linguanor.no

Best time to call:
09.00 - 22.00

Double-/twin room:	**600,-**	Dobbelt-/tosengsrom:	**600,-**	Doppel-/Zweibettzi.:	**600,-**
1 pers. in double room:	**400,-**	1 pers. i dobbeltrom:	**400,-**	1 Pers. im Doppelzi.:	**400,-**
Family room, 3-4 pers.:	**850,-**	Familierom:	**850,-**	Familienzimmer:	**850,-**

No. of rooms: 2
Discount for children
Laid breakfast table or self-service
Selfcatering possible
Prices valid for 2008
TV available
Patio/yard
Canoe for rent
Pets welcome by agreement
Open year round
English spoken

Antall rom: 2
Rabatt for barn
Dekket frk.bord el. selvbetjening
Selvhushold er mulig
Priser gyldig for 2008
TV tilgjengelig
Uteplass/hage
Kanoutleie
Kjæledyr velkommen
Åpent hele året

Anzahl Zimmer: 2
Ermässigung für Kinder
Frühstückstisch o. Selbstbedienung
Selbsthaushalt möglich
Preise gültig für 2008
Zugang zu TV
Aussenplatz/Garten
Kanu zu mieten
Haustiere nach Absprache
Ganzjährig geöffnet
Sprechen etwas Deutsch

The old mining town of Røros is on Unesco's heritage protection list. In the picturesque neighborhood Flanderborg the Sæther/Wessel family rents out the first floor of their house. The apartment features comfortably furnished living room, kitchen and modern bath. The family includes two adults, three children and a dog. It's just 2-3 minutes walk to the town center which has small shops, craftswork, galleries and the Røros Museum with its unique miniturized mobile exhibit depicting local mining operations. There is mountain hiking, fishing and swimming. Skiing in winters.

Gruvebyen Røros står på Unescos verdensarvliste. I den pittoreske bydelen Flanderborg leier familien Sæther/Wessel ut første etasjen i huset sitt. Utleieenheten har en hyggelig møblert stue, kjøkken og et moderne bad.
Familien består av to voksne, tre barn og en hund.
Det er 2-3 min. gange til byens sentrum med små butikker, kunsthåndverk, gallerier og Rørosmuseet med sin unike utstilling med bevegelige miniatyrmodeller som viser gruvedriften.
Fjellvandring, fisketurer, bademuligheter. Om vinteren spenner man på skiene rett utenfor døren.

Die Bergwerkstadt Røros steht auf der Unesco Welterbeliste. In dem malerischen Stadtteil Flanderborg vermietet die Familie Sæther/Wessel die erste Etage in ihrem Haus. Die Familie besteht aus zwei Erwachsenen, drei Kindern und einem Hund. 2-3 Min. zu Fuss bis zum Stadtzentrum mit kleinen Geschäften, Kunsthandwerk, Galerien u. dem Rørosmuseum mit seiner einzigartigen Ausstellung von beweglichen Miniaturmodellen, d. den Bergwerkbetrieb darstellen. Bergwanderungen, Angel- u. Bademöglichkeiten. Im Winter kann man die Ski direkt vor der Tür anschnallen.

B&B
Level of standard: ♣

Sør-Trøndelag

Meslo Herberge

Your host:
Ingrid Meslo

Address:
**Stamnan
N - 7392 Rennebu**
Phone: 72 42 66 15
Mobil: 90 96 01 90

E-mail:
ingridmeslo@hotmail.com

Best time to call:
08.00 - 20.00

Double-/twin room:	**600,-**	Dobbelt-/tosengsrom:	**600,-**	Doppel-/Zweibettzi.:	**600,-**
Single room:	**350,-**	Enkeltrom:	**350,-**	Einzelzimmer:	**350,-**

No. of rooms: 5
Laid breakfast table or -tray
Selfcatering possible
Prices valid for 2008
TV available
Terrace/patio/yard
Pets welcome
Open year round
English spoken

Antal rom: 5
Dekka frukostbord el. frukostbrett
Høve til sjølvhushald
Priser gjeld for 2008
TV tilgjengeleg
Terrasse/uteplass/hage
Kjæledyr velkomen
Ope heile året

Anzahl Zimmer: 5
Gedeckt. Frühstückstisch o. -tablett
Selbsthaushalt möglich
Preise gültig für 2008
Zugang zu TV
Terrasse/Aussenplatz/Garten
Haustiere willkommen
Ganzjährig geöffnet
Sprechen etwas Deutsch

At a traditional farm with cows and sheep you'll find Meslo Herberge where the hostess, Ingrid, welcomes guests. The houses for rent are an old storehouse and a laundry house, both of which have been restored for accommodation.
The old houses have a rustic look. The farm has fishing rights for salmon and guests may try fishing in Orkla, a well known salmonriver. You may get in contact with farm animals, and at certain times guests can help with the farm work, such as hay drying and lambing.

På ein tradisjonell trøndergard med ku og sau finn du Meslo Herberge kor vertinna Ingrid ønskjer gjestar velkomne til gards. Husa som leiges ut er eit stabbur og ei mastu (bryggerhus) som begge er restaurert til føremålet. Husa er gamle og har eit rustikt preg.
Garden har laksevald og gjestene er velkomne til å prøva å fiske i Orkla, ei kjend lakse-elv. Det er høve til kontakt med dyra på garden. I enkelte periodar kan ein også delta i gardsarbeid, f.eks. hesjing, lamming o.s.b.

Meslo Herberge ist ein traditioneller Hof, betrieben mit Kühen und Schafen. Die Gastgeberin Ingrid heisst Sie dort herzlich willkommen. Sie vermietet einen ehem. Lebensmittelspeicher sowie eine Waschküche, die beide zu diesem Zweck restauriert wurden.
Die Häuser sind alt und haben eine rustikale Atmosphäre.
Der Hof hat das Fischereirecht für Lachse und die Gäste sind eingeladen ihr Angelglück im bekannten Lachsfluss Orkla zu versuchen. Auf dem Hof können Sie gern die Tiere besuchen. In manchen Perioden ist es möglich bei der Hofarbeit zu helfen, z.B. Heu auf Heureiter aufhängen, oder bei einer Lammgeburt.

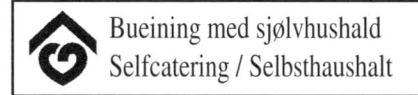

Bueining med sjølvhushald
Selfcatering / Selbsthaushalt

Sør-Trøndelag

A: 'Laundry house' for 2-6 pers.	**A:** Mastu/bryggerhus for 2-6 pers.	**A:** 'Waschküche' für 2-6 Pers.
2 bedrooms and kitchen nook	2 soverom og kjøkenkrok	2 Schlafzimmer und Küchenecke
Shared bath	Delt bad	Gemeins. Bad
Price per pers.: 200,-	Pris pr. pers.: 200,-	Preis pro Pers.: 200,-
Price for whole unit: 600,-	Pris for heile eininga: 600,-	Ganze Einheit: 600,-
Bed linen fee: 50,-	Tillegg for sengeklede: 50,-	Mieten von Bettwäsche: 50,-
B: 'Storehouse' for 2-4 pers.	**B:** Stabbur, gjestehus for 2-4 pers.	**B:** 'Speicher' Gästeh. f. 2-4 Pers.
1 bedrooms and kitchenette	1 soverom og tekjøken	1 Schlafzimmer und Teeküche
Shared bath	Delt bad	Gemeins. Bad
Price per pers.: 200,-	Pris pr. pers.: 200,-	Preis pro Pers.: 200,-
Price for whole unit: 500,-	Pris for heile eininga: 500,-	Ganze Einheit: 500,-
Bed linen included	Sengeklede er inkludert	Inkl. Bettwäsche
Applies to both rental units:	For begge einingane gjeld:	Für beide Einheiten gilt:
Breakfast service available: 60,-	Frukost kan serverast: 60,-	Frühstück auf Bestellung: 60,-
Other meals available	Andre måltid kan bestellast	Andere Mahlzeiten auf Anfrage
Prices valid for 2008	Priser gjeld for 2008	Preise gültig für 2008
TV available	TV tilgjengeleg	Zugang zu TV
Terrace/patio/yard	Terrasse/uteplass/hage	Terrasse/Aussenplatz/Garten
Pets welcome	Kjæledyr velkomen	Haustiere willkommen
Open year round	Ope heile året	Ganzjährig geöffnet
English spoken		Sprechen etwas Deutsch

Directions:	Vegforklaring:	Wegbeschreibung:
From E-6 at Berkåk take RV 700 toward Orkanger. After 8 km you'll find the farm on the right side. Look for a large white house, two old brown houses, two red outbuildings and a barn.	Frå E-6 på Berkåk ta RV 700 mot Orkanger. Etter 8 km finn du garden på høgre side, sjå etter ei kvit trønderlån, 2 gamle brune hus, 2 raude uthus pluss fjøs.	Von E-6/Berkåk nehmen Sie die Str. 700 Ri. Orkanger. Nach 8 km finden Sie den Hof auf der rechten Seite. Achten Sie auf ein grosses weisses Haus, 2 alte braune Häuser, 2 rote Schuppen mit Viehstall.

B&B
Level of standard: ♣

page 178
Sør-Trøndelag

Aunemo Overnatting

Your host:
Margrethe & Ola Kvaale

Address:
Aunemo Gaard
N - 7320 Fannrem
Phone: 72 48 51 81
Mobil: 91 70 77 44
Fax: 72 48 51 81
E-mail: mjkvaal@frisurf.no
Web: http://aunemo-gaard.no

Double-/twin room: 660,-	Dobbelt-/tosengsrom: 660,-	Doppel-/Zweibettzi.: 660,-
Single room: 400,-	Enkeltrom: 400,-	Einzelzimmer: 400,-
No. of rooms: 10	Antall rom: 10	Anzahl Zimmer: 10
Breakfast buffet	Frokost bufféť	Frühstücksbüfett
Selfcatering possible	Selvhushold er mulig	Selbsthaushalt möglich
Prices valid for 2008/09 & 2010	Priser gyldig for 2008/09 & 2010	Preise gültig für 2008/09 & 2010
TV/Internet available	TV/Internett tilgjengelig	Zugang zu TV/Internet
Terrace/patio/yard	Terrasse/uteplass/hage	Terrasse/Aussenplatz/Garten
Open year round	Åpent hele året	Ganzjährig geöffnet
Some English spoken		Sprechen etwas Deutsch

The main house at Aunemo farm is an old trønderlån, built in the 1700s. A trønderlån is a house style typical of Trøndelag and Nord-Møre, a long and narrow two story notched log house with many rooms, modeled after a traditional design. The house at Aunemo was preserved in 1923 and restored in 1996. Besides the main house is another timber house with guest rooms for rent. A large grill hut is available for guest use. You can fish for salmon in Orkla. The farm produces German spelt wheat, an old-fashioned type of grain.
Fannrem lies 66 km from Berkåk, along RV 700. From Trondheim drive on the E-39 a little past Orkanger.

Hovedhuset på Aunemo Gaard er en gammel trønderlån, bygget på midten av 1700-tallet. En trønderlån er en hustype typisk for området Trøndelag og Nord-Møre, et langt og smalt to-etasjes laftet hus med mange rom, konstruert etter et fast mønster.
Huset på Aunemo ble fredet i 1923 og restaurert i 1996. I tillegg til hovedhuset er der også et annet tømmerhus med utleierom. Stor grillhytte er disponibel for gjester. Muligheter for laksefiske i Orkla. På gården produseres speltmel, et gammelt kornslag.
Fannrem ligger 66 km fra Berkåk, langs RV 700. Fra Trondheim kjører man E-39 litt forbi Orkanger.

Das alte Haupthaus (trønderlån) wurde Mitte des 18. Jh. gebaut. Ein trønderlån ist eine traditionelle Hausart, typisch für die Umgebung in Trøndelag und Nord-Møre. Es ist ein langes und schmales, zweigeschossiges, im Blockbau errichtetes Haus mit vielen Zimmern, konstruiert nach einer festen Vorgabe.
Das Haus wurde 1923 unter Denkmalschutz gestellt und 1996 restauriert. Zusätzlich zum Haupthaus gibt es noch ein weiteres Blockhaus mit Gästezimmern. Eine grosse Grillhütte kann von den Gästen genutzt werden. Ausserdem ist Lachsfischen im Orkla möglich. Auf dem Hof wird Dinkelmehl, eine alte Kornart produziert.

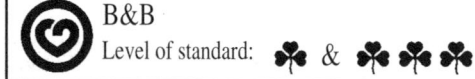

Kårøyan Fjellgard

Your host:
Magna & Ola Rønning

Address:
Kårøydalen
N - 7203 Vinjeøra
Phone: 72 45 44 60
Mobil: 98 80 24 13
Fax: 72 45 38 82
E-mail: post@karoyan.no
Web: www.karoyan.no

Best time to call:
08.00 - 22.00

Double room:	740,-/790,-
Single room:	440,-
Extra bed:	150,-

No. of rooms: 10
Discount for children
Laid breakfast table
Lunch and dinner/fully licensed
Selfcatering possible
Prices valid for 2008 & 2009
Internet available
Terrace/patio/yard
Pets welcome
VISA accepted
Open 20 June - 20 Aug.
Some English spoken

Dobbeltrom:	740,-/790,-
Enkeltrom:	440,-
Ekstraseng:	150,-

Antall rom: 10
Rabatt for barn
Dekket frokostbord
Lunsj og middag/alle rettigheter
Selvhushold er mulig
Priser gyldig for 2008 & 2009
Internett tilgjengelig
Terrasse/uteplass/hage
Kjæledyr velkommen
Vi tar VISA
Åpent 20. juni - 20. aug.

Doppelzimmer:	740,-/790,-
Einzelzimmer:	440,-
Extrabett:	150,-

Anzahl Zimmer: 10
Ermässigung für Kinder
Gedeckter Frühstückstisch
Mittag-/Abendessen/Schankrecht
Selbsthaushalt möglich
Preise gültig für 2008 & 2009
Zugang zu Internet
Terrasse/Aussenplatz/Garten
Haustiere willkommen
Wir akzeptieren VISA
Geöffnet 20. Juni - 20. Aug.
Sprechen etwas Englisch

Kårøya Fjellgard is a fine, old farm featuring log buildings with sod roofs, interior rosemaling and carvings. The newly restored log dwelling from 1809 is available for overnight visitors. Traditional mountain fare is served from the wild. The farm has been occupied since the 12th Century and remains home to a livestock operation.
Next door the community's highest mountain offers many outdoor activities.
Hosts Magna and Ola welcome you to a worthwhile experience.

Kårøyan Fjellgard er en nydelig gammel gård i laftet tømmer og med torvtak, interiør med rosemaling og utskjæringer. Den nyrestaurerte stuelåna fra 1809 er satt i stand til overnatting og servering. Her serveres det god, tradisjonsrik fjellkost, bl.a. viltretter. På gården har vært bosetning helt siden 11-1200-tallet. Den er fremdeles i full drift med mange dyr.
Som nærmest nabo rager kommunens høyeste fjell med mange muligheter for utendørs aktiviteter.
Vertskapet Magna og Ola ønsker deg velkommen til et trivelig opphold.

Kårøyan Fjellgard ist ein reizender alter Hof aus Holz (Blockbau) mit Torfdach, bemaltem Interieur 'rosemaling' und hölzernen Schnitzereien. Das trad. Haus von 1809 wurde für Gäste in Stand gesetzt. Gute traditionsreiche Bergkost, u.a. werden Wildgerichte serviert. Der Hof wird seit dem 12.-13. Jh. bewohnt. Immer noch Hofbetrieb mit vielen Tieren. In der Nachbarschaft steht der höchste Berg der Kommune, der viele Möglichkeiten für Aussenaktivitäten bietet. Die Gastgeber Magna und Ola heissen Sie herzlich willkommen!

B&B
Level of standard: ♣

Sør-Trøndelag

Fjellvær
Kyst og Bondegårdsferie

Your host:
**Anne Brit Berg
& Asbjørn Fjeldvær**

Address:
**Fjellvær,
N - 7242 Knarrlagsund**
Phone: 72 44 01 32
Fax: 72 44 02 56
E-mail: mail@fjellvar.no
Web: www.fjellvar.no
Best time to call: 10.00 - 23.00

Double-/twin room: 770,-/620,-	Dobbelt-/tosengsrom: 770,-/620,-	Doppel-/Zweibettzi.: 770,-/620,-
Single room: 610,-/535,-	Enkeltrom: 610,-/535,-	Einzelzimmer: 610,-/535,-
No. of rooms: 3	Antall rom: 3	Anzahl Zimmer: 3
Discount when using own bedding	Rabatt v/bruk av eget sengetøy	Rabatt b. Gebrauch eig. Bettwäsche
Laid breakfast table	Dekket frokostbord	Gedeckter Frühstückstisch
Selfcatering possible	Selvhushold er mulig	Selbsthaushalt möglich
Prices valid for 2008/09 & 2010	Priser gyldig for 2008/09 & 2010	Preise gültig für 2008/09 & 2010
TV/Internet available	TV/Internett tilgjengelig	Zugang zu TV/Internet
Yard	Hage	Garten
Boat and bike for rent	Båt- og sykkelutleie	Boot und Fahrrad zu mieten
Pets welcome	Kjæledyr velkommen	Haustiere willkommen
VISA, MC, DC, AmEx accepted	Vi tar VISA, MC, DC, AmEx	VISA, MC, DC, AmEx
Open year round	Åpent hele året	Ganzjährig geöffnet
English and some French spoken		Sprechen Deutsch

Fjellvær farm has been in operation since the Bronze Age. After the Reformation this was the farm of the beiliff until becoming privately owned in 1750. The Fjeldvær family has owned it since 1802.
The farm is on Fjellvær Island with view over the Trondheim sea passage. Today the island is connected to mainland via the Hitra tunnel and a bridge from Hitra to Fjellværøya. Beautiful nature from water's edge to tallest peak, all within walking distance. Abundant plant life and wide variety of birdlife.

Gården Fjellvær har vært drevet helt tilbake i bronsealderen. Etter reformasjonen var den fogdegård til den gikk over på private hender rundt 1750. Den har vært i Fjeldvær-familiens eie siden 1802.
Gården ligger på Fjellværøya med utsyn over Trondheimsleia. Idag er øya landfast gjennom Hitratunnelen og bru fra Hitra til Fjellværøya.
Flott natur, fra fjære til høyeste tinde, alt innen gangavstand.
Mangfoldig flora og rikt fugleliv.

Der Hof Fjellvær wurde bereits im Bronzezeitalter betrieben. Nach der Refomation war der Hof im Besitz eines Amtsrichters bis er um 1750 privatisiert wurde. Seit 1802 ist der Hof Im Besitz der Familie Fjeldvær. Er liegt auf der Fjellvær-Insel mit Aussicht auf die Boots-Passage nach Trondheim. Heute ist die Insel zwischen dem Hitra-Tunnel und der Brücke von Hitra bis Fjellværøya mit dem Land verbunden. Es erwartet Sie eine wunderschöne Natur; vom Watt bis zum Hochgebirge, mit vielfältiger Flora und buntem Vogeltreiben - das alles ist jeweils zu Fuss erreichbar.

B&B
Level of standard: ♣♣

Sør-Trøndelag

Kleivan

Your host:
Liv Aastad

Address:
**Kleivan
N - 7350 Buvika**
Mobil: 97 69 87 15
E-mail: post@kleivanvekst.no
Web: www.kleivanvekst.no

Best time to call:
08.00 - 22.00

Double-/twin room: **740,-**	Dobbelt-/tosengsrom: **740,-**	Doppel-/Zweibettzi.: **740,-**
Multi-bed room, per pers.: **370,-**	Sovesal, pr. pers.: **370,-**	Schlafsaal, pro Pers.: **370,-**
No. of rooms: 4	Antall rom: 4	Anzahl Zimmer: 4
Discount for children	Rabatt for barn	Ermässigung für Kinder
Laid breakfast table	Dekket frokostbord	Gedeckter Frühstückstisch
Other meals served upon request	Andre måltider ved bestilling	Andere Mahlzeiten nach Vereinb.
Selfcatering possible	Selvhushold er mulig	Selbsthaushalt möglich
Prices valid for 2008	Priser gyldig for 2008	Preise gültig für 2008
Terrace/patio/yard	Terrasse/uteplass/hage	Terrasse/Aussenplatz/Garten
Open year round	Åpent hele året	Ganzjährig geöffnet
English & some French spoken		Sprechen etwas Deutsch

Kleivan is 25 km. southwest of Trondheim, a tenant farm from the early 1800s. The property is a 1.5-acre botanical oasis. 'Blomster-Ola', a former owner, had a unique interest in botany, a legacy maintained by the new owners.
The old barn has been renovated and features seven beds in the loft; the "Pilgrim's Loft" with a cozy and inviting atmosphere; and a double bedroom "Ola-stu" in the old style. There are also two guest rooms in the main house. At Kleivan you can wander among plants and trees and enjoy the campfire by the gazebo which guests may use.

Kleivan ligger 25 km sør-vest for Trondheim, en husmannsplass fra begynnelsen av 1800-tallet. Eiendommen er en botanisk oase på 6 mål. Forrige eier 'Blomster-Ola' hadde en unik interesse for botanikk, en arv som tas vare på av de nye eierne.
Den gamle låven er restaurert og rommer et loftsrom med 7 senger; 'Pilegrimslåven', med trivelig og lun atmosfære, og et dobbeltrom 'Ola-stu' i gammel stil. I tillegg er det to rom i hovedhuset.
På Kleivan kan du vandre omkring blant planter og trær, en egen bålplass med gapahuk i skogen kan benyttes av gjester.

Kleivan liegt 25 km südwestlich von Trondheim; eine Kate aus dem frühen 19. Jh. Das Grundstück ist eine botanische Oase mit 0,6 Hektar. Der vorherige Besitzer 'Blumen-Ola' hatte ein einzigartiges Interesse für Botanik, eine Tradition, die die neuen Eigentümer bewahren. Die restaurierte alte Scheune hat 7 Betten auf dem Dachboden; 'Pilgrimsscheune', mit gemütlicher und geschützter Atmosphäre sowie ein Doppelzimmer 'Ola-stu' im alten Stil. Ausserdem gibt es zwei Zimmer im Haupthaus. Auf Kleivan wartet eine reichhaltige Flora darauf entdeckt zu werden. Ein eigener Feuerplatz mit Überdachung kann von den Gästen im Wald genutzt werden.

B&B
Level of standard: ♣ ♣ ♣

Sør-Trøndelag

Sommerbo

Your host:
Liv Åldstedt

Address:
Enromveien 160
N - 7026 Trondheim
Phone/Fax: 72 56 02 65
Mobil: 99 55 33 40 / 93 20 82 25
E-mail: sommerbo@yahoo.no

Best time to call:
08.00 - 23.00

A: Apartment for 2-4 persons 1 bedroom, bath, kitchen, LR Terrace/patio Whole unit: **675,-**	A: Leilighet for 2-4 personer 1 soverom, bad, kjøkken, stue Terrasse/uteplass Hele enheten: **675,-**	A: Wohnung für 2-4 Personen 1 Schlafzi., Bad, Küche, Stube Terrasse/Aussenplatz Ganze Einheit: **675,-**
B: Apartment for 2-3 persons Bedroom/LR, bath, kitchen Access to host's terrace Whole unit: **575,-**	B: Leilighet for 2-3 personer Soverom/stue, bad, kjøkken Adgang vertskapets terrasse Hele enheten: **575,-**	B: Wohnung für 2-3 Personen Schlafzi./Stube, Bad, Küche Zugang z. Terrasse d. Gastgeber Ganze Einheit: **575,-**

Applies to both rental units:
Extra bed: **200,-**
Laid breakfast table
Prices valid for 2008
TV available
No smoking on property
Open 1 June - 31 Aug.
English spoken

For begge enhetene gjelder:
Ekstraseng: **200,-**
Dekket frokostbord
Priser gyldig for 2008
TV tilgjengelig
Ingen røyking på eiendommen
Åpent 1. juni - 31. aug.

Für beide Einheiten gilt:
Extrabett: **200,-**
Gedeckter Frühstückstisch
Preise gültig für 2008
Zugang zu TV
Kein Rauchen auf dem Gelände
Geöffnet 1. Juni - 31. Aug.
Sprechen Englisch

Sommerbo is located at Byåsen, 15 min. south of downtown Trondheim. Your hostess is a gardening enthusiast, animal lover, has traveled extensively and enjoys preparing food. A home-like atmosphere in quiet surroundings.

Directions:
Exit from E-6 towards "Byåsen" and drive ca. 5 km till a roundabout, (Rema supermarket straight ahead). Turn right onto Enromveien. Go 1,5 km, find a turn for buses, 2nd house on the left.

Sommerbo ligger på på Byåsen, 15 min. sør for Trondheim sentrum. Vertinnen er hageentusiast, dyrevenn, har reist mye og liker å lage mat. Hjemlig atmosfære i stille strøk.

Veibeskrivelse:
Ta av fra E-6 mot "Byåsen", etter ca. 5 km kommer du til en rundkjøring, (ved Rema Stormarked). Ta til høyre; Enromveien. Etter 1,5 km finner du en snuplass for buss og Sommerbo er 2dre hus på venstre side.

Sommerbo liegt in Byåsen, 15 Min. südlich vom Stadtzentrum Trondheims. Die Gastgeberin ist garten- und tierbegeistert, weitgereist und liebt es zu kochen. Gemütliche Atmosphäre in ruhiger Wohngegend.

Biegen Sie bei Byåsen von der E-6 ab. Nach ca. 5 km gelangen Sie zu einem Kreisverkehr (am Supermarkt „Rema"). Hier nach rechts in d. "Enromveien", 1,5 km bis z. Buswendeplatz. Sommerbo ist das 2. Haus auf der linken Seite.

B&B	page **183**
Level of standard: ♣	Sør-Trøndelag

Heidi Hansen

Your host:
Heidi Hansen

Address:
Pottemakerveien 25
N - 7048 Trondheim
Phone: 73 91 50 40
Mobil: 48 03 37 50
Fax: 73 91 50 41
E-mail: hms@instituttet.no

Best time to call:
07.00 - 08.00 / 17.00 - 22.30

Double room:	**400,-**	Dobbeltrom:	**400,-**	Doppelzimmer:	**400,-**
Twin room:	**600,-**	Tosengsrom:	**600,-**	Zweibettzimmer:	**600,-**
1 pers. in double room:	**500,-**	1 pers. i dobbeltrom:	**500,-**	1 Pers. im Doppelzi.:	**500,-**

No. of rooms: 2
Discount for children
Laid breakfast table
Other meals available
Selfcatering possible
Prices valid for 2008
TV/Internet available
Terrace/patio/yard
Bike for rent
Open year round
English and French spoken

Antall rom: 2
Rabatt for barn
Dekket frokostbord
Andre måltider på forespørsel
Selvhushold er mulig
Priser gyldig for 2008
TV/Internett tilgjengelig
Terrasse/uteplass/hage
Sykkelutleie
Åpent hele året

Anzahl Zimmer: 2
Ermässigung für Kinder
Gedeckter Frühstückstisch
Andere Mahlzeiten auf Anfrage
Selbsthaushalt möglich
Preise gültig für 2008
Zugang zu TV/Internet
Terrasse/Aussenplatz/Garten
Fahrrad zu mieten
Ganzjährig geöffnet
Sprechen Deutsch

At Tyhold the host, Heidi Hansen, rents out two rooms in her home where she lives with her two children aged 7 and 18. The house is 300 m east of a local landmark, the TV tower at Tyholt. The restaurant at the top of the tower offers a fantastic view in all directions. It's 3 km to Nidaros Cathedral and Trondheim center. The hosts can organize guided tours and mountain hikes with accommodations in tourist cabins.

På Tyholt leier vertinnen Heidi Hansen ut to rom i huset sitt, hvor hun bor sammen med to barn på 7 og 18 år. Huset ligger 300 m øst for TV-tårnet på Tyholt som er et kjent landemerke. Restauranten i toppen av tårnet gir en fantastisk utsikt 360 grader. Det er 3 km til Nidarosdomen og Trondheim sentrum.
Vertinnen kan organisere guiding og fjellturer med overnatting i turisthytter.

In Tyholt vermietet Heidi Hansen zwei Zimmer in ihrem Haus. Sie lebt hier zusammen mit ihren beiden 7 und 18 Jahre alten Kindern. Das Haus liegt 300 m östlich vor dem Fernsehturm in Tyholt, der bekannten Landmarke. Das Restaurant oben im Turm gibt eine rundherum fantastische Aussicht. Es sind 3 km bis Nidarosdomen und dem Trondheimer Zentrum. Die Gastgeberin kann auf Wunsch einen Reiseführer und Bergtouren mit Übernachtung in Touristenhütten organisieren.

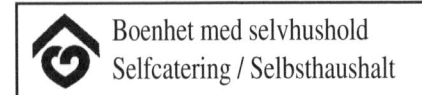

Rom Trondheim, Møllenberg

Your host:
Knut Nilsen Fosland

Address:
Øvre Møllenberggate 43 F
N - 7014 Trondheim
Phone: 92 03 22 38 / 92 03 22 40
E-mail: nilfo@online.no

Best time to call:
08.00 - 23.00

Double room without br.f.: **600,-**
Single room without br.f.: **350,-**
Shared bath/TV-room w/kitchen
No. of rooms: 3
Bed linen included
Breakfast service available: **80,-**
Prices valid for 2008/09 & 2010
TV/Internet available
Terrace/patio
Bike for rent
Pets welcome
Open 15 June - 25 Aug.
English spoken

Dobbeltrom u/frokost: **600,-**
Enkeltrom u/frokost: **350,-**
Delt bad/TV-rom m/kjøkkenkrok
Antall rom: 3
Sengetøy er inkludert
Frokost kan serveres: **80,-**
Priser gyldig for 2008/09 & 2010
TV/Internett tilgjengelig
Terrasse/uteplass
Sykkelutleie
Kjæledyr velkommen
Åpent 15. juni - 25. aug.

Doppelzi. ohne Frühstück: **600,-**
Einzelzi. ohne Frühstück: **350,-**
Gem. Bad/TV-Raum m. kl. Küche
Anzahl Zimmer: 3
Inkl. Bettwäsche
Frühstück auf Bestellung: **80,-**
Preise gültig für 2008/09 & 2010
Zugang zu TV/Internet
Terrasse/Aussenplatz
Fahrrad zu mieten
Haustiere willkommen
Geöffnet 15. Juni - 25. Aug.
Sprechen etwas Deutsch

Here are three rooms with a simple standard available in a house in the Møllenberg neighborhood near Trondheim center. Parking on the property. The owner can also offer travelers alternative apartments in Trondheim, and rental rooms in Røros and on the coast by Hitra. At Røros it's great to go mountain hiking or canoeing. Near Hitra it's ideal for fishing.

I en villa i bydelen Møllenberg, nær Trondheim sentrum, leies tre rom ut med enkel standard. Parkering på eiendommen. Verten kan også tilby reisende rom i andre leiligheter i Trondheim og utleierom på Røros og på kysten ved Hitra. På Røros er det fint å dra på fjellturer eller kanoturer. Ved Hitra er idet ideelt for sjøfiske.

Im Stadtteil Møllenberg, in der Nähe vom Trondheimer Zentrum, vermietet Ihr Gastgeber Knut in seiner Villa drei Zimmer mit einfachem Standard. Parkmöglichkeiten sind auf dem Grundstück vorhanden. Knut kann Sie auch in weiteren Zimmern in Trondheim unterbringen und Ihnen Zimmer in Røros und an der Küste von Hitra vermitteln. Von Røros aus kann man in die Berge fahren oder Kanutouren unternehmen. In Hitra gibt es sehr gute Angelmöglichkeiten.

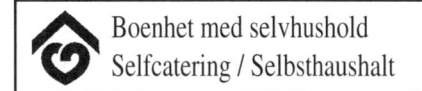

Boenhet med selvhushold
Selfcatering / Selbsthaushalt

Sør-Trøndelag

Åse's Romutleie

Your host:
Åse L. Andersen

Address:
Nedre Møllenberggaten 27
N - 7014 Trondheim
Phone: 73 51 15 40
Mobil: 41 20 86 50
E-mail: aaseander@hotmail.com
Best time to call:
08.30 - 22.00

A: Apartment for up to 8 pers.:	**A:** Leilighet for opp til 8 pers.:	**A:** Wohnung bis zu 8 Pers.:
No. of rooms: 4.	Antall rom: 4	Anzahl Zimmer: 4
Shared: 2 baths, kitchen, DR, LR	Deles: 2 bad, spisestue, stue, kjk.	Gemeins.: 2 Bäder, Küche, Stube
Double room: 440,-/450,-	Dobbeltrom: 440,-/ 450,-	Doppelzimmer: 440,-/450,-
Twin room: 400,-/420,-	Tosengsrom: 400,-/420,-	Zweibettzimmer: 400,-/420,-
1 pers. in dbl. room: 350,-	1 pers. i dobbeltrom: 350,-	1 Pers. im Doppelzi.: 350,-
Baby free	Baby gratis	Baby gratis
B: Apartment for 2-4 persons	**B:** Leilighet for 2-4 personer	**B:** Wohnung für 2-4 Personen
Bath, kitchen, LR, sleeping alcove	Bad, kjøkken, stue, sovealkove	Bad, Küche, Stube, Alkoven
Price per pers.: 250,-	Pris pr. person: 250,-	Preis pro Pers.: 250,-
Children, 7-16 years: 50,-	Barn, 7-16 år: 50,-	Kinder, 7-16 Jahre: 50,-
Applies to all rental units:	For alle enhetene gjelder:	Für alle Einheiten gilt:
Bed linen fee, per night: 50,-	Leie av sengetøy, pr. natt: 50,-	Mieten von Bettw., pro Nacht: 50,-
Prices valid for 2008 & 2009	Priser gyldig for 2008 & 2009	Preise gültig für 2008 & 2009
TV/Internet available	TV/Internett tilgjengelig	Zugang zu TV/Internet
Washer and dryer	Vaskemaskin og tørketrommel	Waschmaschine u. Trockner
Terrace	Terrasse	Terrasse
Pets welcome	Kjæledyr velkommen	Haustiere willkommen
2 parking spots available	2 P-plasser på gårdsplass	2 Parkplätze auf dem Innenhof
Open 20 June - 25 Aug.	Åpent 20. juni - 25. aug.	Geöffnet 20. Juni - 25. Aug.
English spoken		Sprechen etwas Deutsch

In old town area and featuring renovated or newly built houses in the "Møllenberg" style. Many cozy cafés and restaurants nearby. Most of Trondheim's attractions are within walking distance.	I gammel bydel med rehabiliterte eller nybygde hus i møllenberg-stil. Mange hyggelige kaféer og restauranter i bydelen. De fleste av Trondheims severdigheter ligger i gangavstand.	Reizvolle Lage in der Altstadt mit sanierten Gebäuden im Møllen-berg-Stil. In der Nähe viele gemütliche Cafés und Restaurants. Die meisten Sehenswürdigkeiten Trondheims sind zu Fuß zu erreichen.

B&B
Level of standard: ♣ ♣

Sør-Trøndelag

Lade
Bed & Breakfast

Your host:
Ann-Katrin & Arne Nilsen

Address:
**Jarlsborgveien 18B
N - 7041 Trondheim**
Phone: 73 92 14 58
Mobil: 95 03 83 04 / 99 43 47 07
E-mail: ann-kani@online.no

Best time to call:
08.00 - 22.00

Double room:	750,-	Dobbeltrom:	750,-	Doppelzimmer:	750,-
1 pers. in double room:	600,-	1 pers. i dobbeltrom:	600,-	1 Pers. im Doppelzi.:	600,-
Single room:	500,-	Enkeltrom:	500,-	Einzelzimmer:	500,-

No. of rooms: 2
Discount for children
Breakfast tray or buffet
Prices valid for 2008/09 & 2010
TV/Internet available
Terrace/patio/yard
Pets welcome
Open year round
English spoken

Antall rom: 2
Rabatt for barn
Frokostbrett eller bufét
Priser gyldig for 2008/09 & 2010
TV/Internett tilgjengelig
Terrasse/uteplass/hage
Kjæledyr velkommen
Åpent hele året

Anzahl Zimmer: 2
Ermässigung für Kinder
Frühstückstablett oder -büfett
Preise gültig für 2008/09 & 2010
Zugang zu TV/Internet
Terrasse/Aussenplatz/Garten
Haustiere willkommen
Ganzjährig geöffnet
Sprechen Englisch

In rural surroundings only 15 min. walk to downtown Trondheim, you'll find Lade Bed and Breakfast. The Lade neighborhood is a peninsula with beaches, meadows and forest. A 7 km.-long footpath winds along the coast. Ringve music museum is 10 min. away. Towards downtown you come first to Solsiden, a charming new downtown district with outdoor cafes and restaurants in a rebuilt old shipyard.
The hosts live in quiet and peaceful surroundings, a terraced house with garden. They like to meet people from other countries and enjoy children and animals.

I landlige omgivelser, likevel bare 15 min. å gå til sentrum av Trondheim, finner du Lade Bed & Breakfast. Bydelen Lade er en halvøy med badestrender, enger og skog. En 7 km lang tursti går langs sjøen. Ringve musikkmuseum ligger 10 min. unna. Inn mot sentrum kommer man først til Solsiden, et sjarmerende nytt sentrumsområde med utekaféer og restauranter i et ombygget gammelt skipsbyggeri.
Vertskapet bor i stille og rolige omgivelser, i et terrassehus med egen hage. De liker å treffe mennesker fra andre land, er glad i barn og dyr.

Lade Bed & Breakfast liegt in ländlicher Umgebung, jedoch nur 15 Min. zu Fuss vom Trondheimer Zentrum entfernt. Das Stadtviertel Lade ist eine Halbinsel mit Badestränden, Wiesen und Wald. Ein 7 km langer Wanderweg führt am See entlang. 10 Min. bis zum 'Ringve Musikmuseum'. In Richtung Zentrum kommt man zuerst nach 'Solsiden', ein reizender neuer Innenbezirk mit Aussencafés und Restaurants in einer umgebauten alten Schiffswerft. Die Gastgeber wohnen in einem Haus mit Garten in stiller und ruhiger Umgebung. Sie freuen sich, Menschen aus anderen Ländern zu treffen, mögen Kinder und Tiere.

Boenhet med selvhushold
Selfcatering / Selbsthaushalt

page **187**
Sør-Trøndelag

Apartment for 2-5 persons	Leilighet for 2-5 personer	Wohnung für 2-5 Personen
1 bedroom, bath, kitchen, LR	1 soverom, bad, kjøkken, stue	1 Schlafzi., Bad, Küche, Stube
Price for 2 pers.: **1000,-**	Pris for 2 pers.: **1000,-**	Ganze Einheit für 2 Pers.: **1000,-**
Price per pers. over 2 pers.: **200,-**	Pris pr. per. over 2 pers.: **200,-**	Preis pro Pers. mehr als 2: **200,-**

Bed linen included
Discount for children
Prices valid for 2008/09 & 2010
TV/Internet available
Terrace/patio/yard
Pets welcome
Open year round
English spoken

Sengetøy er inkludert
Rabatt for barn
Priser gyldig for 2008/09 & 2010
TV/Internett tilgjengelig
Terrasse/uteplass/hage
Kjæledyr velkommen
Åpent hele året

Inkl. Bettwäsche
Ermässigung für Kinder
Preise gültig für 2008/09 & 2010
Zugang zu TV/Internet
Terrasse/Aussenplatz/Garten
Haustiere willkommen
Ganzjährig geöffnet
Sprechen Englisch

Directions:
From E-6 exit toward Lade. Drive about 2 km. and go left at the round-about. Continue on Haakon VII's gate. Turn left at Lade church and then take first right, Jarlsborgveien.

Veibeskrivelse:
E-6; ta av mot Lade. Kjør ca. 2 km og ta til venstre i rundkjøring. Fortsett på Haakon VII's gate. Ta til venstre ved Lade kirke, deretter første til høyre - dette er Jarlsborgveien.

Wegbeschreibung:
Auf der E-6 Ausfahrt Richtung Lade nehmen. Fahren Sie ca. 2 km und dann im Kreisverkehr nach links. Die Fahrt auf der Strasse 'Haakon VII' fortsetzen. Bei der Kirche in Lade nach links, danach erste rechts - das ist der Jarlsborgveien.

Boenhet med selvhushold
Selfcatering / Selbsthaushalt

Sør-Trøndelag

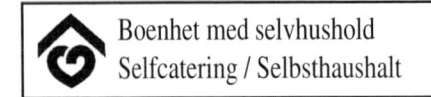

Sørtun

Your host:
Ellen S. Thorvaldsen & Oliver Zaulich

Address:
Sørtun
N - 7177 Revsnes
Phone: 72 53 17 56
Mobil: 95 07 97 05
E-mail: e-steph@online.no
Web: www.stoksundferie.com

Best time to call:
10.00 - 21.00

A: Apartment for 2 persons Bedroom, bath, kitchen, LR Price for whole unit: **600,-**	**A:** Leilighet for 2 personer Soverom, bad, kjøkken, stue Pris for hele enheten: **600,-**	**A:** Wohnung für 2 Personen Schlafzimmer, Bad, Küche, Stube Ganze Einheit: **600,-**
B: Apartment for 2-6 persons 2 bedrooms, bath, kitchen, LR Price for whole unit: **800,-**	**B:** Leilighet for 2-6 personer 2 soverom, bad, kjøkken, stue Pris for hele enheten: **800,-**	**B:** Wohnung für 2-6 Personen 2 Schlafzi., Bad, Küche, Stube Ganze Einheit: **800,-**
Bed linen fee: **80,-** Prices valid for 2008/09 & 2010 Endcleaning not included TV/Internet available Terrace/patio/yard Boat for rent Pets welcome Open year round English spoken	Tillegg for sengetøy: **80,-** Priser gyldig for 2008/09 & 2010 Gjestene står for sluttrengjøring TV/Internett tilgjengelig Terrasse/uteplass/hage Båtutleie Kjæledyr velkommen Åpent hele året	Mieten von Bettwäsche: **80,-** Preise gültig für 2008/09 & 2010 Gäste s. verantw. f. d. Endreinigung Zugang zu TV/Internet Terrasse/Aussenplatz/Garten Boot zu mieten Haustiere willkommen Ganzjährig geöffnet Sprechen Deutsch

Sørtun lies idyllically facing the sea on the edge of Fosenhalvøyen peninsula. Here you find boating enthusiasts and a great place for summer gatherings. The two apartments for rent are modern furnished and only 200 m. from marina and cafe. At nearby Stokksund you can enjoy cave exploration, diving mountain walks and swimming.

Sørtun ligger idyllisk til ut mot havet på utsiden av Fosenhalvøya. Her er det yrende båtliv og god sommerstemning. De to leilighetene som leies ut er moderne innredet og ligger bare 200 m fra en marina og kro. Det lille stedet Stokksund kan by på mangt av aktiviteter; hulevandring i Harbakhula, surfing, dykking, fjellturer og bading.

Sørtun liegt idyllisch Richtung Hafen. Hier, an der Aussenseite von Fosenhalvøya, herrscht lebhaftes Bootstreiben und eine gute Sommerstimmung. Beide Gästewohnungen sind modern eingerichtet. Nur 200 m entfernt befindet sich ein Gasthaus und ein Gästehafen (Anlegestelle für Gastschiffe). Der kleine Ort Stokksund hat viele Aktivitäten anzubieten: Höhlenwanderungen in der Harbakhöhle, Surfen, Tauchen, Baden und Bergtouren.

Klostergården

B&B
Level of standard: ♣

Nord-Trøndelag

Your host:
Mona Lindsted &
Ståle Harald Anderssen

Address:
Tautra-Nordre
N - 7633 Frosta
Phone: 74 80 85 33
E-mail: staaa@online.no

Best time to call:
08.00 - 23.00

Double room: **900,-**	Dobbeltrom: **900,-**	Doppelzimmer: **900,-**
Single room: **550,-**	Enkeltrom: **550,-**	Einzelzimmer: **550,-**
No. of rooms: 10	Antall rom: 10	Anzahl Zimmer: 10
Laid breakfast table or buffet	Dekket frokostbord el bufféet	Ged.Frühstückstisch o -büfett
Prices valid for 2008	Priser gyldig for 2008	Preise gültig für 2008
TV/Internet available	TV/Internett tilgjengelig	Zugang zu TV/Internet
Terrace/patio/yard	Terrasse/uteplass/hage	Terrasse/Aussenplatz/Garten
Suitable for handicapped	Handikaptilgjengelig	Behindertengerecht
Pets welcome by agreement	Kjæledyr velkommen etter avtale	Haustiere nach Absprache willk.
VISA, MC, DC, AmEx accepted	Vi tar VISA, MC, DC, AmEx	VISA, MC, DC, AmEx
Open February - December	Åpent februar - desember	Geöffnet Februar - Dezember
English spoken		Sprechen etwas Deutsch

Klostergården is situated at Tautra, next to the ruins of the old Cistercian cloister from 1207, a distinctive landmark in Trondheim fjord. Klostergården offers experiences related to nature, climate, flora and fauna--not to mention history and culture. The old main building from before 1800 was built with stones from the cloister. It's been restored and now contains a cafeteria/restaurant and boarding house. At Klostergården smithy you'll find for sale local farm-fresh foods and a big selection of craftworks.
Welcome to a satisfying visit to Klostergården.

Klostergården ligger på Tautra, like ved ruinene til det gamle cistercienserklosteret fra år 1207, et særpreget landmerke i Trondheimsfjorden. Klostergården kan tilby opplevelser knyttet til natur, klima, flora, fauna og ikke minst historie og kultur. Den gamle hovedbygningen fra før 1800 er bygd av stein fra klosteret. Denne er restaurert og rommer kafeteria/restaurant og pensjonat. Her er også salg av egenproduserte gårdsmatprodukter og et stort utvalg av håndverksprodukter i Klostergårdssmia.
Velkommen til et hyggelig besøk på Klostergården.

Klostergården liegt auf der Insel Tautra, gleich neben den Ruinen des alten Zisterzienser-Klosters aus dem Jahr 1207, das eine eigentümliche Landmarke im Trondheimsfjord darstellt. Klostergården bietet vielerlei Erlebnisse verbunden mit Natur, Klima, Flora, Fauna und nicht zuletzt mit Geschichte und Kultur. Das alte Haupthaus von 1800 ist aus den Steinen des Klosters gebaut. Es ist restauriert und beherbergt die Cafeteria/Restaurant sowie das Pensionat. Selbsterzeugte Lebensmittel und eine grosse Auswahl an Handwerksprodukten werden angeboten. Freuen Sie sich auf einen gemütlichen Aufenthalt im Klostergården.

Boenhet med selvhushold
Selfcatering / Selbsthaushalt

Nord-Trøndelag

Karmhus / Trøabakken

Your host:
Sigrun & Per Storholmen

Address:
Karmhusveien 20
N - 7650 Verdal
Phone: 74 04 24 69
Mobil: 95 05 88 02 / 96 50 02 28
E-mail: per.storholmen@online.no

Best time to call:
07.00 - 09.00 / 16.00 - 23.00

Apartment for 2-6 persons
No. of bedrooms: 2
Own bath, kitchenette, LR
Price for whole unit: **500,-**
Min. price per pers.: **100,-**
Bed linen included
Breakfast service available: **50,-**
Prices valid for 2008/09 & 2010
TV available
Yard/garden
Boat and bike for rent
Open 1. July - 1. September
Some English spoken

Leilighet for 2-6 personer
Antall soverom: 2
Eget bad, tekjøkken, stue
Pris for hele enheten: **500,-**
Min. pris pr. pers.: **100,-**
Sengetøy er inkludert
Frokost kan serveres: **50,-**
Priser gyldig for 2008/09 & 2010
TV tilgjengelig
Hage
Båt- og sykkelutleie
Åpent 1. juli - 1. september

Wohnung für 2-6 Personen
Anzahl Schlafzimmer: 2
Eig. Bad, kleine Küche, Stube
Ganze Einheit: **500,-**
Min. Preis pro Pers.: **100,-**
Inkl. Bettwäsche
Frühstück auf Bestellung: **50,-**
Preise gültig für 2008/09 & 2010
Zugang zu TV
Garten
Boot u. Fahrrad zu mieten
Geöffnet 1. Juli - 1. September
Sprechen etwas Deutsch

Trøabakken is in Leksdal, in the northeastern part of Verdal, about 8 km from Stiklestad which is known for its history of kings. Summer tourist activities in Stiklestad are visits to the church, museum, cultural center, the Olsok play, historical tours, and concerts. There is commercial salmon fishing in the Verdal River, with a salmon ladder and a salmon studio. The Leksdal Lake provides good fishing both summer and winter, and a boat can be provided.

Leksdal, hvor man finner Trøabakken, ligger i nord-østre del av Verdal, ca. 8 km fra Stiklestad som er kjent for sin kongehistorie. Aktuelle turistaktiviteter på Stiklestad sommerstid er; besøk ved kirken, museet, kulturhuset, Olsokspelet, historiske turer, konserter. I Verdalselva drives det laksefiske, der er laksetrapp med laksestudio. På Leksdalsvatnet kan man fiske både sommer og vinter, båt kan skaffes til veie.

Trøabakken liegt in Leksdal, im nordöstlichen Teil von Verdal, etwa 8 km vom historischen Ort Stiklestad entfernt. Stiklestad bietet im Sommer: Besuch der alten Kirche, des Museums und Kulturhauses, das Spiel vom Hl. Olav, historische Wanderungen und Konzerte.
Verdalselva heisst der bekannte Lachsfluss mit Lachstreppe und Lachsstudio. Der See Leksdalsvatnet bietet Angelmöglichkeiten. Boot kann besorgt werden.

B&B
Level of standard: ♣♣ & ♣♣♣

NBG
Nord-Trøndelag

Skartnes Gård & Seterturisme

Your host:
Aud & Per Sandnes
Address:
Skartnes, N - 7760 Snåsa
Phone: 7415 2526 Fax: 7415 2546
Mobil: 90 63 98 90
E-mail: sandnes@skartnes.no
Web: www.skartnes.no
Best time to call:
19.00 - 21.00

Double room: 790,-	Dobbeltrom: 790,-	Doppelzimmer: 790,-
1 pers. in double room: 600,-	1 pers. i dobbeltrom: 600,-	1 Pers. im Doppelzi.: 600,-
No. of rooms: 2	Antall rom: 2	Anzahl Zimmer: 2
Laid breakfast table or -tray	Dekket frokostbord el. -brett	Ged. Frühstückstisch o. -tablett
Selfcatering unit:	Enhet med selvhushold:	Einheit mit Selbsthaushalt:
Guesthouse for 4-5 persons	Gjestehus for 4-5 personer	Gästehaus für 4-5 Pers.
2 bedroom, bath, kitchen, LR	2 soverom, bad, kjøkken, stue	2 Schlafzi., Bad, Küche, Stube
Bed linen not included	Sengetøy ikke inkl.	Bettwäsche nicht inkl.
Price for whole unit: 990,-	Pris for hele enheten: 990,-	Preis für ganze Einheit: 990,-
Discount for children	Rabatt for barn	Ermässigung für Kinder
Prices valid for 2008	Priser gyldig for 2008	Preise gültig für 2008
TV available	TV tilgjengelig	Zugang zu TV
Open May - September	Åpent mai - september	Geöffnet Mai - September
English spoken		Sprechen etwas Deutsch

Skartnes Gård og Seterturisme is located in the southern Lapland area along the road to Gressåsmoen National Park in Snåsa. Your hosts bid you welcome to cozy rooms that share a common 50's-style living room in the rental house.
The farm is situated in peaceful surroundings with no through traffic and a hilly wilderness area nearby. The hosts serve a breakfast based on Norwegian and Lapland food traditions.

Skartnes Gård og Seterturisme ligger i et sør-samisk område på veien til Gressåsmoen nasjonalpark i Snåsa.
Vertene ønsker dere velkommen til trivelige rom m/fellesstue i 50-talls stil i utleiehuset.
Gården ligger i rolige omgivelser uten gjennomgangstrafikk og med villmarksheia like ved.
Vertskapet byr på særegen frokost bygd på norske- og samiske mattradisjoner.

Der Hof betreibt Viehwirtschaft und liegt in südsamischer Landschaft in Snåsa, auf dem Weg zum Nationalpark Gressåmoen. Die Gastgeber empfangen ihre Gäste in gemütlichen Zimmern im Stil der 50er Jahre. Skartnes Gård liegt in ruhiger Umgebung ohne Durchgangsverkehr umgeben von unberührter Natur. Die Gastgeber bieten ein Frühstück, geprägt von norwegischer und samischer Tradition.

B&B
Level of standard: ♣ ♣ ♣

page **192**
Nordland

Norumgården
Bed & Breakfast

Your host:
Marit & Tor Mikalsen

Address:
Framnesveien 127
N - 8516 Narvik
Phone/Fax: 76 94 48 57
Mobil: 97 50 59 70
Web:
http://norumgaarden.narviknett.no

Best time to call:
08.00 - 15.00 / 18.00 - 22.00

Double room:	500,-/600,-	Dobbeltrom:	500,-/600,-	Doppelzimmer:	500,-/600,-
Single room:	350,-	Enkeltrom:	350,-	Einzelzimmer:	350,-
1 pers. in dbl. room:	400,-	1 pers. i dobbeltrom:	400,-	1 Pers. im Doppelzi.:	400,-

No. of rooms: 4
Discount for children
Laid breakfast table
Selfcatering possible
Prices valid for 2008/09 & 2010
TV/radio in all rooms
Terrace/patio/yard
White bathrobes in all rooms
Open year round
English spoken

Antall rom: 4
Rabatt for barn
Dekket frokostbord
Selvhushold mulig
Priser gyldig for 2008/09 & 2010
TV/radio på alle rom
Terasse/uteplass/hage
Hvite morgenkåper på alle rom
Åpent hele året

Anzahl Zimmer: 4
Ermässigung für Kinder
Gedeckter Frühstückstisch
Selbsthaushalt möglich
Preise gültig für 2008/09 & 2010
TV/Radio in allen Räumen
Terrasse/Aussenplatz/Garten
Bademäntel in allen Räumen
Ganzjährig geöffnet
Sprechen etwas Deutsch

Norumgården was named after the master builder who erected it in 1925. 15 years of restoration have brought the building back to its original splendour. The restoration work has brought the owners several prizes. The house also has period furniture. Antique shop on premises.
The Norumgården is a 15 minutes walk from the town centre.
Narvik is best known for its war history, but can also offer skiing, sea fishing and hiking in the summer.

Norumgården har sitt navn etter byggmesteren som bygget huset i 1925. De siste 15 års restaurering har brakt det tilbake til sin fordums prakt. Restaureringsarbeidet har medført at eierne er tildelt flere priser. Huset er innredet med tidsriktige møbler. Egen antikvitetsbutikk.
Norumgården ligger 15 min. gange fra Narvik sentrum. Narvik, mest kjent for sin krigshistorie, tilbyr også skisport, fjordfiske og turmuligheter.

Das Haus aus 1925 ist nach dem Baumeister benannt. Nach 15 Jahren Restaurierung ersteht es nun mit zeitgerechtem Interieur in seinem ehemaligen Glanz, was den Besitzern mehrere Preise eingetragen hat. Eigener Antiquitätenladen.
15 Min. zu Fuss zum Zentrum Narvik, bekannt für seine Kriegsgeschichte. Reiche Möglichkeiten für Angeln und Wandern im Sommer, sowie für Skisport im Winter.

Boenhet med selvhushold	Nordland
Selfcatering / Selbsthaushalt	

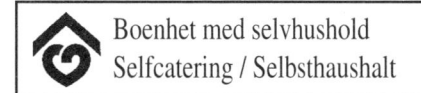

Fargeklatten Veita Gjestehus

Your host:
Grethe Kvalvik

Address:
Sjøgata 38A
N - 8480 Andenes
Mobil: 97 76 00 20
E-mail: fargeklatten@online.no
Web:
www.fargeklattenveita.com

Best time to call:
08.00 - 23.00

Familyroom, for 4 pers.:	900,-	Familierom, for 4 pers.:	900,-	Familienzi., für 4 Pers.:	900,-
Double room:	700,-	Dobbeltrom:	700,-	Doppelzimmer:	700,-
Single room:	500,-	Enkeltrom:	500,-	Einzelzimmer:	500,-
No. of rooms: 4		Antall rom: 4		Inkl. Bettwäsche	
Bed linen included		Sengetøy er inkludert		Anzahl Zimmer: 4	
Breakfast in the bakery:	65,-	Frokost i bakeriet:	65,-	Frühstück beim Bäcker:	65,-
Prices valid for 2008		Priser gyldig for 2008		Preise gültig für 2008	
TV/Internet available		TV/Internett tilgjengelig		Zugang zu TV/Internet	
Terrace/patio/yard		Terrasse/uteplass/hage		Terrasse/Aussenplatz/Garten	
Boat and bike available for rent		Båt- og sykkelutleie er mulig		Boot u. Fahrrad zu mieten	
Open year round		Åpent hele året		Ganzjährig geöffnet	
English spoken				Sprechen etwas Deutsch	

In the middle of Andenes harbor lies Fargeklatten Veita, a typical north Norway fish/agricultural farm, now renovated as a guesthouse/art studio/workplace with a barn and a lovely garden. It's all that remains of the original development of Andenes from the 1800s. The island is known for its extensive bogs, white beaches and protuding peaks. Here you can go on a whale safari, admire the "bird mountain" at Bleiksøya, or reel in your own dinner from the sea. Polar museum, Øymuseum, artists' studios, tempting eateries. Here also is bountiful fishing: trout and char in the mountain lakes, salmon in the river. Diving, bicycling and hiking.

Sentralt ved Andenes havn ligger Fargeklatten Veita som er et typisk nordnorsk fiske-/småbruk, nå renovert som gjestestue, atelier/verksted, fjøsbygning og med en vakker hage. Dette er det eneste som er igjen av den opprinnelige bebyggelsen fra 1800-tallet i Andenes.
Øya er kjent for sine vidstrakte myrer, hvite strender og spisse fjell. Her kan du dra på hvalsafari, beundre fuglefjellene på Bleiksøya eller dra din egen middag opp av havet. Polarmuseum, Øymuseum, kunstnerverksteder, trivelige spisesteder. Her er også rikt fiske etter ørret og røye i fjellvann, laksefiske i elver. Dykking, sykkelturer og fotturer.

Fargeklatten Veita liegt zentral beim Hafen Andernes. Es ist ein typisch nordnorwegischer, landwirtschaftlicher Fischerei/Kleinbetrieb. Renovierte Gästezimmer und ein schöner Garten erwarten Sie. Bebauung aus dem 18 Jh. Die Insel ist bekannt für seine grossen Sümpfe, weissen Strände und spitze Felsen. Hier können Sie auf eine Walsafari fahren, die Vogelfelsen auf Bleiksøya bewundern oder ihr eigenes Mittagessen aus dem Meer fangen. Ausserdem: Polarmuseum, Inselmuseum, Künstlerwerkstätten, reichlich Angelmöglichkeiten, tauchen, Fahrradtouren, Wanderungen und gemütliche Gaststätten .

B&B
Level of standard: ♣

page **194**
Nordland

Holmvik brygge

Your host:
Ssemjon Gerlitz

Address:
Postboks 338 Nyksund
N - 8439 Myre
Phone: 76 13 47 96
Mobil: 95 86 38 66
Fax: 76 13 47 97
E-mail: post@nyksund.com
Web: www.nyksund.com

Best time to call:
12.00 - 23.00

Double-/twin room: **600,-**	Dobbelt-/tosengsrom: **600,-**	Doppel-/Zweibettzi.: **600,-**
Single room: **380,-**	Enkeltrom: **380,-**	Einzelzimmer: **380,-**
No. of rooms: 8	Antall rom: 8	Anzahl Zimmer: 8
Discount for children	Rabatt for barn	Ermässigung für Kinder
Breakfast buffet (summer)	Frokost buffét (sommer)	Frühstücksbüfett (Sommer)
Laid breakfast table (winter)	Dekket frokostbord (vinter)	Gedeckt. Frühstückstisch (Winter)
Selfcatering possible	Selvhushold er mulig	Selbsthaushalt möglich
Prices valid for 2008/09 & 2010	Priser gyldig for 2008/09 & 2010	Preise gültig für 2008/09 & 2010
Terrace/patio/yard	Terrasse/uteplass/hage	Terrasse/Aussenplatz/Garten
Pets welcome	Kjæledyr velkommen	Haustiere willkommen
VISA, MC accepted	Vi tar VISA, MC	Wir akzeptieren VISA, MC
Open year round	Åpent hele året	Ganzjährig geöffnet
English spoken		Sprechen Deutsch

Nyksund is an old fishing village which nearly died out when the fishery moved to Myre in 1972. Karl Heinz Nickel of Germany came to Nyksund many years later. The place had fallen into disrepair and resembled a ghost town. Now the village has been rebuilt thanks to investments from the region's business community. Idealistic youth come to Nykvik every summer to repair the town. Besides the hotel there are a general store, museum and gallery, and 18 year-round residents.
Holmvik Brygge has been restored with original materials to create an authentic feeling of the old fishery days.

Nyksund er en gammel fiskelandsby som ble fraflyttet da fabrikken flyttet til Myre i 1972. Tyske Karl Heinz Nickel kom til Nyksund mange år senere. Stedet var da forfallent og lignet mer en spøkelsesby. Nå blir stedet bygd opp igjen steg for steg og lokalt næringsliv hjelper til med investeringer. Idealistisk ungdom har kommet til Nyksund hver sommer for å reparere byen. Ved siden av hotellet er her nå café, landhandel, galleri og museum. Nyksund har nå 18 fastboende.
Holmvik brygge er restaurert med gamle materialer og gir en ekte følelse av de gamle fiskeridagene.

Nyksund, ein altes Fischerdorf, lag brach, als die Fabriken im Jahr 1972 nach Myre zogen. Viele Jahre später kam der Deutsche Karl Heinz Nickel nach Nyksund. Der Ort war verfallen und glich einer Geisterstadt. Investitionen durch die lokale Wirtschaft ermöglichten Stück für Stück den Wiederaufbau. Motivierte junge Menschen kamen, um die Stadt wieder aufzubauen. Neben dem Hotel gibt es inzwischen ein Café, einen Supermarkt, eine Galerie und ein Museum. Nyksund hat derzeit 18 feste Einwohner. Holmvik brygge ist mit alten Materialien restauriert und vermittelt ein echtes Gefühl an die alten Fischertage im Dorf.

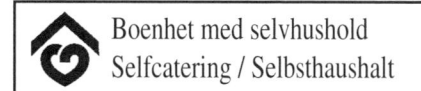

Boenhet med selvhushold	page **195**
Selfcatering / Selbsthaushalt	**Nordland**

Marja-Liisas overnatting

Your host:
Marja-Liisa Martinsen
Address:
Vestpollen
N - 8316 Laupstad
Phone: **76 07 58 13**
Mobil: **41 20 74 14**
E-mail: **marliimar@yahoo.no**
Best time to call:
10.00 - 17.00

Apartment for 2-6 persons		Leilighet for 2-6 personer		Wohnung für 2-6 Personen	
1 bedrooms + sleeping alcove		1 soverom + sovealkove		1 Schlafzimmer + Schlafalkove	
Own bath, kitchen, LR		Eget bad, kjøkken, stue		Eigenes Bad, Küche, Stube	
Price for whole unit:	**800,-**	Pris for hele enheten:	**800,-**	Ganze Einheit:	**800,-**
Price per pers.:	**200,-**	Pris pr. pers.:	**200,-**	Preis pro Pers.:	**200,-**
Bed linen included		Sengetøy er inkludert		Inkl. Bettwäsche	
Breakfast service available:	**50,-**	Frokost kan serveres:	**50,-**	Frühstück auf Bestellung:	**50,-**
Discount for children		Rabatt for barn		Ermässigung für Kinder	
Prices valid for 2008		Priser gyldig for 2008		Preise gültig für 2008	
TV available		TV tilgjengelig		Zugang zu TV	
Terrace/patio		Terrasse/uteplass		Terrasse/Aussenplatz	
Suitable for handicapped		Handikaptilgjengelig		Behindertengerecht	
Open year round		Åpent hele året		Ganzjährig geöffnet	
English & Finnish spoken		Snakker finsk og norsk		Sprechen Englisch u. Finnisch	

Marja-Liisa is Finnish and invites guests to her home at Austnesfjorden in the eastern part of Lofoten. The settlement is surrounded by natural beauty. One can see the highest peaks of Lofoten. It's a short way to Svolvær and Kabelvåg with many activities to choose from.

Directions:
From Svolvær follow the E-10 north and east about 17 km. to Vestpollen. Continue on E-10, 200 m. after the sign Laukvik. Find house on the left.

Marja-Liisa er finsk og inviterer gjester til sitt hjem ved Austnesfjorden i østre del av Lofoten. Bygda ligger i naturskjønne omgivelser. Man kan se de høyeste fjelltoppene i Lofoten. Det er kort vei til Svolvær og Kabelvåg med mange tilbud og aktiviteter.

Veibeskrivelse:
Fra Svolvær følg E-10 nord- og østover i ca. 17 km til Vestpollen. Fortsett på E-10; 200 m forbi skiltet mot Laukvik finner du huset på venstre side.

Marja-Liisa ist Finnin und lädt ihre Gäste beim Austnes Fjord, dem östlichen Teil der Lofoten, in ihr Haus ein. Von dort können Sie den Blick auf die höchste Bergspitze der Lofoten geniessen. Das Dorf ist von schöner Natur umgeben. Kurzer Weg bis Svolvær und Kabelvåg mit vielen Angeboten und Aktivitäten.

Wegbeschreibung:
Von Svolvær der E-10 nord- und ostwärts für ca. 17 km bis Vestpollen folgen. Weiter auf der E-10; Vorbei am Schild Ri. Laukvik finden Sie das Haus nach 200 m auf der linken Seite.

B&B
Level of standard: ♣

page **196**
Nordland

Anne's B&B

Your host:
Anne Gerd Lind

Address:
Marinehaugen 10
N - 8300 Svolvær
Phone: 76 07 23 97
Mobil: 99 52 99 45
E-mail: annegerd@online.no
Web:
http://annegerd.home.online.no
Best time to call:
16.00 - 23.00

Double-/twin room: **750,-**	Dobbelt-/tosengsrom: **750,-**	Doppel-/Zweibettzi.: **750,-**
1 pers. in double room: **550,-**	1 pers. i dobbeltrom: **550,-**	1 Pers. im Doppelzimmer: **550,-**
No. of rooms: 3	Antall rom: 3	Anzahl Zimmer: 3
Laid breakfast table	Dekket frokostbord	Gedeckter Frühstückstisch
Prices valid for 2008	Priser gyldig for 2008	Preise gültig für 2008
Discount for longer stay	Rabatt ved lengre opphold	Ermäßigung b. längerem Aufenth.
Discount off-season	Rabatt utenom sesong	Ermässigung Nebensaison
TV available	TV tilgjengelig	Zugang zu TV
Terrace/patio/yard	Terrasse/uteplass/hage	Terrasse/Aussenplatz/Garten
Kayak for rent	Kajakkutleie	Kajak zu mieten
Car and bicycle rental service	Formidler bil- og sykkelutleie	Vermittl. v. Auto- u. Fahrradverm.
Organized hiking/guide service	Turplanlegging og guideservice	Ausflugsplanung/Reiseführerservice
Open year round	Åpent hele året	Ganzjährig geöffnet
English spoken		Sprechen etwas Deutsch

Wake up to a tasty breakfast with homemade bread while enjoying a masterpiece of nature, a motif of changing, varied landscape over mountains and sea. Marinehaugen 12-15 min. by foot from town center, centrally located but shielded from traffic and noise.
Weather can be changeable and the terrain is challenging, so consult local sources when planning your day's outing.
The sun can be enjoyed on the west-facing veranda. Lofoten can also be fascinating during a howling storm as the sea whips about. Then it crackles like a match on a hot wood stove.

Våkn opp til deilig frokost med hjemmebakt brød mens du nyter det skiftende kunstverket den storslagne utsikten mot fjell og sjø byr på. Marinehaugen ligger 12-15 min. gange fra sentrum, sentralt men samtidig skjermet for trafikk og støy.
Været er svært varierende og terrenget krevende. Benytt deg av lokalkunnskap når dagens utflukt skal planlegges.
Solen kan nytes på stor vestvendt veranda. Lofoten kan også være fascinerende når stormen uler rundt hushjørnet og havet pisker. Da knitrer det lunt i vedovnen.

Nach dem Aufstehen erwartet Sie ein leckeres Frühstück mit selbstgebackenem Brot, während Sie d. grossartige Aussicht auf Berg und See geniessen. Marinehaugen liegt 12-15 Min. zu Fuss vom Zentrum entfernt, sehr zentral aber gleichzeitig geschützt vor Verkehr und Lärm. Das Wetter variiert sehr u. das Gelände ist anspruchsvoll. Gerne hilft man Ihnen einen Ausflug zu planen. Geniessen Sie die Sonne auf der grossen westlich gelegenen Veranda. Die Lofoten können aber auch bei Sturm und peitschendem Meer faszinierend sein; dann können Sie das Feuer im Holzofen geniessen.

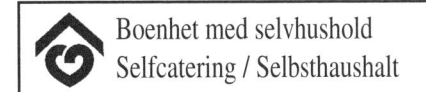

Boenhet med selvhushold
Selfcatering / Selbsthaushalt

Nordland

Nordbua

Your host:
Unni & Jan E. Horn

Address:
**Rishaugveien 3
N - 8340 Stamsund**
Phone: 76 08 91 85
Mobil: 95 72 95 88 / 90 97 42 61
E-mail: uhorn@frisurf.no

Best time to call:
18.00 - 22.00

Guesthouse for 2-8 pers.	Gjestehus for 2-8 pers.	Gästehaus für 2-8 Pers.
No. of bedrooms: 4	Antall soverom: 4	Anzahl Schlafzimmer: 4
Own bath, LR w/kitchen	Eget bad, stue m/kjk.krok	Eig. Bad, Stube m/Küche.
Price for whole unit: **1000,-**	Pris for hele enheten: **1000,-**	Ganze Einheit: **1000,-**
Bed linen fee: **100,-**	Tillegg for sengetøy: **100,-**	Mieten von Bettw.: **100,-**
Prices valid for 2008/09 & 2010	Priser gyldig for 2008/09 & 2010	Preise gültig für 2008/09 & 2010
TV available	TV tilgjengelig	Zugang zu TV
Terrace	Terrasse	Terrasse
Discount off-season	Rabatt utenom sesong	Ermässigung Nebensaison
Open year round	Åpent hele året	Ganzjährig geöffnet
Some English spoken		Sprechen etwas Deutsch

Stamsund has grand scenery, towering mountains, rich birdlife and good fishing. Midnight sun and dark days, too, depending on the time of year. Nordbua is centrally located in Stamsund. Freezer space and fish-cleaning facilities are available as well, making this a good holiday for fishing enthusiasts. The best times of year are May - September, and during the traditional Lofoten fishing season from 15 February until 15 April when there are less tourists.

I Stamsund er det flott natur, høye, bratte fjell, fugleliv og fiske. Det er midnattsol og mørketid, alt etter årstiden. Nordbua ligger sentralt i Stamsund.
Gjester har tilgang til fryseboks og rom for sløying av fisk. Her ligger alt til rette for den ivrigste feriefiskeren.
Den beste sesongen er mai - september, samt fra 15. februar til 15. april under Lofotfisket, da er her mindre turister enn i sommermånedene.

Stamsund ist ein Ort mit prachtvoller Landschaft, hohen, steilen Bergen, mannigfaltigen Vogelarten, Mitternachtssonne, aber auch Dunkelheit, je nach Jahreszeit. Nordbua liegt im Zentrum von Stamsund. Eigener Raum für Fischausnehmen, sowie Zugang zu Tiefkühler. Die beste Saison ist Mai - September, sowie vom 15. Februar bis 15. April, wo die bekannte Lofotfischerei stattfindet, und weniger Touristen als im Sommer da sind.

"A little lantern can do what the great sun can never do
-- it can shine in the night." ~ unknown ~

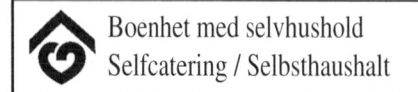

		page **198**
Boenhet med selvhushold		
Selfcatering / Selbsthaushalt		**Nordland**

Fiskeværet Skipnes

Your host:
Astrid Rørtveit

Address:
Skipnes
N - 8426 Barkestad
Phone: 76 13 28 55
Mobil: 95 27 60 29
Fax: 76 13 28 50
E-mail: post@skipnes.com
Web: www.skipnes.com
Best time to call: 09.00 - 24.00

A: 'Rorbu' with 5 rooms/14 beds
Shared bath and kitchen
Price per pers.: **400,-**

B: 'Rorbu' for 1-3 persons
1 bedroom, bath, kitchen, LR
Price for whole unit: **1000,-**
Price per pers.: **400,-**

Applies to all rental units:
Bed linen included
Breakfast service available: **90,-**
Other meals available
Discount for children
Prices valid for 2008
Terrace/patio/yard
Boat for rent
VISA, MC, DC accepted
Open May - October
English spoken

A: Rorbu med 5 rom/14 senger
Delt bad og kjøkken
Pris pr. pers.: **400,-**

B: Rorbu for 1-3 personer
1 soverom, bad, kjøkken, stue
Pris for hele enheten: **1000,-**
Pris pr. pers.: **400,-**

For alle enhetene gjelder:
Sengetøy er inkludert
Frokost kan serveres: **90,-**
Andre måltider kan bestilles
Rabatt for barn
Priser gyldig for 2008
Terrasse/uteplass/hage
Båtutleie
Vi tar VISA, MC, DC
Åpent mai - oktober

A: 'Rorbu' mit 5 Zi./14 Betten
Gemeins. Bad und -Küche
Preis pro Pers.: **400,-**

B: 'Rorbu' für 1-3 Personen
1 Schlafzi., Bad, Küche, Stube
Ganze Einheit: **1000,-**
Preis pro Pers.: **400,-**

Für alle Einheiten gilt:
Inkl. Bettwäsche
Frühstück auf Bestellung: **90,-**
Andere Mahlzeiten auf Anfrage
Ermässigung für Kinder
Preise gültig für 2008
Terrasse/Aussenplatz/Garten
Boot zu mieten
Wir akzeptieren VISA, MC, DC
Geöffnet Mai - Oktober
Sprechen Englisch

The picturesque Skipnes, beautifully located amid Vesterålen's lovely islands, thus protected from the raging sea. In what once was a busy fishery you'll find accommodations in an authentic fisherman's hut like local fishers did from the 1930s to 1978 when the business folded. There are many activities for large and small: fishing, whale- and bird safaris are a must. Fantastic hiking terrain, bird and animal life in abundance.

Skipnes ligger vakkert til i en skjermet havn ute i storhavet, i Vesterålens vakre øyrike. Det var en gang et stort og produktivt fiskevær. Her bor du i autentiske rorbuer slik fiskerne gjorde fra 30-tallet til 1978 da driften ble nedlagt. Her er det masse aktiviteter for store og små; fiske, hval- og fuglesafari er en selvfølge. Fantastisk turterreng, rikt fugleliv og fauna.

Skipnes liegt schön in einem geschützten Hafen draussen am Meer, in Vesterålens hübschem Inselreich. Hier wohnen Sie in authentischen Fischerhütten, welche die Fischer von 1930-1978 erbaut haben, bis die Betriebe eingestellt wurden. Viele Aktivitäten f. Gross und Klein: Fisch-, Wal- u. Vogelsafaris sind selbstverständlich. Fantastisches Ausflugsgelände, viele Vögel und Fauna. Ein Kulturweg erzählt ausserdem die

Boenhet med selvhushold
Selfcatering / Selbsthaushalt

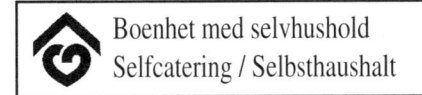

page **199**
Nordland

Take cultural walks which tell the history of the people who once lived in the island's abandoned homes. The area is also idea for climbing, sea kayaking, and diving.

Directions:
From Sortland follow RV 842 to the sign for 'Hurtigbåtkai'. Boat departs daily from 9:30-5:45. Also possible to take passenger boat from Myre.

Der er også kulturstier som forteller historien om folkene som engang bodde på de nedlagte boplassene på øya. Området er også ideelt for klatring, havpadling og dykking.

Veibeskrivelse:
Fra Sortland; følg RV 842 til du finner skiltet 'hurtigbåtkai'. Båten går daglig fra 09.30 til 17.45 Også mulig å ta hurtigbåt fra Myre.

Geschichte der Menschen, die einst auf der Insel lebten. Die Gegend eignet sich auch ideal zum Klettern, Paddeln und Tauchen.

Wegbeschreibung:
Von Sortland; Folgen Sie der Str. 842 bis Sie das Schild "Hurtigbåtkai" finden. Das Boot fährt täglich von 9.30 bis 17.45 Uhr. Sie können auch das Schnellboot (Hurtigbåt) von Myre nehmen.

Jusnes

Your host:
Astrid Rørtveit
Address:
Skipnes
N - 8426 Barkestad
Phone: 76 13 28 55
Mobil: 95 27 60 29
Fax: 76 13 28 50
E-mail: post@skipnes.com
Web: www.skipnes.com
Best time to call: 09.00 - 24.00

Guesthouse for 2-8(10) persons	Gjestehus for 2-8(10) personer	Gästehaus für 2-8(10) Personen
5 bedrooms, bath, kitchen, LR	5 soverom, bad, kjøkken, stue	5 Schlafzi., Bad, Küche, Stube
Price for whole unit: Ask	Pris for hele enheten: Spør	Ganze Einheit: Bitte nachfragen
Price per pers.: Ask	Pris pr. pers.: Spør	Preis pro Pers.: Bitte nachfragen
Bed linen included	Sengetøy er inkludert	Inkl. Bettwäsche
Discount for children	Rabatt for barn	Ermässigung für Kinder
Terrace/deck/yard	Terrasse/uteplass/hage	Terrasse/Aussenplatz/Garten
Boat and kayak for rent	Båt- og kajakutleie	Boot u. Kajak zu mieten
VISA, MC, DC accepted	Vi tar VISA, MC, DC	Wir akzeptieren VISA, MC, DC
Open May - October	Åpent mai - oktober	Geöffnet Mai - Oktober
English spoken		Sprechen Englisch

Idyllic Nordland house from 1907 at Ramberg. It lies at the end of an 800 m long white sandy beach. Easy access from E-10.

Idyllisk nordlandshus fra 1907 på Ramberg. Det ligger ved enden av 800 m lang hvit sandstrand. Lett tilgjengelig fra E-10.

Idyllisches Nordlandhaus von 1907 in Ramberg. Es liegt am Ende eines 800 m langen Sandstrandes. Leicht zugänglich von der E-10.

B&B
Level of standard: ♣

Troms

Bakkemo Gård

Your host:
Idar Hanssen

Address:
**Selnes
N - 9470 Gratangen**
Phone: **76 95 29 95**
Mobil: **91 69 50 97 / 97 50 94 46**
Fax: **76 97 79 18**
E-mail: **idarhans@online.no**

Best time to call:
08.00 - 24.00

Double room: **500,-**	Dobbeltrom: **500,-**	Doppelzimmer: **500,-**
Single room: **320,-**	Enkeltrom: **320,-**	Einzelzimmer: **320,-**
No. of rooms: 4	Antall rom: 4	Anzahl Zimmer: 4
Guest's common living room	Gjestestue	Aufenthaltsraum
Laid breakfast table	Dekket frokostbord	Gedeckter Frühstückstisch
Selfcatering possible	Selvhushold er mulig	Selbsthaushalt möglich
Prices valid for 2008/09 & 2010	Priser gyldig for 2008/09 & 2010	Preise gültig für 2008/09 & 2010
Garden/yard	Hage	Garten
Boat and bike for rent	Båt- og sykkelutleie	Boot und Fahrrad zu mieten
Pets welcome	Kjæledyr velkommen	Haustiere willkommen
Open year round	Åpent hele året	Ganzjährig geöffnet
Some English spoken		Sprechen Deutsch

Bakkemo Farm, built in 1870 and fully restored in 1994, is in Gratangen municipality, a 30 km trip from E-6 and 90 km from Evenes Airport. Gratangen is known for its coastal culture, mountain hikes, fjord fishing, lakes, rivers and hunting.

For selfcatering also available; two cabins with 3 rooms /6 beds and outhouse, and the restored "Stone Cottage" from 1942 for two people which is located an hour's walk from the main road.

Bakkemo Gård ligger i Gratangen kommune, en avstikker på ca. 30 km fra E-6 og 90 km fra Evenes flyplass.
Bakkemo ble bygd i 1870 og restaurert i gammel stil i 1994. Gratangen er kjent for sin kystkultur. Rike muligheter til jakt og friluftsliv, fjellturer, fiske i fjorden, innsjøer og elver.

For selvhushold: Vertskapet leier også ut to hytter med 3 rom /6 soveplasser og uthus, pluss den restaurerte "Steinhytta" som ligger en drøy times krevende gangtur fra veien.

Bakkemo Gård liegt in der Gemeinde Gratangen, 30 km von der E-6 und 90 km vom Flugplatz Evenes.
Gratangens herrliche Natur mit Küste und Bergen bietet Wanderungen, Salz- und Süsswasserangeln, sowie Jagd.
Das Haus aus 1870 wurde im alten Stil renoviert.

Selbsthaushalt: Der Besitzer hat 2 Hütten mit 3 Schlafzimmern / 6 Schlafplätzen, mit Aussentoilette zu vermieten. Ausserdem 1 Std. anspruchsvolle Wanderung zur restaurierten "Steinhütte" von 1942 mit 2 Schlafstellen.

Boenhet med selvhushold
Selfcatering / Selbsthaushalt

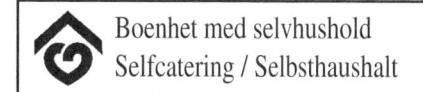

page **201**
Troms

Det røde huset

Your host:
Sollaug Bessesen

Address:
Vågnes
N - 9022 Krokelvdalen
Phone: 77 69 00 88
Mobil: 97 13 55 88
E-mail: detrodehuset@mail.com
Web: www.detrodehuset.no

Best time to call:
07.00 - 21.00

Guesthouse for 2-5 (6) persons
2 bedrooms, WC/shower
Kitchen and 2 living rooms
Whole unit, 2 persons: **600,-**
Whole unit, 3-5 (6) pers.:   **900,-**
Bed linen included
Breakfast service available: **60,-**
Prices valid for 2008
Terrace/patio
Rowingboat for rent in summers
Open year round
English spoken

Gjestehus for 2-5 (6) personer
2 soverom, WC/dusjrom
Kjøkken og 2 stuer
Hele enheten, 2 pers.:   **600,-**
Hele enheten, 3-5 (6) pers.:   **900,-**
Sengetøy er inkludert
Frokost kan serveres: **60,-**
Priser gyldig for 2008
Terrasse/uteplass
Robåtutleie om sommeren
Åpent hele året

Gästehaus für 2-5 (6) Personen
2 Schlafzi., WC/Dusche
Küche und 2 Wohnstube
Ganze Einheit, 2 Pers.:   **600,-**
Ganze Einheit, 3-5 (6) Pers.: **900,-**
Inkl. Bettwäsche
Frühstück auf Bestellung: **60,-**
Preise gültig für 2008
Terrasse/Aussenplatz
Boot zu mieten im Sommer
Ganzjährig geöffnet
Sprechen etwas Deutsch

The Bessesen Family welcomes visitors throughout the year to their beautifully furnished 100-year old timber home with character. Situated by the fjord, magnificent sea view from the 1st floor. You may go fishing in either of two rivers a few kilometers away. Breathtaking nature. Vågnes is located on the mainland, 23 km northeast of Tromsø.

I et nydelig innredet 100 år gammelt tømmerhus med sjel tar familien Bessesen vel imot gjester hele året. Huset ligger like ved fjorden. Fra utkikksrommet i 2. etg. er det fin utsikt utover sjøen. Noen kilometer unna gir to elver muligheter for fiskefangst. Naturen er storslagen i distriktet. Vågnes ligger på fastlandet 23 km nord-øst for Tromsø.

In einem wunderschön eingerichteten, 100 Jahre altem Blockhaus mit Seele empfängt die Familie Bessesen ganzjährig gerne Gäste. Das Haus liegt direkt am Fjord. Vom 1. Stock hat man gute Aussicht aufs Meer. Einige Kilometer entfernt laden zwei Flüsse zum Angeln ein. Großartige Landschaft ringsum. Vågnes liegt 23 km nordöstlich von Tromsø auf dem Festland.

"Happiness is inward and not outward;
and so it does not depend on what we have, but on what we are."
~ Henry Van Dyke ~

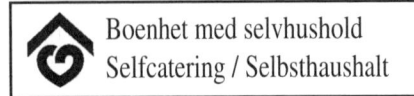

Boenhet med selvhushold
Selfcatering / Selbsthaushalt

Troms

ANSI Turistservice
Simonsen Gårdsferie

Your host:
Nelly & Willy Simonsen

Address:
Storeng, N - 9161 Burfjord
Phone: 77 76 93 86
Fax: 77 76 93 65
Mobil: 91 16 83 20
E-mail: info@ansi-turistservice.no
Web: www.ansi-turistservice.no

Best time to call:
09.00 - 22.00

A: Naustet (61m^2)
Guesthouse for 2-4 persons
No. of bedrooms: 2
Own bath, kitchen, LR
Price for whole unit: **930,-**

B: Bestefarshuset (104m^2)
Guesthouse for 2-8 persons
No. of bedrooms: 4
Own bath, kitchen, LR
Price for whole unit: **1635,-**
Price per room.: **415,-/465,-**

C: Nyheim (37m^2)
Guesthouse for 2 persons
No. of bedrooms: 1
Own bath, kitchen, LR
Price for whole unit: **655,-**

D: Røysa (43m^2)
Guesthouse for 2-4 persons
No. of bedrooms: 2
Own bath, kitchen, LR
Price for whole unit: **830,-**

E: Hiet and **Redet** (26m^2)
2 detached hotel rooms in forest edge
Mini-cabin for 2 persons
1 room, own bath, kitchen
Price for whole unit: **655,-**

F: Jens-Hytta (43m^2)
Cabin for 2 persons on a river
Bedroom, own bath, kitchen, LR
Price for whole unit: **715,-**

A: Naustet (61m^2)
Gjestehus for 2-4 personer
Antall soverom: 2
Bad, kjøkken, stue
Pris for hele enheten: **930,-**

B: Bestefarshuset (104m^2)
Gjestehus for 2-8 personer
Antall soverom: 4
Bad, kjøkken, stue
Pris for hele enheten: **1635,-**
Pris pr. rom: **415,-/465,-**

C: Nyheim (37m^2)
Gjestehus for 2 personer
Antall soverom: 1
Eget bad, kjøkken, stue
Pris for hele enheten: **655,-**

D: Røysa (43m^2)
Gjestehus for 2-4 personer
Antall soverom: 2
Eget bad, kjøkken, stue
Pris for hele enheten: **830,-**

E: Hiet og **Redet** (26m^2)
2 frittliggende hotellrom i skogkant
Minihytter for 2 personer
1 rom, eget bad, kjøkken
Pris for hele enheten: **655,-**

F: Jens-Hytta (43m^2)
Hytte for 2 personer ved en elv
Soverom, eget bad, kjøkken, stue
Pris for hele enheten: **715,-**

A: Naustet (61m^2)
Gästehaus für 2-4 Personen
Anzahl Schlafzimmer: 2
Eig. Bad, Küche, Stube
Ganze Einheit: **930,-**

B: Bestefarshuset (104m^2)
Gästehaus für 2-8 Personen
Anzahl Schlafzimmer: 4
Eig. Bad, Küche, Stube
Ganze Einheit: **1635,-**
Preis pro Zimmer: **415,-/465,-**

C: Nyheim (37m^2)
Gästehaus für 2 Personen
Anzahl Schlafzimmer: 1
Eig. Bad, Küche, Stube
Ganze Einheit: **655,-**

D: Røysa (43m^2)
Gästehaus für 2-4 Personen
Anzahl Schlafzimmer: 2
Eig. Bad, Küche, Stube
Ganze Einheit: **830,-**

E: Hiet und **Redet** (26m^2)
2 freistehende Hotelzi. im Wald
Mini-Hütten für 2 Personen
1 Raum, Eig. Bad, Küche, Stube
Ganze Einheit: **655,-**

F: Jens-Hytta (43m^2)
Hütte für 2 Personen beim Fluss
Schlafzimmer., Bad, Küche, Stube
Ganze Einheit: **715,-**

Boenhet med selvhushold Selfcatering / Selbsthaushalt	NBG	**Troms**

Applies to all rental units:	For alle enhetene gjelder:	Für alle Einheiten gilt:
Bed linen included	Sengetøy inkludert	Inkl. Bettwasche
Breakfast service avaiable: **90,-**	Frokost kan serveres: **90,-**	Frühstück auf Bestellung: **90,-**
Other meals served	Andre måltider kan bestilles	Andere Mahlzeiten auf Bestellung
Prices valid for 2008	Priser gyldig for 2008	Preise gültig für 2008
TV/Internet available	TV/Internett tilgjengelig	Zugang zu TV/Internet
Terrace/patio/yard	Terrasse/uteplass/hage	Terrasse/Aussenplatz/Garten
Grill house, sauna with bath	Grillhus, badestamp, badstu	Grillhütte, Badezuber, Sauna
Boat for rent	Båtutleie	Boot zu mieten
Freezer available	Fryseboks tilgjengelig	Tiefkühler
Discount after 3 days	Rabatt ved leie over 3 dager	Ermäßigung: ab 3 Übernachtungen
VISA, MC accepted	Vi tar VISA, MC	Wir akzeptieren VISA, MC
Open year round	Åpent hele året	Ganzjährig geöffnet
English spoken		Sprechen Deutsch

At 70 degrees N you?ll find cozy cabins to live in and exciting experiences both summer and winter. The range of possible activities is wide. There are good fishing spots in the fjord. The area has a fantastic nature that entices you to wander about. At the reception there is a hot tub, sauna and grill hut.
Maybe you'd like to experience winter here, with the special daylight and northern lights and snow?
Activities in the winter include snow scooter tours, dog-sledding and cross country skiing.

Directions:
From Alta follow E-6 toward Narvik. After about 90 km look for sign, 'ANSI 0.8'
If driving on E-6 from the south: 8 km after Burfjord drive past Storeng and 'ANSI 0.8'.

På 70 grader nord finner du flotte hytter å bo i og spennende opplevelser både for sommer og vinter. Aktivitetsmulighetene er mange. Det er gode fiskeforhold i fjorden. Området har en fantastisk natur som lokker deg ut på vandreturer. Ved resepsjonen er det en badestamp, sauna og et grillhus. Kanskje du vil oppleve vinteren her med sitt spesielle dagslys, med nordlys og snø.
Aktiviteter om vinteren er snøscooter-turer, hundesledeturer og skiturer.

Veibeskrivelse:
Fra Alta: følg E-6 i retning Narvik. Etter ca. 90 km se etter skiltet ANSI 0,8.
E-6 sørfra: 8 km etter Burfjord kjør etter skilt Storeng og ANSI 0,8.

Auf dem 70. nördlichen Breitengrad finden Sie schöne Hütten zum Wohnen und spannende Erlebnisse im Sommer wie im Winter. Grosses Angebot an Freizeitaktivitäten: gute Angelmöglichkeiten im Fjord, die fantastische Natur in der Umgebung lädt zu Wanderungen ein. Ein Badezuber, eine Sauna und ein Grillhaus sind vorhanden. Vielleicht möchten Sie auch den Winter mit seinem speziellen Tageslicht, mit Nordlichtern und Schnee erleben? Es werden Motorroller-Touren durch den Schnee, Hundeschlittenfahrten und Skitouren angeboten.

Wegbeschreibung:
Von Alta: Folgen Sie der E-6 in Richtung Narvik. Achten Sie nach ca. 90 km auf das Schild ANSI 0,8. E-6 aus dem Süden: 8 km nach Burfjord dem Schild "Storeng" und "ANSI 0,8 km" folgen.

"Happiness is a perfume you can't pour on others
without getting a few drops on yourself." ~ unknown ~

Boenhet med selvhushold
Selfcatering / Selbsthaushalt

Finnmark

Engholm Husky design tun

Your host:
Sven Engholm

Address:
N - 9730 Karasjok
Phone: **78 46 71 66**
Mobil: **91 58 66 25**
E-mail: **sven@engholm.no**
Web: **www.engholm.no**

Best time to call:
08.00 - 22.00

Cabin with own bath		Hytte med eget bad		Hütte mit eig. Bad	
Price for 3 pers.:	**1000,-**	Pris for 3 pers.:	**1000,-**	Preis für 3 Pers.:	**1000,-**
Price for 3 pers.:	**800,-**	Pris for 2 pers.:	**800,-**	Preis für 2 Pers.:	**800,-**
Price for 3 pers.:	**500,-**	Pris for 1 pers.:	**500,-**	Preis für 1 Pers.:	**500,-**
Discount for children		Rabatt for barn		Ermässigung für Kinder	
Breakfast and dinner on request		Frukost og middag kan serveres		Frühstck. u. Abendess. n. Vereinb.	
Prices valid for 2008		Priser gyldig for 2008		Preise gültig für 2008	
Canoe, boat and bike for rent		Kano-, båt- og sykkelutleie		Kanu, Boot, Fahrrad zu mieten	
Terrace/patio/BBQ		Terrasse/uteplass/grill		Terrasse/Aussenplatz/Grill	
Sauna and hot tub		Badstu og badestamp		Sauna u. aussensteh. Badebottich	
Pets welcome		Kjæledyr velkommen		Haustiere willkommen	
Open year round		Åpent hele året		Ganzjährig geöffnet	
English spoken				Sprechen etwas Deutsch	

Engholm Husky is a different place with cosy log cabins around a courtyard, all built by Sven, the host. He also did all the interior design with decoration details to create a unique and personal atmosphere for each house. Enjoy guided tours via sled dogs with your own dog team, or ski on Finnmarksvidda plateau and the coast of the Arctic Osean. Hunting for small game and fishing in the salmon river. Fishing lakes with trout and red char. There's a turf hut with open fireplace for grilling and socializing.

Engholm Husky er en annerledes plass med koselige tømmerhytter i et tun bygget av verten Sven selv. Han har også laget innredningen og alle detaljer. Egen kreativitet og fantasi har fått fritt spillerom med tanke på å skape en unik og personlig atmosfære i hvert enkelt hus. Guidede sledehundeturer med 'eget' hundespann eller med ski på Finnmarksvidda og til ishavskysten. Småviltjakt og fiske i lakse-elv. Fiskevann for ørret og røye. Barta (gamme) med åpent ildsted for grilling og sosialt samvær.

Engholm Husky ist ein ganz besonderer Ort, die Gäste wohnen auf einem Hof mit urigen Holzhütten, die der Wirt Sven inkl. der Einrichtung selbst gebaut hat. Kreativität und Phantasie wurden hier groß geschrieben um für jedes Haus eine einzigartige persönliche Atmosphäre zu schaffen. Erleben Sie geführte Touren mit Schlittenhunden oder fahren Sie mit Skiern in die Finnmarksvidda und zur Eismeerküste. Machen Sie eine Kleintierjagd und angeln Sie im Fluss, der reich an Lachsen ist. Eine Hütte mit offenem Feuer zum Grillen steht den Gästen ebenfalls zur Verfügung.

Boenhet med selvhushold
Selfcatering / Selbsthaushalt
Finnmark

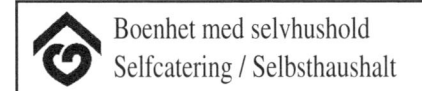

Northcape Guesthouse

Your host:
Elina Olsen

Address:
Elvebakken 5A
N - 9750 Honningsvåg
Mobil: 92 82 33 71 / 47 25 50 63
E-mail: el-dmit@online.no
Web:
www.northcapeguesthouse.com

Best time to call:
11.00 - 22.00

Double room: 520,-	Dobbeltrom: 520,-	Doppelzimmer: 520,-
4-bedded room, per pers.: 250,-	4-sengsrom, pr. pers.: 250,-	4-Bettzi., pro Pers.: 250,-
Per pers., multibedded room: 200,-	Sovesal, pr. pers.: 200,-	Schlafsaal, pro Pers.: 200,-
Extra bed: 150,-	Ekstraseng: 150,-	Extrabett: 150,-
No. of rooms: 7	Antall rom: 7	Anzahl Zimmer: 7
Shared bath, kitchen, LR, DR	Delt bad, kjk., oppholds-/spiserom	Gem. Bad, Küche, Stube, Esszi.
Mandatory bed linen fee: 50,-	Obligatorisk leie av sengetøy: 50,-	Bettwäsche, Miete obligator.: 50,-
Discount for children	Rabatt for barn	Ermässigung für Kinder
Prices valid for 2008	Priser gyldig for 2008	Preise gültig für 2008
TV/Internet available	TV/Internett tilgjengelig	Zugang zu TV/Internet
Terrace/patio/yard	Terrasse/uteplass/hage	Terrasse/Aussenplatz/Garten
Pets welcome	Kjæledyr velkommen	Haustiere willkommen
Open 1 May - 10 Sept.	Åpent 1. mai - 10. sept.	Geöffnet 1. Mai - 10. Sept.
English, Russian, Spanish spoken		Sprechen Englisch, Russ. u. Span.

Northcape Guesthouse lies only 30 km. from the Northcape plateau. It's a friendly little guesthouse in a peaceful and idyllic location at the southern end of Honningsvåg. Here the hospitality is based on hostel principles with guest access to laundry, kitchen and Internet.

Northcape Guesthouse ligger bare 30 km fra Nordkapp-plata. Det er et vennlig, lite gjestehus i stille og idylliske omgivelser i søndre ende av Honningsvåg. Her er tilbudet basert på vandrerhjem-prinsippet som inkluderer kjøkken, Internett og vaskeri fritt tilgjengelig for gjestene.

Northcape Guesthouse liegt nur 30 km von der Nordkapp-Platte entfernt. Es ist ein freundliches kleines Gästehaus in einer stillen und idyllischen Umgebung am südlichen Ende von Honningsvåg. Hier gilt das Angebot nach dem Jugendherberge-Prinzip und beinhaltet für die Gäste freie Benutzung von Küche, Internet und Wäscherei.

"What brings joy to the heart is not so much the friend's gift as the friend's love." ~ St. Ailred of Rievaulx ~

page 41 - Bøe gjestegård

E: From Halden take RV 22 toward Rakkestad, turn right at the sign for 'Østerbo/Håkenby'. After 2.5 km turn right again toward 'Håkenby'. It's the first farm on the right.

N: Fra Halden ta RV 22 i retning Rakkestad, ta til høyre hvor skilt viser 'Østerbo/Håkenby'. Etter 2,5 km ta til høyre igjen mot 'Håkenby'. Det er da første gård på høyre side.

D: Nehmen Sie von Halden die Str. 22 in Richtung Rakkestad. Beim Schild Østerbo/Håkenby nach rechts abbiegen. Nach 2,5 km wieder nach rechts Ri. Håkenby. Es ist der erste Hof auf der rechte Seite.

page 44 - Lund Gård

E: Along E-18 from west; take off toward Kallak, Trollbærtjern and Kåtorp. In the roundabaout take a right. Follow road toward Ørje. After intersection is the farm on the left side, ca. 4 km from E-18.
Along E-18 from the east; pass Ørje, take off toward Kallad. After ca. 7 km you find the farm on the right side.

N: Langs E-18 fra vest; ta av mot Kallak, Trollbærtjern og Kåtorp. I rundkjøring ta til høyre. Følg vei mot Ørje. Etter veikryss ligger gården på venstre side, ca. 4 km fra E-18.
Langs E-18 fra øst; kjør forbi Ørje, ta av mot Kallak. Etter ca. 7 km ligger gården på høyre side.

D: Entlang E-18 vom Westen; abfahren Ri. Kallak, Trollbærtjern und Kåtorp. Im Kreisverkehr nach rechts fahren. Der Strasse Ri. Ørje folgen. Nach der Wegkreuzung liegt der Hof auf der linken Seite, ca. 4 km. Entlang E-18 vom Osten; an Ørje vorbeifahren, Abfahrt Ri. Kallak. Nach ca. 7 km liegt der Hof auf der rechte Seite.

page 49 - Frogner Guestroom

E: From the Central Station you take Tram no. 12 'Majorstuen' to Lille Frogner Allé. Walk about 30 m in the same direction, take the second street to the right which is Baldersgate. No 11 is on the opposite side. Press the doorbell named HOLM.

N: Fra Sentralbanestasjonen tar du trikk nr.12 'Majorstuen' til Lille Frogner Allé. Fortsett å gå ca. 30 meter i samme retning til du kommer til Baldersgate. Ta til høyre. Nr.11 ligger på den andre siden av gaten.

Det står HOLM på ringeklokken.

D: Vom Hauptbahnhof aus, nehmen Sie die Straßenbahn Nr. 12 (Majorstuen) to Lille Frogner Allé. Nun gehen Sie 30 Meter in die gleiche Richtung weiter und biegen dann in die zweite Straße rechts, ab. Jetzt befinden Sie sich in der Baldersgate. Die Nr. 11., also unser Haus, liegt gegenüber. Klingeln Sie bitte bei HOLM.

page 50 - Frogner Plass 1

E: Tram no 12 or bus no 20 to Frogner Plass. It is also possible to take bus no 30, 31 or 32 to Frogner Church, then a few minutes walk to Frogner Plass.

N: Trikk nr. 12 eller buss nr. 20 til Frogner plass. En annen mulighet er buss nr. 30, 31 eller 32 til Frogner kirke, derfra er det noen minutters gange til Frogner plass.

D: Strassenbahn Nr. 12 oder Bus Nr. 20 bis Frogner Platz. Eine andere Möglichkeit sind die Busse Nr. 30, 31 oder 32 bis Frogner Kirche, von dort sind es einige Minuten zu Fuss bis zum Frogner Platz.

page 52 - Vinderen Bed & Breakfast

E: With car: Ring 3 to Smestad crossing, follow Sørkedalsveien toward Majorstua to the roundabout by Skeidar furniture shop. Take Diakonveien about 50 meters to Borgenveien, find number 25A.
By metro: Take line no. 1 to Steinerud station. Follow the path along the tracks to Jacob Hansens vei, then to Borgenveien where you turn left to number 25A.

N: Med bil: Ring 3 til Smestadkrysset, følg Sørkedalsveien i retning Majorstua til rundkjøring ved Skeidar møbelforretning. Kjør Diakonveien ca. 50 m til Borgenveien, finn nr. 25A.
T-bane: Linje nr. 1 til Steinerud stasjon. Gå stien langs toglinjen til Jacob Hansens vei, så til Borgenveien. Til venstre i Borgenveien og gå til nr. 25A.

D: Mit dem Auto: Ring 3 bis Smestadkrysset, anschließend Sørkedalsveien in Richtung Majorstua bis zum Kreisverkehr bei Skeidar Möbelgeschäft. Biegen Sie dann in den Diakonveien ab, nach ca. 50 m erreichen Sie den Borgenveien.
Mit der U-Bahn: Linie Nr. 1 bis Steinersrud Stasjon, anschließend Fußweg entlang der Bahn bis Jakob Hansens vei, dann zum Borgenveien. Dort befindet sich linkerhand das Haus Nr. 25a.

| Road directions / Veibeskrivelser / Wegbeschreibungen | page **207** |

From the garden at Residence Kristinelund, Oslo, page 51

page 53 - Solveig's Bed & Breakfast

E: Just north of Ring 3 at Tåsen in north-central Oslo. Public transportation: Take Metro Line no. 3 towards Sognsvann to Tåsen Station. Walk uphill to the left on Tåsenveien to the first corner, turn left onto Tåsen terrasse. Less than 5 min. walk.

N: Med bil følg Ring 3 til Tåsen. Tåsen Terrasse ligger like ovenfor, på nordsiden av Ring 3. Fra sentrum: Ta T-bane nr. 3 'Sognsvann' til Tåsen stasjon, gå videre oppover ca. et kvartal til Tåsenveien, ta så til venstre inn Tåsen Terrasse. Det er ca. 5 min. gange.

D: Befahren Sie "Ring 3" in Richtung Tåsen. Tåsen Terrasse liegt direkt oberhalb, an der Nordseite von Ring 3. Ab Oslo Zentrum: Nehmen Sie die U-Bahn Nr. 3 (Sognsvann) bis zur Haltestelle Tåsen, gehen Sie um den Block bergan bis zum Tåsenveien, anschließend links ab bis Tåsen Terrasse. Der Fußweg beträgt ca. 5 Minuten.

page 55 - Janesplace B&B

E: Follow the E-18 highway west from Oslo. Exit at Sollerud/Lilleaker. Take the first right, driving up Sollerudveien to just beyond the tram tracks. Turn immediately left and then right onto Dr. Bachesvei. House is on the right at the end of the road.

N: Følg E-18 fra Oslo vestover, ta av mot Sollerud/Lilleaker. Ta første til høyre og kjør oppover Sollerudveien, til like over trikkeskinnen. Ta umiddelbart til venstre og deretter straks til høyre. Kjør opp Dr. Bachesvei. Huset ligger på høyre side i enden av veien.

D: E-18 von Oslo westwärts, Ri. Sollerud/Lilleaker abfahren. Erste rechts, den Sollerudveien, bis kurz hinter den Strassenbahnschienen überqueren. Unmittelbar nach links und direkt die nächste Str. Rechts fahren. Den Dr. Bachesvei hinauf fahren. Das Haus liegt auf der rechten Seite am Ende der Strasse.

page 56 - Anna's Place

E: Follow E-18 to Lysaker. Exit towards Jar. Drive 3 km and turn right at the end of the road (Vollsveien). Then take your first left onto Ringstabekkveien and turn left after the 5th speed bump onto Myrveien. Anna's Place is the 2nd house. Walking time to trolley and Metro: 7 min.

N: Følg E-18 til Lysaker. Ta av mot Jar. Kjør 3 km

Road directions / Veibeskrivelser / Wegbeschreibungen   page **208**

og i enden av veien ta til høyre (Vollsveien). Så tar du første vei til venstre som er Ringstabekkveien, og etter 5. fartsdump tar du til venstre til Myrveien. Anna's Place er 2. hus. 7 min. å gå fra hus til trikk og T-bane.

D: Folgen Sie der E-18 bis Lysaker und biegen Sie dort nach Jar ab. Nach 3 km Fahrt endet die Straße, und Sie biegen rechts ab (Vollsveien). Die nächste Straße links ist der Ringstabekkveien. Hinter der 5. Bremsschwelle biegen sie links auf den Myrveien ab. Das 2. Haus ist Anna´s Place. 7 Minuten Fußweg bis zur Straßen- und U-Bahn.

page 57 - The Blue Room

E: From Oslo: E-18 southward towards Drammen. Exit towards Billingstad and Nesøya. Turn left at the first roundabout and drive straight through the second roundabout. Drive about 1 km on a road called Billingstadsletta until you get to Nesbru. Drive under the main highway and you will see the Viking Towing Yard on the right-hand side. Opposite the Viking station (on your left as you drive in this direction), there is a small bridge that takes you to Nesåsen. Look for no. 11 C, a brown house.

N: Fra Oslo: E-18 sørover mot Drammen, ta av mot Billingstad og Nesøya. Ved første rundkjøring, ta til venstre, og i andre rundkjøring kjør rett fram. Kjør ca 1 km på veien kalt Billingstadsletta til du kommer til Nesbru. Kjør under hovedveien, og på høyre side ser du Viking stasjon. På motsatt side, til venstre, er det en smal bru som vil føre deg til Nesåsen. Kjør denne og finn nummer 11 C, et brunt hus.

D: Ab Oslo: Befahren Sie die E-18 in Richtung Süden (Drammen), und biegen Sie dann ab nach Billingstad/Nesøya. Am ersten Kreisverkehr geht es links ab, am zweiten Kreisverkehr geradeaus. Fahren Sie 1 km auf der Straße "Billingstadsletta" geradeaus, bis Sie nach Nesbru gelangen. Fahren Sie unter der Hauptstraße entlang, auf der rechten Seite sehen sie einen Viking-Abschleppdienst. Auf der gegenüberliegenden Seite des Abschleppdienstes (links ab, wenn sie mit dem Auto anreisen) sehen Sie eine schmale Brücke, die nach Nesåsen führt. Dort suchen Sie die Nummer 11c, ein braunes Haus.

page 62 - Trugstadloftet

E: Follow E-6 north from Oslo, take RV 120 and follow signs toward Nannestad through several intersections. Turn left by the sign 'Trugstad Gård' and drive 600 m to the place.

From Gardermen (OSL) drive away from airport area on RV 174. After 1 km take RV 35 toward Nannestad. Drive through two round-abouts (straight ahead), then in next two round-abouts follow sign marked 'Lillestrom'. After 4 km turn right at the sign 'Trugsted Gård'.

N: Fra Oslo: Følg E-6 nordover, ta RV 120 og følg skilt mot Nannestad i flere kryss. Ta til venstre ved skilt 'Trugstad Gård', kjør 600 m og du er framme.

Fra Gardermoen (OSL): Kjør ut av flyplassområdet (RV 174). Etter 1 km ta RV 35 mot Nannestad. I to rundkjøringer ta rett fram, i neste to rundkjøringer følg skilt Lillestrøm. Etter 4 km ta til høyre ved skilt 'Trugstad Gård'.

D: Von Oslo: Folgen Sie der E-6 nordwärts. Nehmen Sie die Str. 120 und folgen Sie den Schildern Ri. Nannestad. Sie überqueren mehrere Kreuzungen. Beim Schild 'Trugstad Gård' nach links fahren. Nach 600 m sind Sie am Ziel. Von Gardermoen (OSL): Verlassen Sie das Flughafengelände (Str. 174). Nach 1 km nehmen Sie die Str. 35 Ri. Nannestad. Fahren Sie geradaus durch zwei Kreisverkehre. Folgen Sie nun den Schildern Lillestrøm durch zwei weitere Kreisverkehre. Nach 4 km fahren Sie beim Schild 'Trugstad Gård nach rechts.

page 64 - Goodheart's Guesthouse

E: From the E-6 exit at Gardermoen, take route RV 35/174 towards Hønefoss/Nannestad. At the fifth round-about turn right towards Hurdal. At next round-about turn left. Drive through Rustad and continue 1.2 km. to the red and yellow houses on the right.

N: E-6; ta av mot Gardermoen, ta RV 35/174 mot Hønefoss/Nannestad. I femte rundkjøring ta til høyre mot Hurdal. I neste rundkjøring ta til venstre. Kjør gjennom Rustad og fortsett 1,2 km til et rødt og et gult hus på høyre side.

D: E-6; abfahren Ri. Gardermoen, Strasse 35/174 Ri. Hønefoss/Nannestad nehmen. Im fünften Kreisverkehr nach rechts Ri. Hurdal. Im nächsten Kreisverkehr nach links. Durch Rustad fahren und für 1,2 km die Fahrt fortsetzen, bis zu einem roten und gelben Haus auf der rechten Seite.

Road directions / Veibeskrivelser / Wegbeschreibungen

page 66 - Ullershov gård

E: Along the RV 2 in Vormsund continue 2 km east past the Vorma bridge, then turn onto Ullershovvegen road toward the Nes church ruins.

N: RV 2 i Vormsund: 2 km øst for brua over Vorma tar du av fra RV 2. Følg Ullershovvegen mot Nes kirkeruiner.

D: Str. Nr. 2 in Vormsund: 2 km östlich vor der Brücke, die über den Vorma führt, abfahren. Folgen Sie dem Ullershovvegen Ri. Nes kirkeruiner (Kirchenruinen).

page 67 - Strandsjø Kursgård og Potetkafé

E: From Elverum going south/from Kongsvinger going north; Follow RV 20 to Arneberg or RV 210 to Mosogn. Then follow signs to Strandsjø.

N: Fra Elverum sørover/fra Kongsvinger nordover; Følg RV 20 til Arneberg eller RV 210 til Mosogn. Følg deretter skilting til Strandsjø.

D: Ab Elverum in Richtung Süden/ab Kongsvinger in Richtung Norden: Folgen Sie der Str. 20 bis Arneberg oder der Str. 210 bis Mosogn. Folgen Sie anschließend der Beschilderung nach Strandsjø.

page 68 - Heggelund's rom og frokost

E: 45 km from Elverum and 60 km from Kongsvinger. From Flisa town center: Drive towards Elverum from the roundabout, then take your first road and your first right again. Here you will find Heggelund's Bed & Breakfast, an ochre yellow house.

N: 45 km fra Elverum og 60 km fra Kongsvinger. Fra Flisa sentrum: Fra rundkjøringen ta mot Elverum, så første vei til høyre og første til høyre igjen. Der finner du Heggelund's rom og frokost, et okergult hus.

D: 45 km bis Elverum, 60 km bis Kongsvinger. Ab Flisa Zentrum: Am Kreisverkehr biegen Sie ab in Richtung Elverum, anschließend befahren Sie zweimal die erste Straße rechts, bis sie „Heggelund's Rom" erreichen, ein ockergelbes Haus.

page 69 - Honkaniemi Smettes turisttun

E: From E-6, Kløfta take RV 2 toward Kongsvinger, then RV 3 toward Elverum. At the round-about take RV 206 toward Sysleback. After 27 km you approach Vermundsjøenlake. Find the sign 'Honkaniemi', 3 km into the forest.

N: Fra E-6, Kløfta: Ta RV 2 mot Kongsvinger, så RV 3 mot Elverum. I Flisa (i rundkjøring) ta RV 206 i retning Sysleback, etter 27 km er du ved Vermundsjøen. Finn skiltet 'Honkaniemi', 3 km inn i skogen.

page 71 - Solbakken Gjestegård

E: From Oslo: Follow E-6 towards Lillehammer. Drive past the exit for Brummunddal and turn right at the sign marked "Brummunddal N./Nes 212". After 300 m, turn right at the sign marked "Brumunddal 212". After another 300 m, turn left at the sign marked "Økelsrud". After 2 km, turn right at the sign marked "Veldre". After 800 m, turn right at the sign marked "Hageberg". Drive 200 m and you are here!

N: Fra Oslo, følg E-6 i retning Lillehammer. Passér avkjøring til Brummunddal og ta til høyre ved skilt til "Brumunddal N./Nes 212". Etter 300 m: ta til høyre ved skilt "Brumunddal 212". Etter 300 m: ta til venstre ved skilt "Økelsrud". Etter 2 km: ta til høyre ved skilt "Veldre". Etter 800 m: ta til høyre ved skilt "Hageberg". Etter 200 m er du framme.

D: Folgen Sie ab Oslo der E-6 in Richtung Lillehammer. Hinter der Abzweigung nach Brumundal biegen Sie am Schild "Brummunddal N./Nes 212" ab. 300 m weiter zweigen Sie am Schild „Brumunddal 212" nach rechts ab, weitere 300 m weiter am Schild „Økelsrud" nach links. Nach 2 km Fahrt geht es dann am Schild „Veldre" rechts ab und 800 m weiter am Schild „Hageberg" wieder nach rechts. Nach weiteren 200 m sind sie vor Ort.

page 72 - Holthe Gård

E: From Gjøvik: Drive towards Minnesund (Lena) for 15 km and exit from roundabout towards Lena on RV 246 and drive about 1 km. Take RV 244 in to Lena city center and continue on RV 244 about 12-13 km. Look for sign to Holthe Gård near S-markedet. From Oslo: RV 4 towards Gjøvik. Exit in direction Lena after 90 km.

N: Fra Gjøvik; Kjør mot Minnesund (Lena), etter 15 km, i en rundkjøring; ta av mot Lena RV 246 og kjør ca 1 km. Ta RV 244 inn til Lena sentrum og følg RV 244 videre ca. 12-13 km. Ved S-markedet står skilt til Holthe Gård. Fra Oslo: RV-4 mot Gjøvik, etter 90 km tar du av mot Lena.

D: Von Gjøvik: Richtung Minnesund (Lena), nach

Road directions / Veibeskrivelser / Wegbeschreibungen   page **210**

15 km biegen Sie in einem Kreisverkehr ab Richtung Lena (Straße 246) und fahren Sie ca. 1 km. Dann auf der Straße 244 Richtung Zentrum. Weiter auf der Straße 244 durch Lena hindurch. Nach ca. 12-13 km steht an einem Supermarkt ein Schild nach Holthe Gård.
Von Oslo: Auf der Straße 4 Richtung Gjøvik, nach ca. 90 km abbiegen Richtung Lena.

page 74 - Hindklev Gård
E: From Lillehammer: Follow RV 213 southward. After driving 5-6 km, look for the sign for Hindklev. Exit to the right and you are there.
N: Fra Lillehammer, følg RV 213 sørover. Etter 5-6 km finner du skilt til Hindklev. Ta av til høyre og du er framme.
D: Von Lillehammer: Straße 213 südwärts. Nach 5-6 km Schild nach Hindklev folgen. Rechts abbiegen, und Sie sind am Ziel.

page 76 - Nordseter aktivitets- og skisenter
E: E-6 exit to Lillehammer, drive towards city center through the tunnel. Pass through first traffic lights, then left at second traffic lights. Follow signs for ca. 12 km. up the mountain. Find the reception at the barrier.
N: E-6; ta av mot Lillehammer, kjør mot sentrum, gjennom tunellen. I første lyskryss rett fram, i andre lyskryss til venstre. Følg skiltene til Nordseter, ca. 12 km opp i fjellet. Ved bommen finner du resepsjonen.
D: E-6; abfahren Ri. Lillehammer, Ri. Zentrum fahren, durch den Tunnel. Bei der ersten Ampelkreuzung geradeaus weiter, bei der zweiten Ampelkreuzung nach links. Folgen Sie dem Schild bis Nordseter, ca. 12 km den Berg hinauf. Bei der Schranke finden Sie die Rezeption.

page 77 - Skåden Gård
E: From E-6; take off at sign to Tingberg and Skåden Gard. You find Skåden Gard 4 km up the hillside.
N: Ta av fra E-6 ved skilt Tingberg og Skåden Gard. Gården ligger 4 km oppover dalsiden.
D: Zweigen Sie an der Beschilderung 'Tingberg' und 'Skåden Gard' von der E-6 ab. Der Hof befindet sich 4 km talaufwärts.

page 78 - Skarsmoen Gård
E: Follow E-6 north to a point about 25 km north of Lillehammer. Look for the sign marked "Skarsmoen 0,7" situated in a large woodsy area. Follow the sign. From the north: Follow E-6 southwards past Otta and Kvitfjell look for the "Skarsmoen 0,7" sign about 6 km past.
N: Følg E-6 ca. 25 km nord for Lillehammer. Se etter skiltet "Skarsmoen 0,7" inne i en stor skog. Følg skilt videre.
Fra nord følges E-6 forbi Otta, Kvitfjell og 6 km forbi Tretten og finn skiltet "Skarsmoen 0,7".
D: Folgen Sie der E-6 bis ca. 25 km nördlich von Lillehammer. Achten Sie in einem großen Waldgebiet auf die Beschilderung "Skarsmoen 0,7". Folgen Sie der Beschilderung.
Anreise aus Norden: Folgen Sie der E-6 über Otta und Kvitfjell bis 6 km nach Tretten, anschließend der Beschilderung "Skarsmoen 0,7" folgen.

page 79 - Glomstad Gård
E: Glomstad is located at Tretten, 5 km from town center on the east side of the river, 30 km north of Lillehammer. Drive through the town center and exit the main road towards Glomstad just after passing the Kiwi grocery store on the right-hand side. Remaining distance: 5 km.
N: Glomstad ligger på Tretten, 5 km fra sentrum på østsiden av elven, 30 km nord for Lillehammer. Kjør gjennom sentrum, og like etter at du passerer en Kiwi-butikk på høyre hånd, tar du av til Glomstad, 5 km.
D: Glomstad befindet sich bei Tretten, 5 km von der Stadtmitte auf der Ostseite des Flusses, 30 km Norden von Lillehammer. Fahren Sie durch die Stadtmitte und nehmen Sie die Hauptstraße in Richtung zu Glomstad gleich nach dem Führen des Kiwilebensmittelgeschäftspeichers auf der rechten Seite heraus. Restlicher Abstand: 5 km.

page 80 - Sygard Romsås
E: From the E-6 highway take the Fåvang exit. At centrum crossing turn left. After 300 meters turn right towards Brekkom. Drive 5.5 km. to unit B (black sign with white lettering on a white garage).
Unit A: Continue 11 km. to Stortann summer farm, see sign for Sygard Romsås.

Road directions / Veibeskrivelser / Wegbeschreibungen   page 211

N: Langs E-6: Ta av mot Fåvang sentrum. I sentrumskrysset ta til venstre. Etter 300 m ta til høyre mot Brekkom. Etter 5,5 km kommer du til enhet B; svart skilt med hvit skrift; Sygard Romsås på hvit garasje. Enhet A: fortsett 11 km til Stortann seter. Se skilt til Sygard Romsås.

D: Entlang E-6, Abfahrt Ri. Fåvang Zentrum. Im Zentrums-Kreisverkehr nach links. Nach 300m rechts Ri. Brekkom. Nach 5,5 km kommt Einheit B, s/w Schild; Sygård Romsås auf einer weissen Garage. Einheit A: 11 km weiter fahren bis Stortann Alm. Schild Sygard Romsås.

page 81 - Valbjør Gard

E: From Vågåmo center take road to Øver Nordherad. It is presicely 5 km from Vågå Church.

N: Fra Vågåmo sentrum tar du veien mot Øvre Nordherad. Det er nøyaktig 5 km fra Vågå kirke.

D: Von Vågåmo Mitte; nehmen Sie die Straße nach Øver Nordherad. Es ist genau 5 km von der Vågå Kirche.

page 84 - Sørre Hemsing

E: From Fagernes: Take E-16 towards Lærdal and take a right turn over Hemsing bridge at Vang in Valdres. Drive approx. 1 km climbing towards Heensåsen church. (Do not exit before having driven along Vangsmjøsa lake, ca. 2 km).

N: Fra Fagernes: E-16 mot Lærdal, i Vang i Valdres ta til høyre over Hemsing bru og kjør ca. 1 km oppover mot Heensåsen kirke. (En skal ikke ta av før en har kjørt langs Vangsmjøsa, ca 2 km).

D: Von Fagernes: Auf der E-16 Richtung Lærdal, in Vang i Valdres rechts ab, über die Brücke Hemsing bru und dann ca. 1 km bergan zur Heensåsen-Kirche (biegen Sie erst ab, nachdem Sie 2 km am See Vangsmjøsa entlanggefahren sind).

page 85 - Herangtunet

E: E-16 to Fagernes. Take RV 51 towardBeitostølen, turn toward Valbu, drive over bridge and turn right where sign shows 'Herangtunet'.

N: E-16 til Fagernes. Ta RV 51 mot Beitostølen, ta av mot Valbu, kjør over broen og ta til høyre hvor skilt viser Herangtunet.

D: E-16 bis Fagernes. Auf die Str. 51 Ri. Beitostølen abfahren. Ri. Valbu abfahren. Über die Brücke fahren und nach rechts. Dort weist ein Schild den Weg nach Herangtunet.

page 86 - Furulund Pensjonat

E: From Fagernes follow E16 till Bergen (ca. 14 km). You pass a sign called Røn and after 1 km turn right by the sign Furulund.

N: Fra Fagernes følg E16 mot Bergen (ca. 14 km). Du passerer skilt med Røn, og tar til høyre ved skilt mot Furulund etter ca. 1 km.

D: Folgen Sie von Fagernes der E16 Richtung Bergen (ca. 14 km). Sie passieren das Schild Røn, und fahren nach 1 km beim Schild Furulund rechts ab.

page 87 - Grønebakke Gard i Valdres

E: From south: E-16 to Fagernes, pass the Valdres Traffiksenter (Hydro/Texaco). Turn right at the first crossing and drive towards Skrautvål. After 3 km. turn right towards Gausdal/Etnadal/Ranheim. Drive 850 m. and notice large multi-mailbox post on the left. Follow Øvrebygdsvegen 2.6 km to Grønebakke Gard.

N: Sørfra: E-16 til Fagernes, passér Fagernes Trafikksenter (Hydro/Texaco), ta til høyre i første veikryss og kjør mot Skrautvål. Etter 3 km ta til høyre mot Gausdal/Etnedal/Ranheim. Kjør 850 m oppover til veidele med stort postkassestativ på venstre hånd. Følg Øvrebygdsvegen 2,6 km til Grønebakke Gard.

D: Vom Süden kommend E-16 bis Fagernes. Vorbei am Fagernes Trafikksenter (Hydro/Texaco), erster Kreisverkehr nach rechts Ri. Skrautvål. Nach 3 km rechts Ri. Gausdal/Etnedal/Ranheim. 850 m aufwärts fahren bis zur Weggabelung mit grossem Postkastengestell linke Hand. Øvrebygdsvegen für 2,6 km bis Grønebakke Gard folgen.

page 90 - Søre Traaen

E: Along RV 40; follow sign to Rollag sentrum and Søre Traaen. After the bridge take a left towart Rollag Stavkirke. From the bridge it is 3 km. to the farm which you find on your right hand side of the road.

N: Langs RV 40; ta av hvor skilt viser Rollag sentrum og Søre Traaen. Etter broen ta til venstre mot Rollag Stavkirke. Fra broen er det 3 km til gården som ligger på høyre side av veien.

D: Entlang Str. 40; Abfahrt Ri. Rollag Zentrum und

| Road directions / Veibeskrivelser / Wegbeschreibungen | page 212 |

Søre Traan. Nach der Brücke links Ri. Rollag Stavkirke fahren. Von der Brücke sind es noch ca. 3 km bis zum Hof, der auf der rechten Strassenseite liegt.

page 93 - Laa Gjestestugu

E: From Ål; follow the signs to Kvinnegardslia, 3.5 km. Brown wooden house with brown barn at the crossroad.

N: Fra Ål sentrum; følg skilting til Kvinnegardslia, 3.5 km. Brun låve, brun tømmerhytte ved veikryss.

D: Von Ål Zentrum; der Beschilderung bis Kvinnegardslia für 3,5 km folgen. Braune Scheune, braune Blockhütte an der Strassenkreuzung.

page 96 - elleVilla

E: From the E-18 exit toward Larvik. Follow sign to 'Tollerodden' and then to 'Vadskjæret'.

N: Fra E-18: Ta av mot Larvik. Følg skilt til Tollerodden og deretter mot Vadskjæret.

D: Von der E-18: Biegen Sie Ri. Larvik ab. Folgen Sie dem Schild nach Tolleroden und dann nach Vadskjæret.

page 97 - Hulfjell Gård & Hytteutleie

E: Exit E-18 towards Drangedal. About 5 km before Drangedal town center, exit highway at the sign "Hulfjell Gård, hytte, gårdssalg og kanoutleie". Farm 1.5 km.

N: Ta av fra E-18 retning Drangedal. Ca. 5 km før Drangedal sentrum, ta av ved skilt merket "Hulfjell Gård, hytte, gårdssalg og kanoutleie". Det er da 1,5 km til gården.

D: Zweigen Sie von der E-18 in Richtung Drangedal ab. Folgen Sie ca. 5 km vor Drangedal dem Schild "Hulfjell Gård, hytte, gårdssalg og kanoutleie". Hof ca. 1,5 km.

page 99 - Ettestad Gård

E: From Drangedal center drive toward Dalen. After 6 km turn at the sign for Ettestad. Drive 6 km further on a gravel road to the farm.

N: Fra Drangedal sentrum kjør mot Dalen, etter 6 km ta av hvor skilt viser Ettestad, kjør videre 6 km på grusvei til gården.

D: Von Drangedal Zentrum Ri. Dalen fahren, nach 6 km beim Schild Ri. Ettestad abbiegen. Die Fahrt 6 km weit auf dem Schotterweg bis zum Hof fortsetzen.

page 102 - Huldrehaugen

E: From Notodden, take RV 134 to Flatdal. Look for Nutheim Gjestgiveri in the hills approaching Flatdal. 400 m further down look for sign: "ROM", take a left, red house at the top.

N: Fra Notodden; RV 134 til Flatdal. I bakkene ned mot Flatdal skal du se etter Nutheim Gjestgiveri. 400 m lenger nede se skilt "ROM", ta opp til venstre, helt opp, rødt hus.

D: Von Notodden: Nehmen Sie die Str. 134 bis Flatdal. Fahren Sie den Berg hinunter in Richtung Flatdal. Achten Sie auf den Gasthof "Nutheim Gjestgiveri". 400 m weiter talwärts auf der linken Seite steht ein Schild mit der Aufschrift "ROM". Fahren Sie nach links bis zum roten Haus ganz oben.

page 106 - Fyresdal Vertshus

E: Fyresdal is on route RV 355. In the town center look for signs to Vertshus.

N: Fyresdal ligger langs RV 355. I Fyresdal sentrum se, skilt Vertshus.

D: Fyresdal liegt entlang der Str. 355. Im Zentrum von Fyresdal ist das Vertshus ausgeschildert.

page 108 - Dalen Bed & Breakfast

E: The house is located along RV 45 in Dalen town center. Look for a yellow house.

N: Huset ligger like ved RV 45 i Dalen sentrum. Et gult hus.

D: Das Haus liegt direkt an der Str. 45 in Dalen Ortsmitte. Es ist ein gelbes Haus.

page 110 - Templen Bed & Breakfast

E: From Oslo: Exit from E-18 at the Bjorbekk/Hisøy sign, west of Arendal. Turn left in the Bjorbekkrysset (crossing) towards Hisøy. Drive 2 km on road 407 to a plumbing service on the right roadside (Egil Bringsverd). Turn left onto the side-road called Gamle Bievei. The road splits into two: you take Vestre Bievei to the left and continue on a gravel road and up a small hill. The house will be visible straight ahead.

N: Fra Oslo: ta av fra E-18 ved Bjorbekk/Hisøy-skiltet vest for Arendal. I Bjorbekkrysset sving til venstre mot Hisøy. Kjør 2 km på RV 407 til en rørleg-

| Road directions / Veibeskrivelser / Wegbeschreibungen | page **213** |

gerforretning (Egil Bringsverd) på høyre side. Her svinger du inn på en sidevei til venstre som heter Gamle Bievei. Denne deler seg i to; og du følger så Vestre Bievei. Kjør Vestre Bievei til venstre, så inn på en grusvei, opp en liten bakke, og da ser dere huset rett fremfor dere.

D: Von Oslo: Biegen Sie westlich von Arendal von der E-18 ab in Richtung Bjorbekk/Hisøy. An der Kreuzung Bjorbekkrysset links ab nach Hisøy. Nach 2 km (Str. 407) liegt auf der rechten Seite ein Installateurbetrieb (Rørlegger Egil Bringsverd). Dort nach links auf eine kleine Straße einbiegen (Gamle Bievei). An der Gabelung dem Vestre Bievei nach links folgen, dann in einen Kiesweg einbiegen und einen kleinen Hang hinauf bis zum Haus

page 113 - Heddan Gard

E: Fra Kristiansand eller Stavanger går turen langs E-39 mot Lyngdal. Derfra ta RV 43 nordover mot Eiken. Etter 35 km er det skiltet helt fram til Heddan Gard. Avstand fra Lyngdal; 40 km.

N: From Kristiansand or Stavanger: Drive along E-39 towards Lyngdal, at which point you take RV 43 north towards Eiken. After 35 km there are signs leading to Heddan Gard (i.e. farm). Distance from Lyngdal: 40 km.

D: Von Kristiansand oder Stavanger führt die E-39 in Richtung Lyngdal. Von dort zweigt die Str. 43 nach Eiken ab. Nach 35 km weist ein Schild auf den Heddan Gard hin. Entfernung ab Lyngdal: 40 km.

page 114 - Magne Handeland

E: Exit E-39, 3 km north of Moi, to the right towards Hovsherad. Drive 5 km and look for Bjørnestad. It is the third house on the right-hand side.

N: Langs E-39, 3 km nord for Moi, tar du til høyre mot Hovsherad. Kjør 5 km og se etter Bjørnestad. Det er det 3dje hus på høyre hånd.

D: Entlang E-39, 3 km Norden von Moi; drehen Sie sich nach rechts in Richtung zu Hovsherad. Fahren Sie 5 km und suchen Sie nach Bjørnestad. Es ist das dritte Haus auf der rechten Seite.

page 115 - Skjerping Gård

E: Along the E-39, 20 km. north of Moi or 18 km. south of Helleland. Exit at the sign with the cabin and church symbols. Follow sign to Skjerpe which is right next ot Heskestad Church.

N: Langs E-39, 20 km nord for Moi eller 18 km sør for Helleland; ta av ved skilt med hyttesymbol og kirkesymbol. Deretter følg skilt til Skjerpe som ligger like ved Heskestad Kirke.

D: Entlang der E-39, 20 km nördlich von Moi oder 18 km südlich von Helleland; Abfahren beim Schild mit Hütten- u. Kirchensymbol. Danach dem Schild bis Skjerpe folgen, Skjerpe liegt direkt bei der Heskestad Kirche.

page 116 - Huset ved havet

E: From E-39: Exit FV 504 at Bue and follow the road to RV 44. Follow RV 44 about 400 meters towards Stavanger then turn left. Drive 400 meters to "Huset ved havet". Alternative route: Take the train to Varhaug.

N: Fra E-39: Ta av FV 504 ved Bue, følg vegen til RV 44. Følg RV 44 400 m retning Stavanger, ta til venstre. Kjør 400 m til Huset ved havet. Alternativ: Ta tog til Varhaug.

D: E-39: Biegen Sie bei Bue auf Str. 504 ab und folgen Sie ihr bis Str. 44. Diese führt nach Stavanger. Nach ca. 400 m biegen Sie links ab, nach weiteren 400 m erreichen Sie das Haus am Meer. Alternative: Mit der Bahn bis Varhaug.

page 117 - Bjørg's Bed & Breakfast

Along RV 507, Nordsjøveien, look for Vik, a little west of the towncenter of Orre.

Langs RV 507, Nordsjøveien, finn Vik, litt vest for tettstedet Orre.

Entlang RV 507, Nordsjøveien, nach Vik, bischen westlich vor dem Ort Orre.

page 118 - Bed, Books & Breakfast

E: From Stavanger center take Muségaten past the Stavanger Museum, continue through the round-about. You are now on Rogalandsgaten. Take first road to the right, Byfoged Christensensgate.

N: Fra Stavanger sentrum: ta Muségaten forbi Stavanger Museum, fortsett rett frem gjennom to rund-kjøringer. Du er nå i Rogalandsgaten. Ta 1ste vei til høyre som er Byfoged Christensensgate.

D: Vom Stavanger Zentrum: Nehmen Sie die

Muségaten, vorbei am Stavanger Museum. Geradeaus weiterfahren; durch zwei Kreisverkehre. Jetzt befinden Sie sich auf der Rogalandsgaten. Die erste Strasse nach rechts ist Byfoged Christensensgate.

page 122 - Byhaugen

E: E-39 toward Bergen through the Tjenvollkrysset intersection, also when coming from the north, and pass through the Byhaugtunnel. Exit towards Nedre Stokka. Turn left at the first road. Drive up Byhaugveien at Egenes kolonihage. The second road on the left is Bruveien.
From down town; Bus no. S25 from SR-bank.

N: Følg E-39 mot Bergen gjennom Tjenvollkrysset., evt. nordfra og gjennom Byhaugtunellen. Ta av mot Nedre Stokka. Ta av neste vei til venstre. Ved Egenes kolonihage, kjør opp Byhaugvn. Andre vei til venstre er Bruveien.
Fra sentrum; Buss nr. S25 fra SR-bank.

D: Folgen Sie der E-39 durch Bergen bis zur Kreuzung "Tjenvollkrysset", aus Norden durch den Tunnel. Zweigen Sie anschließend ab in Richtung Nedre Stokka und an der nächsten Abbiegung nach links. Bei "Egenes Kolonihage" geht es die Straße "Byhaugveien" hinauf. Zweite Straße links ist dann "Bruveien". Ab Zentrum: Der Bus Nr. S 25 ab SR-Bank.

page 123 - Åmøy Fjordferie

E: Follow the E-39 from Stavanger north towards Mortavika/Haugesund. After the tunnel turn right to cross the bridge to Åmøy. Proceed to Åmøy Fjordferie, about 2 km.

N: Følg E-39 fra Stavanger nordover mot Mortavika/Haugesund. Etter tunellen ta til høyre over broen til Åmøy. Skilt videre til Åmøy Fjordferie, ca. 2 km.

D: Der E-39 von Stavanger nordwärts Ri. Mortavika/Haugesund folgen. Nach dem Tunnel rechts über die Brücke bis Åmøy. Beschilderung Åmøy Fjordferie folgen, ca. 2 km.

page 136 - Guddalstunet

E: 3 km south of Rosendal along RV 13, you come to Seimsfoss. Exit the main highway near the Fokus store and follow the sign towards Guddal. Stay to the left when the road forks after 1 km. Drive to the left over the bridge where there is a sign marked Guddal. One more kilometer and you have arrived at Guddalstunet. Drive into the courtyard with the homemade sign for "Guddalstunet".

N: Langs RV 13, 3 km sør for Rosendal, kommer du til Seimsfoss. Ta av i veikryss ved Fokusforretningen hvor skilt viser til Guddal. Etter 1 km deler veien seg i to. Ta til venstre, over brua, med skilt til Guddal. Så 1 km til, og du er framme i Guddalstunet. Kjør opp i tunet med privat skilt "Guddalstunet".

D: Auf der Str. 13 gelangen Sie ca. 3 km südlich von Rosendal nach Seimsfoss. Biegen Sie am Geschäft „Fokus" an der Kreuzung ab und folgen Sie der Beschilderung nach Guddal. Nach ca. 1 km teilt sich die Straße. Folgen Sie der linken Straße über die Brücke (Beschilderung Guddal). Nach weiteren 1 km erreichen Sie Guddalstunet. Fahren Sie hinauf und folgen Sie dem Privatschild „Guddalstunet".

page 134 - Heradstveit Herberge

E: RV 49 between Nordheimsund and Tørvikbygd. Find the sign for 'Heradstveit Herberge' and follow the road for about 3 km to the last farmyard.

N: RV49 mellom Nordheimsund og Tørvikbygd: Du finn eit skilt 'Heradstveit Herberge', følg denne vegen ca. 3 km til siste tunet.

D: Str. 49 zwischen Nordheimsund und Tørvikbygd: Hier befindet sich ein Schild "Heradstveit Herberge". Folgen Sie der Strasse für ca. 3 km bis zum letzten Hof.

page 135 - Lystklostervegen Bed & Breakfast

E: E-39 from the south: After Halhjem ferrydock, follow E-39 a short distance. Turn toward Ulven Leir in the roundabout. Follow Lyseklostervegen to privat driveway no. 235 on your right.
E-39 from the north: Take off toward Fana, follow RV 580 over Fana mountain. Turn left toward Ulven Leir. You are in Lyseklostervegen road. After Lyse Kloster (cloister) ruins, find driveway no. 235 on you left.

N: Fra sør langs E-39, etter Halhjem fergekai følg E-39 et lite stykke. Ta av mot Ulven Leir i rundkjøring. Følg så Lyseklostervegen til privat avkjørsel nr. 235 på høyre hånd.
Fra nord; følg E-39. Ta av mot Fana, fortsett RV 580

over Fanafjellet. Ta så av til venstre mot Ulven Leir.
Du er i Lyseklostervegen. Etter Lyse Kloster ruiner
finn avkjørsel nr. 235 på venstre side.

D: Aus dem Süden; Entlang E-39, hinter Halhjem
Fähranleger der E-39 noch ein Stück folgen. Im
Kreisverkehr Ri. Ulven Leir abfahren. Folgen Sie dem
Lyseklostervegen bis zu einem privaten Weg Nr. 235
auf der rechten Seite.

Aus dem Norden; Folgen Sie der E-39. Abfahrt Ri.
Fana. Die Fahrt auf der Str. 580 über die Fana Berge
fortsetzen. Nach links Ri. Ulven Leir abfahren. Jetzt
befinden Sie sich im Lyseklostervegen. Nach der Lyse
Kloster Ruine finden Sie die Abfahrt Nr. 235 auf der
linken Seite.

page 136 - Ekergarden

E: Driving RV 555 toward Sotra, over Sotrabroen
bridge, after 5 km pass Straume/Sartor center, continue
on the main road and turn left toward Lie before the
tunnel, follow sign toward Lie. Follow to Døsjevegen
and then Ekrhovdvegen. Turn right by the rainbow
sign: 'Ekergarden' on a white fence. Large dark brown
house with parking outside.

N: Kjør RV 555 mot Sotra, over Sotrabroen, etter ca.
5 km passeres Straume/Sartor Senter, fortsett
hovedveien og ta til venstre mot Lie (før tunnell), følg
skilting mot Lie. Følg Døsjevegen og videre
Ekrhovdvegen. Ta til høyre ved regnbueskiltet;
'Ekergarden' på hvitt plankegjerde. Stort mørkebrunt
hus med parkering utenfor.

D: Fahren Sie die Str. 555 Ri. Sotra, über die Sotra-
Brücke drüber, nach 5 km passieren Sie
Straume/Sartor Senter. Die Fahrt auf der Hauptstrasse
fortsetzen und nach links Ri. Lie vor dem Tunnel
abbiegen. Folgen Sie der Beschilderung Ri. Lie. Den
Døsjevegen entlangfahren, dann auf den
Ekrhovdvegen. Beim Regenbogen-Schild 'Ekergarden'
auf dem weissen Zaun nach rechts. Grosses
dunkelbraunes Haus mit Parkmöglichkeit davor.

page 137 - Lerkebo

E: From Bergen: take RV553/580 towards Flesland
airport. Take RV580/582 Skjold, Fanavegen, towards
Nesttun from the roundabout nearest Lagunen shop-
ping centre and then make a right in the first lighted
intersection onto Sætervegen. Look for a sign with
"40-64 Sætervegen" and turn left here. Enter the
driveway just past the post boxes.

N: Fra Bergen: ta RV 553/580 mot Flesland flyplass.
I rundkjøringen ved Lagunen senter ta RV 580/582
Skjold, Fanavegen, mot Nesttun og ta så til høyre i
første lyskryss, dette er Sætervegen. Se så etter skilt
med "40-64 Sætervegen" og ta til venstre her. Kjør inn
oppkjørselen rett etter poststativet.

D: Von Bergen: Auf der Straße 553/580 Richtung
Flughafen Flesland. Am Kreisverkehr beim Lagunen-
Center auf die Straße 580/582 Skjold (Fanavegen)
Richtung Nesttun, und dann an der ersten Ampel-
kreuzung nach rechts in die Straße "Sætervegen". Am
Schild "Sætervegen 40-64" links ab. Nehmen Sie die
Einfahrt gleich hinter dem Briefkastengestell.

page 140 - Skiven Gjestehus

E: By foot from the railway station: a short city
block north of the station, take Kong Oscarsgate to the
left towards downtown and then turn right on the
second street Dankert Krohnsgate. At the end of the
road (150 m) steps lead up to Skivebakken. No. 17 is
the first house to the left.

By car: Take Kong Oscarsgate towards downtown and
turn right four city blocks past the railway station onto
Heggebakken. Skivebakken is 100 m down the road on
your right-hand side.

N: Til fots fra jernbanestasjonen; ett lite kvartal nord
for stasjonen: ta Kong Oscarsgate til venstre mot
sentrum, deretter andre gate, Dankert Krohnsgate, til
høyre. Ved enden av denne (150 m) leder en trapp opp
til Skivebakken. Nr. 17 er første hus til venstre.

Interior from Lerkebo, Bergen area, page 137

Road directions / Veibeskrivelser / Wegbeschreibungen

Med bil: kjør Kong Oscarsgate mot sentrum, fire kvartaler etter jernbanestasjon; sving til høyre, inn Heggebakken, etter 100 m finner du Skivebakken til høyre.

D: Zu Fuß vom Bahnhof: ein kurzer Stadtblock nördlich des HBF: Kong Oscarsgate links in Richtung Stadtzentrum gehen, danach die zweite Strasse nach rechts; Danker Krohnsgate. Am Ende der Strasse (150 m) führt eine Treppe hinauf zum Skivebakken. Nr. 17 ist das erste Haus auf der linken Seite.
Mit dem Auto: Kong Oscarsgate in Ri. Stadtzentrum. Vier Blöcke nach dem Hauptbahnhof; nach rechts fahren in Heggebakken, nach 100 m sehen Sie Skivebakken auf der rechten Seite.

page 142 - Bøketun overnatting

E: From Bergen follow the signs toward Sotra, then to Askøy. At the end of the bridge turn right toward Kleppestø. Drive to Ask (9 km.) Drive through the crossroad where the sign for Ask is posted, then immediately, after 25 m., look for a yellow sign on your left reading "Åsebø 6". Take a U-turn and drive up the narrow, steep road behind the sign, the road is surrounded by large trees. Continue into the forest where road gets even smaller. The 3rd house.

N: Fra Bergen: Følg skilt mot Sotra. Ta av til Askøy. På slutten av broen tar du til høyre, mot Kleppestø. Kjør til Ask (9 km). I krysset der skiltet 'Ask' står, kjør rett fram, bare ca. 25 m. Du kommer til skiltet 'Åsebø 6' på venstre side og der kjører du opp, en smal svinget bakke med store bøketrær på sidene. Fortsett inn i skogen hvor veien blir enda smalere. Du skal til det tredje huset.

D: Ab Bergen: Folgen Sie der Ausschilderung nach Sotra, dann nach Askøy. Hinter der Brücke geht es rechts ab in Richtung Kleppestø. Nach 9 km erreicht man Ask. Die Kreuzung mit dem Schild "Ask" geradeaus überqueren, aber nur ca. 25 m weit. Halten Sie Ausschau nach einem gelben Schild "Åsebø 6"auf der linken Seite. Wenden Sie (U-turn) und fahren den kleinen Weg hinter dem Schild hinauf (kurvig und hügelig; sehr grosse Buchen säumen den Weg). Weiter in den Wald hinein fahren, wo die Strasse immer schmaler wird, bis zum dritten Haus.

page 143 - Fjordside Lodge

E: North of Bergen, take E-39 for about 20 km untill you pass Hylkje and get to a 70 speed limit zone. Take first right toward Steinestø/Hordvik. Follow the road untill you see the sign Fjordside on the right side, before the quay.

N: Følg E-39 ca. 20 km nord for Bergen til du passerer Hylkje og kommer til 70-sone. Ta første vei til høyre mot Steinestø/Hordvik. Følg veien helt til du ser skiltet Fjordside på høyre side, før kaien.

D: Folgen Sie der E-39, ca. 20 km nördlich von Bergen bis Sie Hylkje passieren und die 70-Zone erreichen. Dort biegen Sie nach rechts ab in Richtung Steinestø/Hordvik. Folgen Sie der Straß e bis Sie das Schild Fjordside auf der rechten Seite sehen, vor der Anlegestelle.

page 144 - Skjerping gård

E: Exit E-16 onto RV 566 at the sign marked "Osterøybrua". From Bergen: You will find the turn-off past the Arnanipa Tunnel. From Voss: The turn-off is past the small towns of Dale, Vaksdal and Trengereid. Drive over the bridge and follow the signs towards Lonevåg. Turn right at the sign 'Gjerstad'. After the tunnel, you will drive about 2-3 km and look for a private road to the right with a sign marked "Skjerping", which is situated alongside a group of mailboxes with a grass-covered roof..

N: Når du kjører E-16 skal du ta av ved skilt som sier "Osterøybrua" RV 566. Fra Bergen finner du avkjørselen etter Arnanipatunnellen. Fra Voss er det etter tettstedene Dale - Vaksdal - Trengereid. Kjør så over brua og følg skilt i retning Lonevåg. Ta til høyre ved skilt 'Gjerstad'. Etter en tunnell kjører du ca. 2-3 km og se etter en privat vei til høyre med skiltet "Skjerping" plassert sammen med et postkassestativ med gress på taket.

D: Von der E-16 beim Schild 'Osterøybrua' auf die Str. 566 abfahren. Von Bergen: Die Abfahrt befindet sich hinter dem Arnanipa Tunnel.
Von Voss: Die Abfahrt liegt hinter den kleinen Ortschaften Dale, Vaksdal und Trengereid. Überqueren Sie die Brücke und folgen Sie den Schildern Ri. Lonevåg. Beim Schild 'Gjerstad' nach rechts abbiegen. Nach dem Tunnel fahren Sie ungefähr 2-3 km und suchen nach einer privaten beschilderten Str.

Road directions / Veibeskrivelser / Wegbeschreibungen   page 217

'Skjerping' auf der rechten Seite, neben Briefkästen mit grasbewachsenem Dach.

page 150 - Vikinghuset

E: Along E-16 at Dale in Vaksdal; take FV 314 toward Bergsdalen and drive 11.5 km. Vikinghuset is located at Lid, on your left hand side of the road.

N: Langs E-16 ved Dale i Vaksdal; ta FV 314 mot Bergsdalen og køyr 11,5 km, på Lid ligg Vikinghuset på venstre side av vegen.

D: Entlang E-16 am Dale in Vaksdal; nehmen Sie FV 314 in Richtung zu Bergsdalen und fahren Sie 11,5 km. Vikinghuset ist an Lid, auf der linken Seite der Straße.

page 146 - Bergagarden

E: Exit E-16 towards Bolstadøyri, and follow the signs to Bergagarden Farm. From Bergen: 70 km. From Voss: 30 km.

N: Langs E-16; ta av mot Bolstadøyri, følg skilt til Bergagarden. Fra Bergen 70 km. Fra Voss 30 km.

D: Entlang E-16; Ri. Bolstadøyri abfahren, den Schildern bis Begagarden folgen. Von Bergen 70 km, von Voss 30 km.

page 147 - Skjelde Gård

E: From Bergen: Follow E-16 towards Voss and exit towards Bulken 10 km before Voss.
From Voss: Follow E-16 westward to the end of Vangsvatnet (lake) and exit towards Bulken. Drive across the bridge, turn left and look for the sign to Skjelde Gård, which is the first farm on the left-hand side. Distances to Bulken: From Bergen, 90 km.

N: Fra Bergen; kjør E-16 mot Voss og ta av til Bulken 10 km før Voss.
Fra Voss; kjør E-16 vestover til enden av Vangsvatnet og ta av til Bulken. Kjør over broen, kjør til venstre og se etter skilt med Skjelde Gård, som er første gården på venstre side. Fra Bergen er det 90 km til Bulken.

D: Ab Bergen: Fahren Sie auf der E-16 in Richtung Voss und biegen Sie ca. 10 km vor dem Ort nach Bulken ab.
Ab Voss: Fahren Sie auf der E 16 in westlicher Richtung bis zum Ende des Sees Vangsvatnet. Dort biegen Sie dann nach Bulken ab. Weiter geht es über eine Brücke, dann links ab. Der erste Hof auf der linken Seite ist dann der „Skjelde Gård". Entfernung ab Bergen: 90 km bis Bulken

page 148 - Haugo Utleige

E: Drive through Voss center from the west, cross the bridge by Hotel Jarl, turn to the right, take second road to the right and find sign for 'Haugo Utleige'.

N: Frå vest; køyr gjennom Voss sentrum, over brua ved hotell Jarl, ta til høgre, så andre veg til høgre; det er skilta til 'Haugo Utleige'.

D: Vom Westen kommend durch das Zentrum von Voss fahren, dann über die Brücke. Beim Hotel Jarl nach rechts. Anschliessend 2. Strasse nach rechts. Hier sehen Sie bereits das Schild "Haugo Utleige".

page 149 - Sollia

E: Drive into Ulvik town center. Take the road towards Granvin and drive about ca. 200 m. The house is situated just near a large, red meeting hall. There is a sign marked "Rom" near the road and on the house itself.

N: Kjør inn til Ulvik sentrum. Ta veien mot Granvin og kjør ca. 200 m på denne. Huset ligger like ved et stort rødt forsamlingshus. Der er "Rom"-skilt ved veien og på huset.

D: Fahren Sie bis Ulvik Zentrum. Nehmen Sie die Str. Ri. Granvin und folgen Sie dieser für ca. 200m. Das Haus liegt direkt bei einer roten "Versammlungshalle". Es gibt ein "Rom"-Schild auf der Strasse und auf dem Haus.

page 151 - Fretheim Fjordhytter

E: Along E-16 exit towards Flåm centrum. Drive over the bridge and take the first road to the left. Pass the Fretheim Hotel on the fjord, park on the left hand side 50 m. before the cabins.

N: Langs E-16; ta av mot Flåm sentrum. Køyr over brua og ta første veg til venstre. Køyr forbi Fretheim Hotell langsmed fjorden, parker på venstre side, 50 m før hyttene.

D: Entlang der E-16 Ri. Flåm Zentrum abfahren. Über die Brücke fahren und die erste Str. nach links. Am Fretheim Hotell entlang des Fjords vorbeifahren. Parken auf der linken Seite, 50 m vor den Hütten.

Road directions / Veibeskrivelser / Wegbeschreibungen

page 153 - Sognefjord Gjestehus

E: From Bergen: Drive past Voss, Vinje and over Vikafjellet to Vik, then proceed to Vangsnes. From Oslo: Drive via Gol, Hol, Aurland, Vinje and proceed to Vangsnes. Express Boat from Bergen to Vangsnes (Vik): Approx. 4 hours.

N: Fra Bergen: kjør til Voss, Vinje og over Vikafjellet til Vik og videre ut til Vangsnes. Fra Oslo: kjør via Gol, Hol, Aurland, Vinje og videre til Vangsnes. Ekspressbåt fra Bergen til Vangsnes (Vik) Ca. 4 timer.

D: Von Bergen: Fahren Sie hinter Voss, Vinje und Überschuß Vikafjellet zu Vik, dann fahren Sie zu Vangsnes fort. Von Oslo: Fahren Sie über Gol, Hol, Aurland, Vinje und fahren Sie zu Vangsnes fort. Drücken Sie Boot von Bergen zu Vangsnes aus (Vik): Ca.. 4 Stunden.

page 154 - Flesje Gard

E: 4,5 km frå Balestrand sentrum, følg RV 55 mot Høyanger.

N: 4.5 km from Balestrand town center. Follow RV 55 towards Høyanger.

D: 4,5 km von der Balestrand Stadtmitte. Folgen Sie Strasse 55 in Richtung zu Høyanger.

page 155 - Urnes Gard

E: From the village of Sogndal: take RV 55 towards Sognefjellet. Exit towards the ferry stop at Solvorn after 17 km, where you can take a ferry every hour during daytime. If you drive over Sognefjellet on RV 55: take a left in Skjolden and follow signs to Ornes, driving 30 km out along the fjord.

N: Frå tettstaden Sogndal køyrer ein RV 55 mot Sognefjellet. Etter 17 km tek ein av til fergestaden Solvorn, der det går ferge kvar time på dagtid. Hvis ein kjem over Sognefjellet, langs RV 55, tek ein til venstre i Skjolden, skilta til Ornes, og køyrer 30 km utover langs fjorden.

D: Von der Ortschaft Sogndal auf der Straße 55 Richtung Sognefjell. Nach 17 km abbiegen zum Fähranleger Solvorn, von wo tagsüber stündlich eine Fähre abfährt.
Aus Richtung Sognefjell: Auf der Straße 55 bis Skjolden; dort links ab beim Schild "Ornes" und dann 30 km am Fjord entlang.

page 158 - Nesøyane Gjestegard

E: From Sogndal take the RV 55, exit to Hafslo and continue towards Veitastrond on a winding road for 20 km. along the lake. Look for B&B sign.

N: Frå Sogndal ta RV 55, ta av mot Hafslo og videre mot Veitastrond, svingete veg 20 km langs vatnet. Se etter B&B-skilt.

D: Von Sogndal Str. 55, Abfahrt Ri. Hafslo und weiter Ri. Veitastrond. Folgen Sie der kurvigen Strasse entlang dem See für 20 km, achten Sie auf das B&B Schild.

page 167 - Von Bed & Breakfast

E: Follow RV 5 towards downtown. Exit left towards the airport (flyplass). Take your second right and then turn right at the first turn-off into the parking area. Michael Sarsgate 23 is the green house with yellow trim.

N: Følg RV 5 til sentrum. Ta til venstre ved skilting til flyplass. Ta andre veg til høgre og første avkjørsel til høgre inn på parkeringsplass. Michael Sarsgate 23 er grønnmalt med gule lister.

D: Folgen Sie RV 5 in Richtung zum Stadtzentrum. Nehmen Sie nach links in Richtung zum Flughafen (flyplass) heraus. Nehmen Sie Ihr zweites rechtes und drehen Sie dann sich nach rechts an ersten turn-off in den Parkplatz. Michael Sarsgate 23 ist das grüne Haus mit gelber Ordnung.

page 161 - Skinlo Farm B&B

E: Directions: From Byrkelo along E-39 take RV 160 toward Stryn. After about 5 km up the hills turn left at the sign for 'Reed'. After 500 m turn right at the bus stop shelter. Drive 600 m to the yellow house, the fourth farm on the left.

N: Fra Byrkjelo langs E-39; ta RV 160 i retning Stryn, etter ca 5 km oppover bakkene ta til venstre ved skilt 'Reed'. Etter 500 m ta veien til høyre ved busskuret, kjør 600 m til gult hus, den fjerde gården på venstre side.

D: Von Byrkjelo entlang der E-39; nehmen Sie die Str. 160 Ri. Stryn. Fahren Sie ca. 5 km bergauf. Beim Schild 'Reed' nach links fahren. Nach 500 m bei der Bushaltestelle rechts abbiegen. Jetzt sind es noch 600 m bis zu einem gelben Haus, dem vierten Hof auf der linken Seite.

Road directions / Veibeskrivelser / Wegbeschreibungen

page 162 - Trollbu
E: From Olden: Drive about 20 km towards Oldedalen/ Briksdal. Look for the sign alongside the road marked "Trollbu".

N: Frå Olden skal du kjøyre mot Oldedalen/Briksdal, ca. 20 km. Det er skilt ved vegen som viser "Trollbu".

D: Von Olden: Fahren Sie Ri. Oldedalen/Briksdal, ca. 20 km. Achten Sie auf das Schild "Trollbu" auf der Strasse.

page 167 - Knutegarden Norangdal
E: Follow route RV 655 from Hellesylt or from Leknes Ferry launch. At Øye exit at the sign for Norang/Stenes/Knutegarden-Norangdal, cross a little bridge and see the sign on the house.

N: Du følgjer RV 655 frå Hellesylt eller frå Leknes fergeleie; like ved Øye ta av ved skilt Norang/ Stenes/Knutegarden-Norangdal, over ei lita bru. Skilt på huset!

D: Folgen Sie der Str. 655 von Hellesylt oder vom Leknes Fährenkai, direkt bei der Insel und dem Schild Norang/Stenes/Knutegarden-Norangdal abfahren, über eine kleine Brücke. Schild beim Haus!

page 172 - Malmestranda Romutleie
E: From Molde take route RV 64 towards Eide, drive through Tusseltunnel. Exit towards Aureosen. After about 1 km. it will be the third farm on the right.

N: Fra Molde: Ta RV 64 mot Eide, kjør gjennom Tussentunellen. Ta av mot Aureosen. Etter ca. 1 km er du framme, den 3dje gården på høyre hånd.

D: Von Molde: Str. 64 Ri. Eide, durch den Tussen-Tunnel fahren. Ri. Aureosen abfahren. Nach ca. 1 km ist man am Ziel, dem dritten Hof auf der rechten Seite.

page 173 - Øyastuo
E: RV 70 north of Sunndalsøra; after 10 km you come to Ålvundeid. Turn right toward Innerdalen. After 10 km you see a parking sign. Up a hill you find a red house on the right side.

N: RV 70 nord for Sunndalsøra; etter 10 km finn du Ålvundeid. Ta til høgre mot Innerdalen. Etter 10 km se etter eit P-skilt. Opp ein bakke finn du eit rødt hus på høgre side.

D: Str. 70 nördlich von Sunndalsøra; nach 10 km erreichen Sie Ålvundeid. Fahren Sie nach rechts Ri. Innerdalen. Achten Sie nach 10 km auf ein Parkplatz-Schild. Das rote Haus befindet sich auf der rechten Seite auf einem Hügel.

page 174 - Brattset Gard
E: Brattset Gard is located on Ertvågøya. Along E-39 between Orkanger and Kristiansund; at the Hennset ferrydock, take the ferry over to Arasvika. Drive toward Mjosundet. You find Brattset Gard after 6 km. From Kristiansund; RV 680 toward Aure, at Giset follow sign to Mjosundet.

N: Brattset Gard ligger på Ertvågøya. Langs E-39 mellom Orkanger og Kristiansund; ved fergekaia Hennset, ta fergen over til Arasvika. Kjør mot Mjosundet. Du finner Brattset Gard etter 6 km. Fra Kristiansund; RV 680 mot Aure, ved Giset følg skilt til Mjosundet.

D: Brattset Gard liegt auf d. Insel Ert-vågøya. Entlang d. E-39 zwischen Orkanger und Kristiansund; Bei der Anlegestelle Hennset nimmt man die Fähre, ca. 6 km Richtung Mjosundet.
Von Kristiansund: auf d. Strasse 680 n. Aure, bei Giset d. Beschil-derung n. Mjosundet folgen.

page 175 - Flanderborg overnatting
E: From the south take RV 30 towards Røros. In the round-about turn right onto RV 31; take first road to the left, Dalsveien, which turns into Nedre Flanderborg. Take third road to the right; Flanderborg, No. 3 is a gray house on the right.

N: Sørfra: RV 30 inn mot Røros, i rundkjøringen ta til høyre (RV 31), ta så første vei til venstre inn Dalsveien som videre blir til Nedre Flanderborg. Ta tredje vei til høyre; Flanderborg. Nr. 3 er et grått hus på høyre side.

D: Aus dem Süden: Str. 30 bis Røros hinein fahren, im Kreisverkehr nach rechts (Str. 31), erste Str. nach links in die Dalsveien, die im weiteren Verlauf zur Nedre Flanderborg wird. Dritte nach rechts, Flanderborg Nr. 3 ist ein graues Haus auf der rechten Seite.

page 178 - Aunemo Overnatting
D: Fannrem liegt 66 km von Berkåk entfert, entlang der RV 700. Von Trondheim auf die E-39 fahren, ein Stückchen an Orkanger vorbei.

Road directions / Veibeskrivelser / Wegbeschreibungen

page 179 - Kårøyan Fjellgard
E: Along E-39 on the Vinjeøra between Trondheim and Kristiansund; exit to Kårøyan. Drive 10 km. to the road's end.
N: Langs E-39, på Vinjeøra mellom Trondheim og Kristiansund; ta av mot Kårøyan. Kjør 10 km til veien slutter.
D: Entlang der E-39, in Vinjeøra zwischen Trondheim und Kristiansand Ri. Kårøyan abfahren. Fahren Sie 10 km bis die Strasse endet.

page 181 - Kleivan
E: Along route E-39 take the Buvika exit. After Hydro/Texaco turn left towards Ilhaugen and continue towards Belsås. After 2.5 km, under a high-voltage wire, turn left to Kleivan.
N: Langs E-39, ta av til Buvika. Etter Hydro/Texaco ta til venstre mot Ilhaugen og fortsett mot Belsås, etter 2,5 km, under en høyspentlinje ta til venstre til Kleivan.
D: Entlang der E-39, Abfahrt Ri. Buvika. Hinter Hydro/ Texaco nach links Ri. Ilhaugen und dann Ri. Belsås weiterfahren. Nach 2,5 km unter einer Hochspannungsleitung nach links bis Kleivan.

page 183 - Heidi Hansen
E: Bus no. 60 or 20 from city center. Depart at Telenorbygget. Cross the road and turn right at Pottemakerveien.
N: Buss nr. 60 eller 20 fra sentrum. Gå av ved Telenorbygget. Gå over gaten og ta til høyre inn Pottemakerveien.
D: Bus Nr. 60 oder 20 vom Zentrum. Steigen Sie beim Telenor-Gebäude aus. Gehen Sie über die Strasse und nach rechts in den Pottemakerveien.

page 185 - Åse's Romutleie
E: From south: Find Bakke Bru (bridge) and cross over the river. Turn left in the roundabout. Turn right where sign is showing Rosenborg, the road is named Nonnegata. Cross over Kirkegata. Turn right in next intersection, which is Nedre Møllenberg. Find crossing street Bakkegata and a yellow house on your left.
N: Fra sør: Finn Bakke Bru og kjør over denne. Ta til venstre i rundkjøringen. Ta til høyre hvor skilt viser Rosenborg, denne veien heter Nonnegata. Kryss over Kirkegata. Ta til høyre i neste kryss som er Nedre Møllenberg. Kjør rett fram til kryssende vei heter Bakkegata. Gult hus på venstre side.
D: Vom Süden: Finden Sie Bakke Bru (Brücke) und fahren Sie über den Fluss. Im Kreisverkehr nach links. Beim Schild Rosenborg rechts in die Nonnegata fahren. Kreuzen Sie die Kirkegata. An der nächsten Kreuzung nach rechts in die Str. Nedre Møllenberg. Geradeaus, bis die Bakkegata kreuzt. Gelbes Haus auf der linken Seite.

page 188 - Sørtun
E: Trondheim to Flakk, ferry to Rørvik, RV 715 to Åfjord, turn right towards Stokkøya, follow the road 26 km.; then 200 m. after the road sign "Revsnes" you find the house on the right.
N: Trondheim til Flakk, ferge til Rørvik, RV715 til Åfjord, ta til høyre mot Stokkøya, følg veien 26 km. 200 m etter stedsnavnet 'Revsnes' ligger huset på høyre side.
D: Von Trondheim bis Flakk, Fähre bis Rørvik, Str. 715 bis Åfjord, nach rechts Ri. Stokkøya, der Strasse für 26 km folgen. 200 m nach dem Ortsschild 'Revsnes' liegt das Haus auf der rechten Seite.

page 190 - Karmhus / Trøabakken
E: From Stiklestad church: Follow RV 759 about 8 km to Leksdal. At Lund, turn right where blue sign say 'Pilegrimsleia'. Trøabakken is situated 600 m from Lund and RV 759.
N: Fra Stiklestad kirke følg RV 759 ca. 8 km til Leksdal. På Lund, ta til høyre ved blått skilt som viser 'Pilegrimsleia'. Trøabakken ligger 600 m fra Lund og riksveien.
D: Ab der Stiklestad Kirche fahren Sie ca. 8 km auf der Str. 759 bis Leksdal. Beim blauen Schild 'Pilegrimsleia' in Lund fahren Sie nach rechts. Trøabakken liegt ca. 600 m von Lund und der Hauptstraße entfernt.

page 191 - Skartnes Gård og Seterturisme
E: From Steinkjær: Take RV 763 or E-6 and follow the signs to Snåsa. Once in Snåsa city center, follow the sign to Gressåmoen. Continue on RV 763 for 8 km until you reach Øverbygda town center and see its school. Follow B&B-signs to Skartnes and drive 2 km.

Road directions / Veibeskrivelser / Wegbeschreibungen page **221**

Look for modern, red farmhouse.

N: Fra Steinkjær ta RV 763, eller E-6, og følg skilt til Snåsa. I Snåsa sentrum følger du skilt til Gressåmoen. Etter 8 km på RV 763 er du i Øverbygda grendesentrum med skole. Her følger du B&B-skilt til Skartnes og kjører 2 km. Rødt moderne gårdshus.

D: Von Steinkjær fahren Sie auf der Straße 763, oder E-6, und folgen der Abzweigung nach Snåsa. In der Ortsmitte von Snåsa zweigen Sie nach Gressåmoen ab. Nach etwa 8 km auf der Straße 763 erreichen Sie Øverbygda mit Schule. Folgen Sie B&B-Zeichen zu Skartnes und fahren Sie 2 km. Ein modernes, rotes Bauernhaus.

page 192 - Norumgården B&B

E: Drive over the bridge from the main square in Narvik. Follow the signs towards the airport. Once you have passed Narvik kirke (church), you will drive straight ahead for about 200 m. The house is on the right-hand side and has a large white fence. Our nearest neighbor is the nursery school.

N: Fra torget i Narvik; kjører over broen. Følg skilt i retning flyplassen. Når du har passert Narvik kirke, kjør ca. 200 m rett frem. Huset ligger på høyre side, med et stort hvitt gjerde rundt. Nærmeste nabo er en barnehage.

D: Vom Marktplatz in Narvik fahren Sie über die Brücke und folgen anschließend der Beschilderung zum Flughafen. Hinter der Narvik Kirche geht es noch ca. 200 m geradeaus. Das Haus befindet sich auf der rechten Seite (großer weißer Gartenzaun ringsum). Direkt daneben liegt ein Kindergarten.

page 196 - Anne's Bed & Breakfast

E: Along E-10 in Svolvær turn at the Shell gas station. Follow Caroline Harvey's vei. Turn right at Nybyveien and follow to the intersection with Marinehaugveien on the right. Follow to the top and turn right, continuing straight ahead to an ochreous house with a blue door.

N: Langs E-10 i Svolvær; ta av mot Shell bensinstasjon. Følg Caroline Harveys vei. Ta til høyre inn i Nybyveien og følg denne til krysset Marinehaugveien på høyre side. Følg denne til toppen og ta til høyre og videre rett fram mot et okergult hus med blå dør.

D: Entlang der E-10 in Svolvær, Ri. Shell Tankstelle abfahren. Folgen Sie dem Caroline Harveys vei. Fahren Sie nach rechts in den Nybyveien und folgen Sie diesem bis zur Kreuzung Marinehaugveien auf der rechten Seite. Hier hinein fahren, bis auf die Spitze und dann nach rechts. Weiter geradeaus bis zu einem ockergelben Haus mit blauer Tür.

page 197 - Nordbua

E: Drive to Stamsund, swing to the left by the ICA store, over the bridge left of ICA and swing to the right, there is Nordbua. Call the cellphone number if the host has not arrived.

N: Kjør til Stamsund, sving til venstre v/ICA, over broen til venstre for ICA og sving så til høyre, der er Nordbua. Ring mobil dersom vertskap ikke har kommet.

D: Bis Stamsund fahren, beim ICA-Supermarkt links abbiegen, über die Brücke drüber bis links vom ICA und dann nach rechts. Dies ist Nordbua. Bitte rufen Sie an, sollten die Gastgeber noch nicht vor Ort sein.

page 199 - Justnes

E: Take the ferryboat from Bodø to Å, 6 km to Ramberg. From the airport at Leknes; Buss or rental car 30 km. From Hurtigruta dock at Stamsund you can take a bus.

N: Ta ferge fra Bodø til Å, 6 km til Ramberg. Fra flyplassen på Leknes; Buss eller leiebil 30 km. Hutigruta; gå av i Stamsund og ta buss.

D: Nehmen Sie die Fähre von Bodø bis Å, 6 km bis Ramberg. Vom Flughafen in Leknes; Mit Bus oder Leihauto 30 km. Hurtigruten; steigen Sie in Stamsund aus und nehmen Sie den Bus.

Interior from Det røde hus, Krokelvdalen in Troms, page 201

Road directions / Veibeskrivelser / Wegbeschreibungen   page **222**

page 201 - Det røde huset

E: From Tromsø center: Drive over the bridge and immediately turn right, then right again under the bridge and continue 23 km north. After Tønsvik continue 8.5 km. First house after the Skittenelv School.

N: Fra Tromsø sentrum: Kjør over brua, ta straks til høyre, så høyre igjen, under brua og fortsett 23 km nordover. Passer Tønsvik og fortsett 8,5 km. 1ste hus etter Skittenelv skole.

D: Vom Tromsø Zentrum: Fahren Sie über die Brücke und direkt nach rechts, die nächste wieder rechts, unter die Brücke und dann die Fahrt für 23 km nördwärts fortsetzen. Jetzt passieren Sie Tønsvik und setzen die Fahrt für weitere 8,5 km fort. Das Haus befindet sich direkt hinter der Skittenelv Schule.

Hist, hvor Vejen slaar en Bugt,
ligger der et Huus saa smukt.
Væggene lidt skjaeve staae,
Fuderne er ganske smaa,
Døren synder halvt i Knæ,
Hunden gjøer, det lille Kræ,
Under Taget Svaler Qvidre,
Solen synker - og saa vid're.

fra Moderen med Barnet, av Hans Christian Andresen, 1805 - 1875

Jeg maa tro mine egne Øine, som viser mig,
at Jorden er flad som en Pandekage.

fra Erasmus Montanus, av Ludvig Holberg, 1684 - 1754

Evaluation / Evaluering / Beurteilung

To present even better updates of this B&B book we are interested in hearing from you. Please share of your experiences and opinions after you have been our guest.

For å kunne presentere et enda bedre B&B-tilbud i neste utgave av denne boken tar vi gjerne imot dine synspunkter og erfaringer etter at du har vært vår gjest.

Damit die nächste Ausgabe des B&B-Buches noch besser werden kann, möchten wir gerne Ihre Ansichten und Erfahrungen nach Ihrem Aufenthalt wissen.

Jeg var gjest hos: / I was a guest at: / Ich war als Gast bei: ....

1. Living standard and cleanliness / Bostandard og renhet / Wohnstandard und Sauberkeit
2. Breakfast and food / Frokost og servering / Frühstück und Servierung
3. Hospitality and service / Gjestfrihet og service / Gastlichkeit und Service
4. Price and value / Pris i forhold til standard / Preis im Verhältnis zum Standard
5. B&B book's information / B&B bokens informasjon / Information im B&B-Buch

Commentary / Kommentarer / Kommentare:

....
....
....
....
....
....
....
....
....
....
....

Start din egen attåtnæring: Privat rom-utleie for turister.

Du leier kanskje ut rom allerede, eller ønsker å starte med det. Har du et ledig soverom, eller kanskje flere? Liker du mennesker og kan tenke deg å ta imot reisende i ditt hjem? Det er ikke mer som skal til. Da kan du starte din egen romutleie-binæring. Som deltaker i The Norway Bed & Breakfast Book og eventuelt som medlem i NBG, får du markedsført dine rom og mulighet til å møte mennesker fra fjerne himmelstrøk. For mer informasjon om å delta i denne boken; send noen ord til:

Bed & Breakfast Norway, v/ Anne Marit Bjørgen
Dalsegg, 6653 Øvre Surnadal, Tlf.: 99 23 77 99, Finn vår e-post adr. på web: www.bbnorway.com

Navn: ....

Adresse: ....

Postnr./-sted: ....

Telefon: .... **E-post:** ....